D1513920

COLLECTION POÉSIE

STÉPHANE MALLARMÉ

# Igitur
# Divagations
# Un coup de dés

PRÉFACE
D'YVES BONNEFOY

GALLIMARD

# LA POÉTIQUE DE MALLARMÉ

## I

*Deux frustrations, à l'origine de ces poèmes. Et d'abord : que ce serait beau, la terre, comme facilement, simplement, cela pourrait nous suffire ! Nul attrait, chez Mallarmé, pour les mystères d'un autre monde. S'il y a eu, dans* Symphonie littéraire *et quelques autres premières pages, l'évocation d'une « patrie » qui serait au-delà des sens, de l'autre côté du soleil couchant, avec des saintes, des anges, c'était sous quelque influence, Edgar Poe sans doute, ou Baudelaire comme on l'a lu un moment, et la brise du* Faune *en a fait justice, mais déjà allait à l'encontre le « clair regard » d'Hérodiade. Et rien non plus ne serait plus étranger à ce poète que de penser qu'il pouvait ressentir quelque nostalgie — lui qui chanta le jour dans le* Toast funèbre, *et le « regard diaphane » — pour la lumière de l'horizon ou du ciel, celle qui est distincte des choses qu'elle dissipe, de la pensée qu'elle allège, celle qu'ont recherchée dans une sorte d'extase Maurice de Guérin ou Joubert. Non, ce sont les arbres, les fleurs, les fruits, toutes les choses comme les veut la*

nature, qui, immédiatement et profondément, l'appel-
lent, le déterminent, quitte à peu à peu se réduire,
des « bords siciliens » de sa jeune maturité aux derniers
jours dépensés à naviguer sur la Seine, à un paysage
choisi, fait d'un peu d'eau sous les arbres, d'un pou-
droiement de soleil, de quelques ombres de jeunes fem-
mes. Comme il l'a dit, explicitement : « La Nature
a lieu, on n'y ajoutera pas. » Ou encore : « Rien ne
transgresse les figures du val, du pré, de l'arbre. »

Mais autant Mallarmé est ouvert à l'expérience
des sens et prêt, nativement, à s'y établir avec joie,
autant il va éprouver — et ce sera là sa première
déception — qu'à peine se risque-t-il parmi les choses
comme elles sont leur qualité, leur présence même, se
dissipent. Un lac, sous la lune, avec des cygnes près des
roseaux, qu'imaginer de plus beau et que vouloir de
plus simple? N'en écouter que le bruissement, n'en
regarder que la ligne mince sous des taches d'azur
et d'émeraude, sans rien même vouloir y prendre, sans
altérer cette paix, et ce serait une jouissance qui justi-
fierait une vie. Mais qu'on s'approche du lac, et voici
que la lune n'est pas levée ou, si tout de même elle
brille, c'est le cygne qui est caché par précisément ces
roseaux qui devraient s'accorder à lui dans l'harmonie
de l'ensemble. Dans l'étrange jardin de l'existence
effective, tout peut bien être le cygne, c'est-à-dire
une beauté en puissance, rien n'est le paon qui déploie
sa roue. A nos sens, qui perçoivent des apparences, à
l'esprit qui pressent leur plénitude possible, répond
l'incarnation qui les froisse, les encombre d'autres,
les prive en somme d'être elles-mêmes, et cette « évi-
dence » trouble, elle angoisse même, comme un mystère,
celui de ces hasards qui semblent le vrai réel — d'où
suit qu'au mouvement de confiance fait suite un autre

d'horreur qu'il ne faudra pas croire aussi fugitif, chez Mallarmé, que son expression est discrète. « Horreur » de la chevelure, dans Hérodiade, « horreur » des tentures — et de cette lune, « en face » — dans Igitur, « horreur de la forêt » dans Crise de vers encore : toujours va se reformer ce geste non de dégoût mais d'effroi que suscitent l'absence là où l'on croyait un peu d'être, et notre solitude, par suite, sur cette terre qui aurait pu être l'Éden mais n'est en fait que le « gel » où s'est prise l'aile du cygne. Précisément parce que l'être, pour lui, c'est la nature, à laquelle on n'ajoute pas, Mallarmé doit récuser le lieu où l'on vit, qui lui retranche. Et dans ces conditions on peut se dire sans risque qu'il dut se tourner avec intérêt vers les mots, grâce auxquels ce que l'on conçoit mais qui fait défaut ici se reforme, ayant retrouvé en eux, croirait-on, l'introuvable « région où vivre ».

Or, c'est vrai que Mallarmé, étonné et déçu par l'être empirique, a reporté son espoir sur les virtualités du langage. Il a été un de ceux qui ont remarqué — en fait, c'est banal — que si le lac « réel » est reployé sur soi, et flétri, par le malheur de l'incarnation, la phrase qui dit le lac peut faire étinceler librement sa « ligne d'azur mince et pâle », dans les roseaux, et le « clair croissant de la lune », et tout ce paysage « jeune » à nouveau puisque ce sont les choses du monde et parmi elles le printemps même qui sont usés, « maladifs ». Et ce poète évidemment assuré de ses grands pouvoirs d'écrivain n'a même pas redouté qu'ayant à choisir entre les aspects de l'objet l'évocation par des mots n'en appauvrisse la densité, la variété sensorielles. Énoncés, oui, les roseaux ne sont plus que « trois grands cils d'émeraude », mais cet éclat que fonce la sève, ce profil que gonfle ce battement, les voici désensevelis *des ombres, des distorsions de l'existence effective, et ils peuvent donc resplendir, établir des rapports pléniers avec les autres présences dites, faire du texte un Intelligible, et convaincre ainsi notre mémoire enfin éveillée à soi d'y inscrire à leur place exacte d'autres aspects de ces roseaux qu'ils désignent. Inachevable, par trop d'excès de la richesse sensible, la suggestion de l'objet ne s'établit pas dans le manque, pour autant : car elle en remémore l'intégrité oubliée, et comme en géométrie le cercle se fait d'un trait mais qui retend à lui seul toutes les propriétés de cette figure qu'aucun cercle réel ne ferait mieux qu'approcher, l'évocation élucide, assurant à tout ce qui est sa véritable présence. Et si l'on tient à nommer cela de l'excarnation, au moins qu'on sache bien que cette existence en idée ne se distingue pas davantage du sensoriel le plus nuancé que l'Idée platonicienne déjà, dont on ne saurait exclure, le* Parménide *le constatait, même le poil de la barbe, même la lunule de l'ongle. Les mots peuvent nous rendre la terre, que la terre nous dérobait. Ils vont nous assurer, au moins peut-on le penser a* priori, *ce « jouir » des aspects du monde que Mallarmé considère le droit frustré de chaque être et le seul acte d'esprit à la puissance de la nature : une intellection si l'on veut mais qui est aussi une extase, et qui passe de loin la connaissance par le concept.*

*Il reste, et c'est là qu'apparaît l'autre frustration de Mallarmé, en même temps qu'une réflexion qui cette fois lui est propre, que les mots nous trahissent, à leur façon, autant que l'existence empirique : et cela pour la même raison, au fond, et qui est qu'ils existent, eux aussi, avec, par rapport à l'Idée, qui est nécessaire, cet engluement dans des sons où se signifie du hasard. Parler, ce devrait être dire l'essence, faire se lever* l' « hyperbole », pourquoi non? Mais que je m'y emploie, que je parle de la nuit ou du jour, autrement dit du plus simple, avec toute l'attention à la qualité, toute la finesse d'observation qu'il y faut pour que l'aile de l'être s'ouvre, et le mot « nuit » de par sa sonorité qui est claire — Mallarmé en tout cas n'en a pas douté — va troubler le libre rayonnement de l'essence nocturne dans ma conscience qui la recherche et dans la phrase où elle a son lieu. Chaque mot de la langue introduit dans l'énonciation de l'objet quelque chose de plus, qui vient des sens, le phonème ; et puisque aucun lien nécessaire n'existe dans nos langues entre le son du mot et la notion qu'il évoque, l'élucidation est troublée comme par une goutte d'encre noirâtre qui est en soi le néant, la jouissance entrevue se découvre en fait un mirage. Et l'acte le plus haut, et spécifique de l'homme — Mallarmé le nomme la Vue —, n'est plus que l'impossible par excellence.

Quelle malchance, — en vérité mystérieuse ! Et comme Mallarmé l'a ressentie durement ! De sa première frustration, on sent bien, il suffit de le suivre dans ses années formatrices, entre Hérodiade et le Faune, qu'il n'aurait pas eu trop de mal à en secouer le regret. Dans Crise de vers, par exemple, il a noté : « Cette prohibition sévit expresse, dans la nature (on s'y bute avec un sourire) que ne vaille de raison pour se considérer Dieu », — déni qui porte bien sûr sur l'acte suprême, voir, et sourire qui montre donc un Mallarmé qui accepte. Sauf qu'aussitôt il ajoute : « Mais, sur l'heure, tourné à de l'esthétique, mon sens regrette que le discours défaille à exprimer les objets par des touches y répondant en coloris ou en allure, lesquelles existent dans l'instrument de la voix... » Nous avions l'instrument, la voix, aux sonorités nom-

*breuses, maîtrisables, et prêtes, qui plus est, à refléter
les aspects sensibles. Nous avons aussi la conscience,
qui pénètre les vrais rapports. Et voici qu'un « défaut »
de la langue que nous parlons rend le salut impossible !
S'il en était besoin, ce serait le lieu de comprendre,
ici venus, que le hasard, pour Mallarmé, ce n'est pas
tant le fait de la finitude — qui nous contraint de vivre
en tel lieu, qui nous a bâtis de telle façon, qui cache
le cygne dans les roseaux à l'instant où on veut le
voir sur le lac préparé à sa venue par la lune — que
celui de la langue, qui nous empêche de convertir ce
contingent en universel. Le grillon, dit un admirable
passage d'une lettre, dès 1867, a une voix « une »,
non « décomposée » en matière et esprit, il est « la voix
sacrée de la terre ingénue », et cela parce que son cri
n'est pas pénétré du néant des mots, comme au contraire
le chant, à deux pas de là, d'une jeune femme. Non
moins fini que nous, non moins atteint du hasard, il est
plus haut que cette chanson, poésie il est vrai naïve, dans
l'expérience de l'être. Voir, penser, différencier l'uni-
vers, le pressentir dans sa vraie figure, c'est aussitôt, puis-
que nous parlons — quelle découverte ! — le perdre...*

*Autant il eût été faux, en bref, de croire que Mal-
larmé est un ennemi des choses de la nature parce qu'il
déplore qu'elles existent, autant il le serait de penser
que parce qu'il rêve d'une parole il est un ami de la
langue, comme peuvent l'être tant d'écrivains. Il y a
été attentif, il a lu beaucoup le Littré naissant, plutôt
d'ailleurs aux paragraphes de l'étymologie, où l'on
peut croire entrevoir de plus hauts degrés du langage,
mais tout cela avec une douleur qu'il n'a jamais cessé
de ressentir comme neuve.* Crise de vers *par exemple,
que je citais, est, pour ce passage en particulier, de
1895, trois ans à peine avant la fin de sa vie.*

## II

*Toutefois, alors qu'avec la nature Mallarmé a pensé qu'il n'y a donc rien à faire, sinon « sourire », avec les mots il n'a jamais cessé d'espérer, malgré le constat négatif, qu'une issue restait praticable. Et c'est cette espérance qui est la véritable origine, à mon sens, de sa poétique, puisqu'elle seule a donné à sa vie une raison d'être.*

*Cette croyance — mais cette philosophie aussi bien, cette réduction « cartésienne » — repose sur une constatation, et sur un raisonnement.*

*La constatation, c'est celle d'un mouvement d'adhésion, irraisonné, impérieux, qui nous porte à des textes poétiques. Ou, si l'on préfère, de l'évidence, dans des phrases, fort peu nombreuses d'ailleurs, d'une disposition des mots dont la nature est obscure mais l'efficace réelle, et que Mallarmé nomme la poésie. En aurais-je le temps, je montrerais que c'est très tôt dans l'adolescence qu'il a isolé ce phénomène, trouvé ce Nord. Là où d'autres rencontrent Dieu, ou la pensée, ou l'étendue, ou le nombre, lui a cru reconnaître, après avoir fait, à sa façon, table rase, que des mots peuvent nous illuminer, nous révéler comme dans une longue-vue la netteté des relations entre choses, nous rendre pour un instant cette « jouissance » qui nous articule à de l'absolu. Et je montrerais alors, à l'aide notamment de ses lettres, que dans ses moments difficiles, c'est seulement la pensée qu'il y a de la poésie — se réduirait-elle parfois au nom d'Hérodiade au milieu d'une page blanche — qui l'a gardé en ce monde. Le texte poétique a eu pour Mallarmé le caractère d'une évidence. dernière, inentamable, donc sacrée, alors que pour les poètes d'auparavant, il n'était que la réponse diffuse à une présence éprouvée en son dehors.*

*Toutefois faut-il préciser le trait le plus spécifique de cette réalité qui a donc valeur et fonction de pôle : et qui est son lieu d'apparition, sinon son mode d'être, le Vers. Il n'y a que la poésie, pour Mallarmé, mais encore n'y en a-t-il à ses yeux, et le Coup de dés n'y changera rien, que dans la forme stricte qu'impose une prosodie. Mais cet autre fait d'évidence est moins cette fois une énigme que déjà son explication, qu'il est important, pour nous, en ce point, de bien retrouver, de revivre. Un vers — l'alexandrin, par exemple, qui fut longtemps pour Mallarmé le mètre par excellence —, c'est une structure, portant sur peu d'éléments, on peut l'embrasser d'un seul mouvement de conscience. Et si, pris isolément, chaque mot est grevé d'un son qui oblitère la vue, dans l'espace des douze sons ce qu'a de clair le mot « nuit » se relativise à l'ensemble, s'estompe dans son effet sur notre idée de la nuit, et délivre ainsi de son indication déplacée notre mémoire profonde, qui peut s'ouvrir à une « impression » cette fois exacte. En outre, d'être ainsi devenu un son « local », une composante, en soi-même, du tout du vers, le signifiant phonétique nuit est rendu au plein de sa qualité sensible, dans sa virtualité signifiante — n'y a-t-il pas des correspondances, entre les sons et nos modes d'être? — et va pouvoir se prêter à ce que nous avons de « clair » à noter dans l'impression qui se forme en nous. En soumettant les mots à une structure, par le travail de la prosodie, nous sortons de la « selva oscura », nous pouvons voir, mais nous pouvons aussi exprimer, et cela avec des moyens déjà plus immédiats et plus*

*purs — ces sonorités, qui viennent droit de nos sens —
que ceux dont nous disposions. Et nous serons capables
de plus encore. Car réunis à d'autres de son espèce
— subtil, par exemple, et* triomphe, *ou même* ancien,
*au début du* Faune — *le son* nuit *va permettre à
plusieurs notions de s'allumer chacune d'un reflet
venu de chaque autre : et toutes s'approfondiront,
se* rectifieront, *dans ce rapprochement opéré sous le
signe clair, — dans la lucidité d'un son pur... Loin
de gêner le regard, comme dans la parole antérieure,
le son — vocabulaire et syntaxe — l'aide à s'instaurer,
désormais, pour peu que l'on en soit digne, comme il
en va, d'ailleurs, de la couleur chez le peintre, disons
Manet, qu'elle délivre des conventions grâce à la liberté
qu'elle trouve dans la rapidité de l'ébauche. — En
résumé, les* mots *sont toujours là, dans le vers, les
mots anciens, et impurs, mais la* composition, *suscitée
par la convention prosodique, a tourné leur sens qui
nous trahissait, dissipé la goutte de nuit qui troublait
la transparence native. Et quelque chose de perdu,
d' « oublié », se reforme avec netteté dans la lentille du
nombre.*

Telle, selon Mallarmé, l'opération qui s'accomplit
dans le vers, quand celui-ci, bien sûr, atteint à la poésie,
et c'est là une observation évidemment très moderne,
puisqu'elle a isolé, peut-être pour la première fois dans
la réflexion sur la poétique, le travail propre d'une
écriture. L'être de l'ensemble verbal est reconnu à côté
de celui de chaque vocable, il est même crédité, en des
cas, d'une qualité supérieure. Tout de même, dès ce
moment du « cogito » qui ouvre à la poétique mallar-
méenne, peut-être convient-il, pour que ses conséquences
en soient plus claires quand leur moment se présentera,
de bien marquer au passage un présupposé qui s'y

*joue — comme dans tout instant que l'on a rêvé une
origine — et qui est  peu habituel aujourd'hui, c'est
le moins que l'on puisse dire...`On pourrait croire,
devant cet abaissement de la langue usuelle, et ce
profond intérêt pour le travail propre d'une écriture,
que Mallarmé ne se soucie pas du référent, autrement
dit de ce qui, dans le « réel » extérieur aux mots,
cautionnerait le signe verbal, lui-même signifiant et
notion ensemble : sceptique par exemple quant à la
réalité effective de cette nuit dont déjà nous parlons
si gauchement. Son bonheur à la poésie serait, sur la
scène des mots, de* créer *— opposant à la parole ordi-
naire, qui va au néant de l'action, un monde fictif,
pour une sorte de jeu suprême. Mais se persuader de
cela, par un préjugé cette fois trop moderniste, serait
se fermer à cette pensée établie en fait entre deux
âges du monde. Je l'ai déjà dit, mais c'est maintenant
que cela importe le plus : Mallarmé est attaché, fon-
cièrement, aux choses telles que la nature — je dis
bien la nature, comme au XVIII* siècle, et non l'être,
ou le Grand Objet extérieur — semble les avoir déjà
définies, dans sa propre langue malheureusement mal
transcrite. Ces choses repérables, dont le modèle est la
fleur, ou la famille des Iridées, sont non seulement des
faits, à ses yeux, mais en puissance des noms, au sein
de l'Intelligible ; et s'il accuse le signifiant, et a voulu
reconduire nos signifiés de hasard à l'être plus haut
de la notion pure, c'est bien, par conséquent, en
sauvant l'idée même de la « notion », qu'il doue de
valeur transitive. Ce qui est aboli, par l'écriture
mallarméenne, ce n'est pas notre croyance en la fleur
réelle, c'est la notion qu'on en a dans la pratique
grossière. « Absente de tous bouquets », lesquels ne sont
que notre façon de dire (de maltraiter) la réalité*

végétale, la « *fleur* » n'en est que plus présente et active dans la Nature, *notre seul lieu*. Elle, et le lac, et la nuit, et jusqu'à cette lune que Mallarmé rêva de détruire, ce qui indique bien qu'elle lui semblait exister, nous ont précédés sur terre et participeront comme même sa seule preuve à tout authentique « séjour ». Il faut comprendre qu'un réalisme de la notion compense chez Mallarmé sa dépréciation des vocables ; et qu'il n'entend que donner « *un sens plus pur* » aux mots pauvres de la tribu.

Et ces deux attitudes — transposition des notions courantes et désignation de la notion pure — se concilient d'autant mieux, dans la pratique de Mallarmé, que le vers tel qu'il le conçoit est en somme, et il le souligne, un mot nouveau, puisqu'il s'est imposé au lecteur comme au même instant une expérience du monde et l'élément signifiant qui, synthétique et irremplaçable, va redire à jamais cette expérience... Évidemment, cette pratique du monde est aussi et même d'abord, puisque née de notre plume, sa traduction en une vision humaine. C'est l'« impression » que nous font les choses qu'elle retient, et non directement leur essence. L'objet que le discours « défaille » à reproduire n'est pas mieux décrit par le vers. « Abolie, écrit Mallarmé, la préten-tion, esthétiquement une erreur [...] d'inclure au papier subtil du volume autre chose que par exemple l'horreur de la forêt, ou le tonnerre muet épars au feuillage ; non le bois intrinsèque et dense des arbres. » Ce qui veut dire que cette forêt, ce bois, ne sont impliqués dans le texte que par l'horreur qu'ils inspirent, mais indique au surplus que celle-ci y aura été signifiée par l'évocation du tonnerre : un « objet », que voici « inclus », mais qui n'est plus le tonnerre dans sa réalité intrin-sèque, mais un état de conscience. Le « tonnerre », le

« *tonnerre muet épars au feuillage* », *pour mieux dire,
car il faut reconnaître là, comme un « bloc », un vers
possible, c'est cela la substance du mot nouveau, en
tant que le nom d'un état d'âme. Et ainsi présent dans
l'énigme, «présenté à la divination » — d'où l'obscurité
du texte mallarméen, en somme originelle, obligée —,
on pourrait en conclure qu'il n'est qu'une notation aussi
subjective qu'évanescente, qui ne déplace la signifi-
cation des mots habituels que pour créer un monde qui
n'est qu'un rêve. Toutefois, prenons garde que Mallarmé
a parlé de divination, ce qui implique une vérité
commune; qu'il précise que cette relation, ce « tiers
aspect », le tonnerre, est « fusible et clair », comme s'il
devait se dissiper pour chacun de nous dans l'impression
qui le cause; et qu'il dit encore que cette « transposi-
tion » aboutit à une « Structure », c'est-à-dire à un
Univers. Oui, l'écriture comme la comprend Mallarmé
donne bien à des vers le caractère personnel que l'impres-
sion première entraîne avec soi. Mais celle-ci est tout
de même causée par quelque chose de la Nature, et
d'être si constante, si totalement et précisément elle-
même, cette ultime réalité ne peut que déterminer ce
qui en nous la rencontre, et rendre objective et par
conséquent partageable, « fusible », l'impression ressen-
tie par le poète. En bref,* lorsque l'impression est
authentiquement éprouvée, *elle évoque un fait d'uni-
vers, elle le rend présent, à sa façon, plus clairement
et entièrement qu'aucune définition entachée des notions
anciennes. Et comme précisément elle les a changés
pour ce faire, on voit que la transposition des mots
hasardeux d'avant, sous le signe des notions pures, a
éliminé bien plus qu'aggravé les formes subjectives de
la parole. L'impression, que dit le « mot » nouveau,
est une réponse spécifique de la conscience au fait de*

*nature. Et tout se passe comme si, à la fois active, par la notion, et vue et même pensée dans l'impression qu'elle cause, la Nature, dans ce vers selon Mallarmé, prenait conscience de soi ou, mieux encore, advenait à soi, elle qui est privée de soi dans l'existence empirique.*

C'est là une dialectique, en somme, et elle constitue l'essentiel de l'analyse de Mallarmé. Le vers est un mot, nous disait-il donc, et cela parce que lui seul, dans sa fulgurance inentamable, et la sécurité qu'apporte à l'esprit l'heureuse union de ses composantes, peut répéter l'impression qu'il a dégagée, et c'est même, réconciliant le son et le sens, le seul mot qu'on puisse parler autrement qu'en se privant de soi-même, comme par contre il en va dans l' « universel reportage ». Mais à l'horizon de ces mots de la poésie et, bien sûr, dans l'espace qu'ils déterminent, dans le vers, ne brillent que d'autant plus fortement les notions pures, qui, tels des astres dans le ciel, sont à l'autre bout de l'impression ressentie la présence actuelle du monde. Des uns aux autres, les premiers exprimant notre être-au-monde, en son authenticité retrouvée, les secondes déterminant celle-ci, il y a une « réciprocité de preuves », un échange d'intensité qui est l'esprit même. Disons-le, avec un autre concept mallarméen : il y a dans la poésie, ce détournement de nos mots anciens, la « montée », la révélation d'un Verbe. Et l'on comprend que Mallarmé ait pu opposer aux enchaînements malheureux qui relient dans notre vie ordinaire les représentations imparfaites et les activités inutiles cette action « restreinte » mais salvatrice, la poésie. Elle seule retrouve, au niveau cette fois d'un Univers différencié, dénommé, cette adéquation de la terre à soi qui traversait le grillon et en assurait la présence.

C'est une dialectique — mais aussi une ambiguïté.

*Car si le vers est un mot nouveau, et le seul qu'on puisse parler, il reste qu'il en contient d'autres, — les ordinaires ; et comme ces derniers sont changés par lui, délivrés par lui de leur hasard, ils ne pourront pas ne pas signifier, malgré la tribu qui s'en sert encore, ne pourront pas ne pas recevoir — bien sûr voilé, dans une distance — l'éclat de ces notions pures que le vers a fait se lever. Dans la phrase qui dit l'impression que fait la forêt, le mot « forêt », s'il paraît, dit la forêt en essence, comme « tonnerre », bien qu'il soit d'abord une part, je l'ai souligné, de l'impression ressentie, nous fait aussi penser à un en-soi de l'orage. Et si Mallarmé s'en garde souvent — sa poésie se construit en pratique sur des verbes, qui réfèrent au geste humain, en tant que ce qui reçoit l'impression, ou la prolonge ; et elle aime aussi les objets médiateurs entre conscience et nature, ainsi dentelle ou mandorle, — comment pourrait-il ne pas inscrire dans sa parole les grands vocables, lac ou soleil, rose ou lys, qui remémorent ses affections ? Où point l'être, dans l'écriture mallarméenne si seconde, c'est tout de même encore dans le mot venu de l'usage, et limité à ses quelques lettres, doué seulement d'un « sens plus pur ». Et là est l'ambiguïté, qu'il faut bien comprendre car sinon serait difficile l'interprétation de certaines pages de ce poète. Pour autant qu'ils représentent la notion pure, les mots sont là, c'est chacun de ceux qu'il emploie, mais comme les étoiles dans la pénombre nocturne, on ne peut les prendre un par un pour parler, comme on fait dans les emplois ordinaires, leur éclat se dissiperait, on y aboutit, plutôt, comme par une mise au net, comme si le vers était la lentille que l'on a braquée sur un ciel. Ils sont la fin et non le moyen. Et pourtant, de quoi partir, pour écrire un vers, sinon des mots d'ici,*

*tels qu'ils sont? On doit même les regarder s'allumer
de « feux réciproques », on doit leur « laisser l'initiative »,
sinon qu'aurait-on fait que formuler, comme avant?
Alors, ne risque-t-on pas de ne subir là, bien souvent,
que des reflets, des vouloirs, qui appartiennent au lieu
obscur? En vérité, il faudrait aux mots dès avant le
commencement du poème l'intensité de transparence
que celui-ci leur apporte!*

Et c'est à cause de ce cercle qu'on peut bien dire
logique, cercle du logos comme tel — le Nom, mais
aussi l'emploi usuel toujours ranimé, le Blasphème —
qu'apparaît vite chez Mallarmé la déconvenue qui
est l'autre face de sa découverte première : à savoir que
la plénitude aperçue dans l'évidence d'un vers tout
aussitôt se refuse, — il suffit pour s'en rendre compte
de lire le vers suivant. Aussi plein soit-il de poésie,
le plus beau vers n'a jamais été, dans notre pratique
jusqu'à présent, qu'un étranger au sein d'un ensemble
où le poétique se rompt, — et où le hasard se réaffirme
au point, hélas, qu'on peut en venir à craindre que ce
vers n'en ait guère été que le produit. C'est un fait, doit
constater Mallarmé : les plus grands poètes, et lui
comme eux dans son travail propre, laissent la pensée
commune, les émotions, les valeurs du monde ordinaire,
tout ce qui fait notre condition incarnée, éteindre à
chaque fois, « souffler » d'un coup, le Verbe qui avait
brillé un instant, abolissant le hasard.

### III

Or, si une entrevision peut suffire à prouver une
possibilité — celle, en l'occurrence, du « jouir » poétique,

*qui est l'esprit, — il va de soi qu'elle a tôt fait d'éveiller
des nostalgies, et aussi d'indiquer des tâches. Que la
poésie ait lieu, ne serait-ce que par instants, et on se
doit de combattre les modes pauvres de l'exister, par
exemple, et de leur substituer un séjour plus authentique.
Et l'écoute comme passive de ce qu'apportent des vers
ne saurait suffire, dès lors : ne serait-ce que sous le
signe d'une exigence morale.*

*D'où, comme suite à la certitude première, le besoin
d'aller plus avant, et maintenant un raisonnement,
puisqu'on est là comme revenu dans le champ de la
raison ordinaire. Si par moments, et à supposer même
que le hasard seul en soit cause, le vers nous ouvre
un espace, inapproché d'habitude, où scintillent les
notions pures comme des groupes d'étoiles, n'est-il
possible, au lieu de se résigner à revenir, ce regard
éteint, aux errements et tâtonnements, de se mobiliser,
de se faire toute attention à l'intensité, à la pureté
qui ont paru là, — et même de le faire d'une façon si
intense, elle aussi, et pure, que nous n'aimerions plus
désormais, que nous ne voudrions plus, que ces vers où
l'Idée prend forme? Délivrées des distorsions du vécu
les notions sont, en somme, comme des notes, où le son
prévaut sur le bruit, et on devrait pouvoir ne s'éveiller,
on devrait pouvoir n'exister qu'au niveau où cette
conversion a eu lieu, comme le musicien, perdu qu'il
est dans les bruits, n'a de rapport pourtant, de rapport
vrai, qu'avec les éléments de la gamme. Mallarmé a
beaucoup parlé du caractère essentiellement musical
de la notion pure. L'esprit, dit-il dans une phrase
fameuse, « n'a que faire de rien outre la musicalité
de tout », et ailleurs la comparaison se fait plus précise
encore entre les « sonorités élémentaires par les cuivres »
et l' « intellectuelle parole à son apogée ». Mais c'est*

*que ce rapprochement est décisif, c'est qu'il permet un espoir. Que fait le musicien, en effet? Rien que de naturel, l'expression de soi, « telle ébauche », écrit Mallarmé, « de quelqu'un des poèmes immanents à l'humanité », ou même, ajoute-t-il, « leur originel état, d'autant plus compréhensible que tu », — et d'autant plus aisément façonné, d'ailleurs, que les sons répondent si immédiatement, étant des faits de nature, aux intuitions de la nôtre. Et pourtant, malgré cette « facilité », c'est bien un univers comme tel — celui des sons, dans leurs relations exactes, immuables — qui advient à soi dans la moindre phrase composée. Quelle fusion, littéralement miraculeuse! Un travail entièrement personnel est tout aussi bien la révélation d'un Intelligible, où rien n'est qui ne soit essence. L'œuvre de chaque compositeur est comme sauvée d'avance par cette participation en somme obligée à l'absolu de la gamme. Il semble aisé d'en déduire qu'une réduction très semblable, celle qui nous ferait passer, dans chaque situation d'existence, de la réalité empirique à la notion pure, permettrait elle aussi un avenir de musique ; et que les poèmes qui en résulteraient seraient même, « avec plénitude et évidence », « en tant que l'ensemble des rapports existant en tout » éveillé par la moindre phrase, la seule création à la puissance de l'Univers, et donc finalement la seule musique vraie, — l'autre, celle des sons, n'en ayant été que la pénombre augurale.*

*Tel, cette fois, le raisonnement, et on lui accordera au moins une cohérence, on se refusera même à des objections qui viennent trop aisément à l'esprit. Il est légitime de rappeler, par exemple, que des mots, cela se prête si bien, et s'est offert si souvent, à de la narration, à de l'expression, — à du sens, qu'on ne pourra faire*

*que des notions qu'on rassemble, même pures, ne disent
quelque chose de trop humain. S'il est aisé de créer des
formes et de les désigner comme telles quand on use
de notes privées de sens, comment retrouver ce qui a
été vécu comme forme, comme pure « tonalité » des
notions, dans l'enchevêtrement de discours qui ne peut
que naître des mots? Mais la musique aussi — en fait,
quand elle est mauvaise — peut se grever d'effets
narratifs qu'on explore au lieu de l'entendre. Il lui
arrive même de « parler », le compositeur ayant prêté
attention aux aspects psychologiques ou affectifs de la
profération qui l'anime. Cependant que d'une chose du
monde à d'autres, disons de la lune au lac, avec des
roseaux comme des cils d'émeraude et cette approche
d'un cygne, on sent bien qu'un regard a capacité d'éta-
blir, dans l' « évidence » et la « plénitude », une conjonc-
tion en soi aussi belle que décidément au-delà des signi-
fications d'ailleurs innombrables qu'on est tenté d'y
inscrire. La parole aussi peut présenter, et non expliquer.
Il y a dans l'Univers, ou l'Esprit, un pouvoir d'agré-
gation des parties qui n'est pas la causalité, au cours
multiple, aux convergences énigmatiques, mais l'har-
monie, laquelle agit sans rien de caché, — je n'ai pas
dit sans mystère : et l'écriture en jouera... En fait, le
plus difficile, c'est évident, ce sera d'opérer dans notre
expérience du monde, toujours bousculée, hélas! la
réduction de la notion pure. Car si le musicien ne doit
se détourner que des bruits pour s'établir dans ses formes,
celui qui veut la formalisation de tout ce qui est doit se
détacher, en profondeur, de la pratique effective de
chaque chose, comme elle a lieu au degré du vécu usuel,
sans exigence, et des sentiments et valeurs qui en décou-
lent : ce qui est mourir à sa propre vie, dans sa diffé-
rence, — laquelle n'est qu'un rapport contingent à*

*l'être, une illusion. L'action restreinte — mais absolue,
le poème — « se paie, chez quiconque, de l'omission
de lui », indique clairement Mallarmé, et de « sa mort
comme un tel ». En outre, la musique ordinaire n'em-
ploie à sa transposition du donné sensible qu'un nombre
très limité d'éléments, alors que les « gammes » du
poète, dont les transitions sont les mots, sont immenses,
peut-être même infinies. Sera-t-il possible d'y accéder
à l'aide seulement de quelques points nodaux de l'In-
telligible, et grâce à ses virtualités d'harmonie ; possi-
ble de s'établir en des centres, des « clefs de voûte »,
comme une « araignée sacrée », — oui, peut-être, mais
rien n'est acquis en fait, quand le raisonnement a eu
lieu, de la « facilité » qui permettrait au nouvel auteur
de « céder l'initiative aux mots », sans réserve, comme
Debussy écoutant, l'esprit bien sûr en alerte, le mur-
mure de son clavier.*

*En tout cas, s'il y a eu déjà la donnée d'un vers,
qui peut s'entendre comme tout ce clavier illuminé,
fugitivement, par la puissance d'un thème, il faudra
se garder, on s'en doute, de passer de ce « premier »
vers à un autre par un enchaînement comme on en fai-
sait autrefois, quand le second se contentait de venir
après l'initial pour un récit ou de l'éloquence, succession
simple qui s'inscrivait dans le temps vécu et troublait
le poète de ses harmoniques impures : non, on s'établira
dans le thème au niveau où il est structure pour le
différencier, le diversifier, lui susciter des variantes,
le compléter mais par des symétries, par des « chocs,
glissements », par des « trajectoires illimitées et sûres »
et cela seul. Une décomposition, une recomposition
également « prismatiques », avec élargissement par la
grâce de ces deux phases aux proportions d'un poème,
« puis de la situation des vers dans la pièce à l'authen-*

*ticité de la pièce dans le volume »*, — *mais hors du temps de la vie, toujours, et de l'histoire, dans la « disparition vibratoire » de celui qui travaille là. « Une ordonnance du livre de vers point innée ou partout, note Mallarmé, élimine le hasard* [...] *Tout devient suspens, disposition fragmentaire avec alternance et vis-à-vis, concourant au rythme total...* » *En d'autres mots, que Mallarmé emploie aussi, ce sera transposer au livre la symphonie : les orchestrations et même les chœurs apparaissant peu à peu dans l'espace verbal toujours plus vaste. Le poète intériorise à son écriture propre les modes de création de la musique, c'est ainsi qu'il « reprend son bien* [1] ». *Et gardant de ce fait, en « creusant le vers », le contact avec les grands archétypes, il est à la fois personnel, par la modulation de ses thèmes, et identique à tous les autres poètes vrais, puisque tous auront en commun la gamme des notions pures. Un livre, non, « le Livre », écrivait Mallarmé, « persuadé qu'au fond il n'y en a qu'un », et l'on s'est étonné de cette proposition, qu'on croit qui appelle à un texte unique et donc à une tâche aussi inhumaine qu'absurde. Mais rien n'est plus loin de son intuition musicale, je pense qu'on le voit mieux maintenant, qu'une unicité de la mélodie dans l'unicité de la gamme ; et s'il a pu rêver un moment, vers 1867, quand il s'évertuait à* Hérodiade, *de mener à bien un poème qui rendrait vain tous les autres, il a vite compris qu'il n'abdi-*

---

1. Ce n'est là, bien entendu, qu'à peine ébaucher l'analyse de cette écriture « musicale ». Il faudrait montrer par exemple comment l'impression peut prendre les « notes » dans une forme ou simplement *passer* sur elles comme un éclair qui les illumine dans leur pénombre, leur permet de se colorer de leurs reflets réciproques; et rapprocher alors l'esthétique de Mallarmé des recherches des compositeurs de son temps. Il est parfois moins loin qu'on ne croit de ceux qui ont mis ses poèmes « en musique ».

querait rien de l'ambition *poétique* en ne cherchant qu'à écrire une seule page, mais authentiquement musicale. Une parcelle d'or, et ce serait assez pour un alchimiste, assez pour dissiper, par exemple, les faux-semblants du drame « total » de Wagner ; et ce n'est pas parce que telle pièce de Mallarmé n'a que quelques lignes qu'elle ne relève pas du *Grand Œuvre*, mais parce que son métal est le plomb encore, aussi finement l'a-t-il travaillé. L'unicité du *Livre*, c'est « au fond », dans le secret de son métal, qu'elle gît, en tant que la *Nature* elle-même, qui est l'unique structure vraie.

D'autres précisions, certes, et peut-être déjà des objections, seraient en ce point nécessaires, aurais-je le temps de m'y arrêter. Il faudrait souligner d'abord que c'est en somme l'horreur qui, ayant reconnu l'Absence et dégagé de ce fait la notion pure, a donc permis que notre conscience puisse s'établir dans le jeu des formes, et a donc fondé la Beauté, et une joie. Il faudrait dire aussi les implications religieuses de cette pensée en apparence esthétique, — cette joie qui se produit dans l'absence concurrençant de façon directe, sur leur terrain de déréliction et de mort, le dieu chrétien de la charité ou le non-souffrir du bouddhisme. Et indiquer juste après cela d'autres conséquences, sociales, en constatant que le *Livre*, qui a révélé la *Nature*, se constitue en séjour où se rassemblera célébrante la foule que notre époque a privée de cérémonies. Plus obscur restant ce que Mallarmé a pensé du comportement dans la vie de ce nouvel homme du *Livre*, là où il lui sera nécessaire de décider de valeurs. Part de la Nature lui-même, qui se reconnaît comme telle et a joie à s'articuler à sa totalité harmonieuse, ne va-t-il accepter autrui que dans son aptitude à cette

*transparence essentielle, et laissera-t-il à périr, laissera-
t-il hors des mots, celui qui est né près de lui avec des
verrues sur le visage, ou dans l'âme?*

*Mais peu importe, pour aujourd'hui, car du point de
vue de ces frustrations que nous constatons au départ,
l'essentiel, c'est que le projet que Mallarmé s'est donné
à la suite d'une expérience profonde, étayée d'un rai-
sonnement, ait eu au moins la vertu de lui accorder un
sursis. Le Vers promet l'être, là où régnait le néant.
Et même si la pratique de l'écriture reste tributaire
d'une conversion à la pureté des notions qui est en soi
difficile, sinon même contradictoire, elle demande que
l'on travaille pour éprouver cette résistance, et ce sera
remettre à plus tard le jugement sur la vie. Il n'y a pas
à douter, Igitur en est témoignage, que Mallarmé aurait
fort bien pu, l'Impossible reconnu tel, décider de mettre
fin à ses jours. Et en retour il faut attribuer le fait même
de sa survie — oui, les années, le métier ingrat, la gêne,
mais aussi de nouveaux écrits qui sont pour nous des
richesses — à cet instant fondateur où il perçoit le
miracle de quelque vers d'un poème.*

IV

*Une existence par provision, — en attendant que de
l'absolu se prenne à de l'écriture.*

*Après quoi, eh bien, oui, nous le savons, il reste que
l'avènement n'eut pas lieu, il reste que la particularité,
le hasard qu'on n'abolit pas, ont interdit à Stéphane
Mallarmé l'accès de la notion pure. Du point de vue
de l'Idée, que nous a-t-il laissé qui même tant soit peu
s'en approche? Hérodiade, aussi « absolue » en soi*

*l'atmosphère, a des aspects d'œuvre de jeunesse à cause
de cette « horrible sensibilité » toute de crispation et de
froid qui fleurit surtout à vingt ans. Ce grand poème
est celui où Mallarmé a pensé l'Absence, dirais-je,
mais pas le Néant qui est déjà la Nature qui lève pleine.
Mais les quelques dizaines d'autres pages — le « son-
net en yx », par exemple — qu'on peut tenir aussi pour
des efforts délibérés de musique, celles où les mots
devraient s'allumer de leurs reflets réciproques, et le
font bien, en un sens, donnent la même impression,
malheureusement, de chambre sans habitant, de feu
éteint dans l'âtre, de choses vues du dehors, dans
l' « agonie » de leur forme, comme si l'être sensible, qui
aurait dû retentir sur tous les plans de la perception, en
fait se resserrait là sur son apparence spatiale, ne
consentant qu'au regard et l'entraînant dans la nuit
de cette énigme. Ces poèmes n'ont pas les trois dimen-
sions qu'il faut, c'est le reflet en miroir qui n'apporte
que la dépouille d'un monde. Pour reprendre des mots
de leur auteur, dans une lettre de 1867, ce sont des
expériences qui partent du « seul cerveau », qui sont
comme des airs « joués sur la partie aiguë de la chante-
relle », et dont le son « ne réconforte pas dans la boîte ».
Et tout aussi significatif est ce fait que les textes de
Mallarmé qui s'essaient ainsi à la notion pure sont rares
dès après qu'il vint à Paris, dans ces années qui furent
pourtant de sa pleine force, alors qu'en 1873 avec le*
Toast funèbre, *puis dans les* Tombeaux, *les* Hommages,
*la* Prose pour des Esseintes, *se développe au contraire
une poésie qui, si « prismatique » soit-elle, s'écarte
du grand projet dans la mesure déjà où elle s'interroge
sur lui. Ici encore, et surtout, l'unique souci, l'obsédant,
reste dans l'expectative, ou le doute. Et il y a tout
lieu, au total, de croire Mallarmé quand il déclare à*

*Verlaine, en 1885, à quarante-trois ans, dans sa grande
lettre autobiographique, que sur la voie du Grand
Œuvre il ne laissera que des « bribes ». En fait, dans son
existence aux deux époques tranchées, c'est la réflexion
qu'auront avant tout favorisée son arrivée à Paris et
sa place vite éminente dans l'avant-garde. Une des
« facilités », par exemple, qui lui ont permis de penser
dans son détail absorbant sa poétique si difficile, c'est
qu'il eut alors l'occasion, lui le provincial qui n'était
jamais allé au concert, de découvrir l'être propre de la
musique des instruments à peu près comme il va deman-
der à d'autres, en vain d'ailleurs, de percevoir à leur
tour la spécificité de la poésie. Et c'est sans doute cette
activité théorique qui lui a assuré jusqu'en 1898 le
sursis qu'avait d'abord apporté l'espoir, et qu'eût défait
plus tôt la seule pratique. Curieusement, Mallarmé
n'aura été le témoin de l'Idée, qui en son fond est
silence, que dans une philosophie de la création, autre-
ment dit un discours.*

*Et il n'y a rien là, puis-je dire ? qui doive nous éton-
ner : car il faut bien constater, il est grand temps, que
Mallarmé n'a pas voulu tenir compte, dans son intui-
tion de l'Intelligible, de quelques lois tout de même
fondamentales. La nature a lieu, a-t-il donc pensé,
« on n'y ajoutera pas » ; et autant que son affirmation
insistante, c'est bien là, cette phrase, le postulat qui lui
était nécessaire, puisqu'elle seule permet de rapporter
les composantes de l'écriture à une structure unique,
homogène, celle que Mallarmé sentait, je l'ai dit,
toute dotée d'avance des articulations d'une langue.
Que cette nature déjà verbale régisse l'être assurerait,
c'est certain, une essence et une constance aux notions
pures. Mais peut-on assimiler l'être — et en tout cas
celui que fondent nos mots, celui-là seul qu'ils connais-*

*sent* — à la Nature, puisque du fait que nous parlons,
justement, que nous parlons entre nous, hommes jetés
dans l'histoire, nous lui ajoutons, par exemple des
valeurs ou des besoins spirituels ? Quiconque parle n'est
plus la simple nature. Notre expérience, et avec elle
nos mots, même et surtout les plus simples, n'est nulle-
ment réductible à une pratique du monde matériel,
appréhendé dans ses phénomènes. Seule est totale la
saisie de l'être par quoi, à un moment ou un autre, on a
sacrifié au contraire cette « jouissance », aussi exi-
geante soit-elle, pour proposer un sens qui restera tou-
jours une tâche. Et qu'on ne dise pas qu'il suffit, pour
que Mallarmé ait raison, d'identifier à la Nature ce
sens, qui ferait d'elle ainsi notre seule valeur ultime
et prévaudrait sur nos autres fins ou croyances, y com-
pris sur notre illusion d'avoir quelque absolu par nous-
mêmes : car les déchirements, les éruptions, les écroule-
ments de l'horizon naturel auraient tôt fait alors de
nous détourner du souci de la « famille des Iridées ».
Il n'y a rien qui tende dans la Nature à marier « les
figures du val, du pré, de l'arbre » pour nous assurer
un séjour. Je crois qu'on ne peut identifier réalité et
nature que dans l'extase elle-même déchirée et toute au-
delà des mots — de l'instant.

Lui, pourtant, Mallarmé, ce n'est pas l'instant qu'il
voulait, qui dépense d'un coup la forme, mais l'intem-
porel des cristaux introublés et des algorithmes. Et
appliquer cette grille, en somme à deux dimensions,
malgré sa spatialité foncière, sur un donné aussi
contradictoire et profond que notre rapport à la terre,
cela ne pouvait donc s'accomplir qu'en rêve et s'enta-
cher de ce fait de la particularité du rêveur. Après
quoi, quand on est assez pénétrant pour déceler cette
corruption à chaque fois qu'elle a lieu, et assez exigeant

*pour ne pas trop s'en accommoder, que faire d'autre,
en effet, que parler de « bribes », et finir par recon-
naître à « l'antique vers » — c'est dit dans la Préface du
Coup de dés et certes non sans tristesse — « l'empire
de la passion et des rêveries »? L'Œuvre, qui aurait
étanché les deux frustrations que j'ai dites, n'est plus
que la troisième et longtemps la plus torturante, à pro-
portion de l'espoir qu'elle fait renaître. Et son manque-
ment de plus en plus évident, à mesure que le temps
passe, c'est lui qui explique sans doute la fin même,
j'entends la mort, si étrangement éloquente, de Mallarmé.
Car on voit celui-ci revenir, dans ses dernières années,
aux formes les plus extrêmes de ses tentatives passées,
comme pour une sorte de quitte ou double. Le Coup
de dés, qui est d'une année avant sa mort, agrandit
aux proportions de l'Univers la chambre du sonnet
« en yx », ce lieu vide où la constellation demeurait,
dans un miroir, une image. Et qu'il ait cru ou non
inaugurer avec cet admirable poème une approche nou-
velle du Grand Œuvre, aux dépens de « l'antique vers »,
il reste que l'an d'après il est revenu jusqu'à l'obses-
sion — Paul Valéry en témoigne — au texte inachevé
d'Hérodiade, le poème où l'Idée s'est révélée la pre-
mière fois, et qu'il s'agit de finir. Sauf que, bien sûr,
maintenant les vitres s'en sont éteintes, les crispations
ensablées, ce ne sont que dunes désertes. N'en doutons
pas, le spasme de la glotte qui récusa la parole de Mal-
larmé, un soir du début de l'automne, ressemble vrai-
ment trop à la décollation du Baptiste, dont on sait le
rôle dans le poème, pour que ce soit simple coïncidence.
La poésie a pu ne répondre qu'à sa façon ordinaire,
par de la nuit autant que des fulgurances, à qui vou-
lait lui donner toute la rigueur d'une algèbre : l'écri-
ture du corps, quant à elle, sait triompher du hasard...*

v

Mais je ne dirai pas que ce manquement suprême, qui a ponctué un destin, n'aura été pour autant qu'une découverte, même effectuée peu à peu et sur une longue période : car le réduire ainsi au statut d'un événement, ce serait restreindre aussi bien cette recherche qui nous fascine aux hypothèses d'une pensée, suivies de vérifications ou d'échecs, ce qu'elle n'a pas été, est-il besoin d'en faire la preuve? Tous ses vrais lecteurs le savent, d'instinct : autant Mallarmé a-t-il désiré atteindre à la notion pure, aussi violemment a-t-il cru en elle, et autant, et depuis le premier moment, il a douté, non seulement de chacune de ses apparitions fugitives mais de sa réalité même, objective, en soi, comme s'il se fût senti là dans une impasse de la pensée, une aporie de ses propres notions œuvrantes ; et cela fit de sa poétique à la fois précise et insaisissable en son fond moins un bonheur de l'esprit, même les jours d'espérance, qu'une « torture », comme il a dit une fois. Refoulée, retardée, refusée, mais toujours sue, la carence finale du grand projet qui la fonde est une des composantes premières de l'écriture mallarméenne, dans sa pratique effective, autant que les manquements de l'être empirique et de la langue, — et c'est ce qu'il ne faudra pas oublier si l'on veut comprendre dans ce qu'ils sont les fragments où elle a pris forme. Sous la poétique consciente, autrement dit, il y a une poésie de fait, où l'Absence non palliée éveille dans la transparence douteuse des résonances tragiques. L'horreur qui se faisait joie reprend là, dans l'évidence que la phrase qui s'ouvre est en soi *l'impossible et se dérobe, ne laissant que les mots anciens, cette cendre. Et à ce niveau de sourd désespoir l'étrange décision de continuer à écrire, que Mallarmé évoquait avec modestie, à son habitude — « un vice, mon cher ami, que mille fois j'ai rejeté, l'esprit meurtri ou las, mais cela me possède et je réussirai peut-être.. » — apparaît comme simplement un témoignage en l'honneur de la vraie parole, qui « aurait pu » être et n'est pas : et le plus inutile mais aussi bien le plus noble des sacrifices. « Toute Pensée émet un Coup de Dés », disent les derniers mots du dernier poème. Entendons : la pensée de Mallarmé ne peut s'empêcher de jeter les dés, de se renoncer comme savoir ou action pour se rêver comme nombre. Et parfois cela peut être tenté dans l'ivresse d'une certitude crue possédée, mais parfois aussi ce n'est qu'un défi à la mesure de l'Univers qu'on avait voulu et même entrevu, — et cette obstination silencieuse, c'est bien alors le cri le plus noir, le plus retentissant d'abîme en abîme, qu'il y ait eu depuis Lucifer. « Je chanterai en désespéré », avait écrit Mallarmé dès 1866. Quels mots, aux implications infinies ! Est-ce que ce fut là découvrir cette écriture qui n'est que jeu, suprême d'être gratuite, cette fiction à opposer comme telle au grand dehors inconnu, dont je disais au début que ne savait rien la poétique de Mallarmé, — sa poétique consciente ?*

*C'est là ce qu'aujourd'hui, en tout cas, on dirait le plus volontiers, et il est vrai que rejoindre ainsi ce point où un écrivain n'a plus d'autre avoir que quelques mots vides, d'autre certitude que celle qu'il est là, à écrire, incurieux de toute autre chose, incapable d'autre avenir que le devenir indéfini, et creux mais résonnant, de cet acte, c'est déjà s'approcher du texte même de Mallarmé, qui n'est bien sûr qu'une langue à lui, et combien ! et*

*non le déploiement de la Nature en son Livre. En fait,
on peut même croire — certaines pages y portent, faut-
il dire le* Coup de dés ? *— qu'il a presque voulu fonder,
à des heures, sur ce néant en apparence final, percevant
dans son jeu d'écume sous les étoiles, dans le rien qui
s'écrit et se désécrit, au moins du temps qui passe, du
rêve qui se délivre, voire une fête nouvelle pour une
société sans espoir. Laisser les mots bouger dans les
mots, d'une cristallisation à une autre, comme ils le
veulent à travers nous, comme autrefois nous les empê-
chions de faire. Et en ce sens ce dernier métaphysicien
aurait ouvert à ces poétiques de notre temps qui font
de l'écriture sa propre fin et l'unique espace, elles n'ayant
eu, en somme, qu'à accepter hardiment ce que lui ne
consentait qu'à regret, à savoir que la parole est sans
référent et notre existence sans être.*

*Moi, pourtant, il me semblait voir dans le* Coup de
dés, *je l'ai dit, une reprise encore de l'espérance, ou si
l'on préfère une relance du cercle en quoi cette pensée
tourne. Et j'y distingue même un raisonnement qu'on
pourrait dire nouveau — un deuxième, dans cette vie —
bien qu'il reprenne de l'autre et le souci d'un « compte
total » et la visée proprement ontologique. Car il y est
indiqué, c'est vrai, qu'on n'abolit pas le hasard, et que
l'écriture en est pénétrée, ce qui peut sembler la priver
de tout fondement absolu. Mais si comprendre que le
hasard n'a de cesse, et découvrir ainsi le dernier aspect,
jusqu'alors inaperçu, refoulé, de notre articulation au
réel, c'était mettre en place, en revanche, les véritables
structures, et donc assurer enfin, assembler, les condi-
tions qui permettent le lancement des vrais dés ? Enten-
dons bien que l'œuvre ne saurait dévoiler dans cette
perspective nouvelle qu'une « constellation » des notions,
c'est-à-dire une configuration comme en imagine avec*

*les étoiles du ciel lointain notre regard excentrique.*
*Le hasard qui nous place ici plutôt que là vicierait tou-*
*jours cette perception globale, le miroir du sonnet*
*ancien resterait à jamais l'emblème de notre écri-*
*ture en exil. Toutefois, et c'est cela l'important, un fait*
*de hasard est en soi la manifestation d'une force, qui*
*insiste, elle aussi, quand on reprend le cornet. Et*
*sachant maintenant que notre indétermination est*
*notre essence, ayant vaincu le vieux rêve d'égaler*
*l'homme au « grillon », nous pourrons avancer dans cette*
*écriture à jamais humaine jusqu'à ce que chacun d'entre*
*nous ait différencié sa langue propre, éployé son univers*
*personnel : de la superposition de ces figures diverses,*
*chacune pénétrée en son fond par la particularité sans*
*recours, naissant un jour, « aussi loin qu'un endroit*
*fusionne avec au delà », la forme commune à tous*
*nos rêves, et par conséquent, qui sait, suffisante, qu'on*
*nommera notre « authentique séjour ». En termes musi-*
*caux — puisque la préface du* Coup de dés *reprend une*
*fois de plus cette analogie — c'est comme si l'échelle*
*des sons qu'on avait crue longtemps toute décidée*
*par les Sphères, apparaissait maintenant une construc-*
*tion, et la tâche, de notre race, disons un Temple à*
*bâtir sous le ciel hélas hors d'atteinte, — une invention*
*collective. L'arbitraire — même au sens simple de*
*l'imprécision de ce plan de temple, encore mal reconnu —*
*n'en disparaîtrait que graduellement, comme au long*
*d'une asymptote, par la grâce tardive de l'hyperbole.*
*Mais loin bien sûr d'indiquer l'abandon de l'idée du*
*référent, et la dislocation de celle d'un ordre propre de*
*l'être, de la Nature, cette poétique de l'écart, de la*
*goutte noire à jamais dans l'encrier de cristal, en dirait,*
*en célébrerait toujours la présence, dans sa distance :*
*puisque c'est bien cette présence agissante qui mène le*

*fait humain vers sa forme, comme s'affirme la loi cos-mique dans le jeu apparemment sans raison des phé-nomènes aléatoires. Un chant encore, dans l'arbitraire éternel des mots ! Redéployée dans son repliement l'aile certes « indubitable » ! L'esprit du calcul des probabi-lités, que vulgarise d'ailleurs la fin du siècle, s'est substitué, à mon sens, dans cette « seconde » philosophie, à celui des géométries trop naïvement pythagori-ciennes, mais l'Univers reste la demeure, et l'être comme tel la condition, donc la fin. « Suffisamment, écrivait Mallarmé trois semaines à peine avant sa mort — c'était en réponse à une enquête, sur l'Idéal à vingt ans ! —, je me fus fidèle. » Il ajoutait qu'il époussetait « quotidiennement » sa « native illumination », dont nous savons bien qu'elle fut l'idée de l'Univers, l'in-tuition d'un en-soi de la Nature. Et peu importe pour aujourd'hui à quel moment de sa vie s'est opérée sa révolution copernicienne [2], l'essentiel, c'est que même sa conviction que l'écriture est désordre aura toujours été dépassée par la hantise de l'ordre, c'est que même ses heures de défi se reclassent dans un « compte total » en formation dans la nuit. « Roulant », mais aussi « veillant », « méditant », le dé dont le non-savoir est la septième face ouvre encore, dans son boitement éternel, la perspective d'un point dernier « qui le sacre ». « Toute pensée », quand on est Mallarmé, va irrésisti-blement à de l'absolu.*

*Et plutôt que de chercher à entendre chez ce poète*

---

2. Encore que ce serait là, pour la signification même de bien des textes, une enquête on ne peut plus importante, à commencer dès d'anciennes intuitions, vers 1868, à continuer par le magnifique sonnet *Quand l'ombre...* De même que l'impossibilité de la notion pure fut toujours une part de sa visée, de même la poétique indé-terministe, si je puis dire, fut dès longtemps pressentie au défaut de la poétique absolue. En un sens, c'est elle « l'action restreinte ».

*comme un écho assourdi du « Dieu est mort » nietzschéen,*
*plutôt que de le réduire, en somme, à son désespoir,*
*je propose que nous gardions en esprit la violence avec*
*laquelle il a voulu, et donc, à mon sens, toute sa vie,*
*forcer le seuil de cet ordre qu'il appelait la Nature et*
*qu'il ressentait transcendant. Ne fut-ce, cette hantise,*
*ce « vice », que le suprême et dernier effort de l'antique*
*pensée ontologique avant le grand renoncement qui*
*viendrait fonder juste après la modernité spirituelle ?*
*N'était-ce pas au contraire, et du fait même de tant*
*d'obstination dans tant de revers, le signe que Mallarmé*
*reconnaissait là une certitude — la seule, en vérité,*
*qu'il ait eue —, à savoir qu'il y a de l'être, dès au moins*
*qu'il y a des mots : sa forclusion à lui ne révélant, pour*
*finir, que quelque insuffisance de son approche — de sa*
*parole —, et son angoisse ne signifiant que la peur qu'il*
*en était responsable sur une terre habitable. Peut-être —*
*et c'est là une des questions encore qu'il faut poser à*
*son « texte », au niveau parfois inconscient où il se la*
*posait à lui-même — savait-il, savait-il aussi, qu'il avait*
*tort, d'emblée, de chercher des essences, des « notions*
*pures », là où, dans même et surtout le manque, même la*
*nuit, il faut aimer des présences, — tort de rêver d'une*
*perfection de la langue, puisqu'il nous faut retrouver*
*nos proches, tout de suite, et donc parler, avec les*
*mots tels qu'ils sont. Sa lecture du monde, quand il*
*faudrait s'y risquer, ce « jouir », au lieu de la compas-*
*sion — tout ce que je lui ai reproché, tout à l'heure —,*
*peut-être l'a-t-il tout le premier regretté, comme son*
*« vice », le vrai : comme l'empiègement qui le privait*
*d'une vie. Et peut-être donc a-t-il pressenti que la*
*demeure de l'être — « objective », n'en doutons pas, de*
*par tous ces arbres, ces champs, ces routes, ces nuées*
*même, que nous douons de sens tous ensemble, et depuis*

*si longtemps, et pour nos enfants, pour la vie —, ce
n'était pas le diable sait quel Intelligible, que des notions
nous apporteraient, mais ce que bâtissent ici, dans le
temps, au hasard des jours, le pain, le vin, et les autres
choses et gestes qui sont aussi des symboles. Qu'est-ce
d'ailleurs, et surtout en ses années tardives, désespérées,
que son écriture de fait, sinon ces proses de* Divagations,
*si ouvertes, et les « poèmes de circonstances », qui se
portent vers la réalité quotidienne comme s'ils y trou-
vaient une cohérence? On peut beaucoup se tromper sur
ces écrits, les seconds surtout. Y discerner un renonce-
ment à l'Idée, une adhésion à la finitude — une incar-
nation même, au moins par instants — alors qu'ils
ne veulent être toujours que la recherche des notions
pures, d'autant plus vigilante et exacerbée que portée
aux confins du monde cru ennemi. Ce sont les aspects
les plus ténus, les plus fugitifs de notre expérience —
un bruit de pas, dans* Le Nénuphar blanc, *ou un cha-
peau haut de forme — qui gardent la trace qui seule
compte, Mallarmé ne l'ignore pas, c'est d'eux que
« l'araignée sacrée » de l'esprit peut tisser ses plus « mer-
veilleuses dentelles » et il lui faut donc les surprendre là
où ils jouent, écume étincelante des existences obscures,
d'où ce retour au « vécu », hors du cercle désert où
longtemps le retint la lampe nocturne. Mais l'important,
dans ces pages si ambiguës, c'est que leur auteur s'y
attarde bien longuement tout de même, pour cueillir
au vol, pense-t-il, ces retombées du vrai feu, à d'hum-
bles navigations en canot, aux resserrements des jar-
dins, aux lettres que l'on envoie à des amis, ou amies,
aux fleurs et fruits et même petits miroirs et autres
menues offrandes des rites d'anniversaires — toutes
choses qui se recentrent moins sur l'éternelle Nature que
l'on a peinte aux fenêtres que sur le temps, le hasard,*

qui ont fait ces lieux et ces êtres, très aimés. A vivre
aussi simplement, aussi affectueusement, on ne reprend
pas au hasard son bien, on lui sacrifie, on recherche
même ses petits dieux à leurs autels du bord de la route...
La vérité, c'est que Mallarmé aurait bien voulu que
la notion pure puisse garder, dans ses structurations
intangibles, ces aspects de notre existence qu'a institués
notre finitude, et qu'on aime dès qu'on acquiesce aux
imperfections de cette dernière. La figure « du val, du
pré, de l'arbre », mais celle aussi du lieu qu'ils ne for-
ment que pour qui se consent mortel. L'éternelle nature,
mais aussi ce qui, proclamait le Toast funèbre, la
prive d'être soi-même. Et venir rôder à ce seuil, c'est
bien se détourner, en effet, d'un rêve de l'Idée accessible
par l'écriture ; mais nullement de l'être lui-même, qui
peut se dire, à plus simples que Mallarmé, dans l'instant
où un oiseau, quelque oiseau, s'envole brusquement
d'une branche, et révéler dans ce rien sa qualité d'ori-
gine et son pouvoir de fonder le sens.

Platon pour préparer au Christ, disait Augustin.
Mallarmé, aux temps finissants de l'ontologie, pour
annoncer un nouvel âge du signe ? Ou simplement un
témoin de la Présence mais dans son altération habi-
tuelle — par l'Essence, par l'Idéal — et qui fut grand
mais par sa rigueur à porter ses deux intuitions jus-
qu'au bout ou presque : jusqu'au point en tout cas où
il faut choisir ? Ce sont là les plus vraies questions
qu'il convient de poser à son œuvre, aujourd'hui où
l'idée de l'Être se désagrège ; et où risque donc de se
perdre, dans une vigilance inutile, la raison de la
poésie.

Yves Bonnefoy.

*Igitur*
*ou*
*la Folie d'Elbehnon*

Ce Conte s'adresse à l'Intelligence
du lecteur qui met les choses en scène,
elle-même.

S. M.

*Ancienne étude*

Quand les souffles de ses ancêtres veulent souffler la bougie, (grâce à laquelle peut-être subsistent les caractères du grimoire) — il dit « Pas encore! »

Lui-même à la fin, quand les bruits auront disparu, tirera une preuve de quelque chose de grand (pas d'astres? le hasard annulé?) de ce simple fait qu'il peut causer l'ombre en soufflant sur la lumière —

Puis — comme il aura parlé selon l'absolu — qui nie l'immortalité, l'absolu existera en dehors — lune, au-dessus du temps : et il soulèvera les rideaux, en face.


Igitur, tout enfant, lit son devoir à ses ancêtres.

4 MORCEAUX :

1. *Le Minuit*

2. *L'escalier*

3. *Le coup de dés*

4. *Le sommeil sur les cendres, après la bougie soufflée.*

A peu près ce qui suit :

Minuit sonne — le Minuit où doivent être jetés les dés. Igitur descend les escaliers, de l'esprit humain, va au fond des choses : en « absolu » qu'il est. Tombeaux — cendres (pas sentiment, ni esprit), neutralité. Il récite la prédiction et fait le geste. Indifférence. Sifflements dans l'escalier. « Vous avez tort » nulle émotion. L'infini sort du hasard, que vous avez nié. Vous, mathématiciens expirâtes — moi projeté absolu. Devais finir en Infini. Simplement parole et geste. Quant à ce que je vous dis, pour expliquer ma vie. Rien ne restera de vous — L'infini enfin échappe à la famille, qui en a souffert, — vieil espace — pas de hasard. Elle a eu raison de le nier, — sa vie — pour qu'il ait été l'absolu. Ceci devait avoir lieu dans les combinaisons de l'Infini vis-à-vis de l'Absolu. Nécessaire — extrait l'Idée. Folie utile. Un des actes de l'univers vient d'être commis là. Plus rien, restait le souffle, fin de parole et geste unis — souffle la bougie de l'être, par quoi tout a été. Preuve.

(Creuser tout cela)

# I

## LE MINUIT

Certainement subsiste une présence de Minuit.
L'heure n'a pas disparu par un miroir, ne s'est pas
enfouie en tentures, évoquant un ameublement par
sa vacante sonorité. Je me rappelle que son or allait
feindre en l'absence un joyau nul de rêverie, riche
et inutile survivance, sinon que sur la complexité
marine et stellaire d'une orfèvrerie se lisait le
hasard infini des conjonctions.

Révélateur du minuit, il n'a jamais alors indiqué
pareille conjoncture, car voici l'unique heure qu'il
ait créée; et que de l'Infini se séparent et les cons-
tellations et la mer, demeurées, en l'extériorité,
de réciproques néants, pour en laisser l'essence, à
l'heure unie, faire le présent absolu des choses.

Et du Minuit demeure la présence en la vision
d'une chambre du temps où le mystérieux ameu-
blement arrête un vague frémissement de pensée,
lumineuse brisure du retour de ses ondes et de leur
élargissement premier, cependant que s'immobilise
(dans une mouvante limite), la place antérieure
de la chute de l'heure en un calme narcotique de
*moi* pur longtemps rêvé; mais dont le temps est
résolu en des tentures sur lesquelles s'est arrêté,
les complétant de sa splendeur, le frémissement
amorti, dans de l'oubli, comme une chevelure lan-
guissante, autour du visage éclairé de mystère, aux
yeux nuls pareils au miroir, de l'hôte, dénué de
toute signification que de présence.

C'est le rêve pur d'un Minuit, en soi disparu, et dont la Clarté reconnue, qui seule demeure au sein de son accomplissement plongé dans l'ombre, résume sa stérilité sur la pâleur d'un livre ouvert que présente la table; page et décor ordinaires de la Nuit, sinon que subsiste encore le silence d'une antique parole proférée par lui, en lequel, revenu, ce Minuit évoque son ombre finie et nulle par ces mots : J'étais l'heure qui doit me rendre pur.

Depuis longtemps morte, une antique idée se mire telle à la clarté de la chimère en laquelle a agonisé son rêve, et se reconnaît à l'immémorial geste vacant avec lequel elle s'invite, pour terminer l'antagonisme de ce songe polaire, à se rendre, avec et la clarté chimérique et le texte refermé, au Chaos de l'ombre avorté et de la parole qui absolut Minuit.

Inutile, de l'ameublement accompli qui se tassera en ténèbres comme les tentures, déjà alourdies en une forme permanente de toujours, tandis que, lueur virtuelle, produite par sa propre apparition en le miroitement de l'obscurité, scintille le feu pur du diamant de l'horloge, seule survivance et joyau de la Nuit éternelle, l'heure se formule en cet écho, au seuil de panneaux ouverts par son acte de la Nuit : « Adieu, nuit, que je fus, ton propre sépulcre, mais qui, l'ombre survivante, se métamorphosera en Éternité. »

## II

## IL QUITTE LA CHAMBRE
## ET SE PERD DANS LES ESCALIERS

*(au lieu de descendre à cheval sur la rampe)*

L'ombre disparue en l'obscurité, la Nuit resta avec une douteuse perception de pendule qui va s'atteindre et expirer en lui; mais à ce qui luit et va, expirant en soi, s'éteindre, elle se voit qui le porte encore; donc, c'est d'elle que, nul doute, était le battement ouï, dont le bruit total et dénué à jamais tomba en son passé.

D'un côté si l'équivoque cessa, une motion de l'autre, dure, marquée plus pressante par un double heurt, qui n'atteint plus ou pas encore sa notion, et dont un frôlement actuel, tel qu'il doit avoir lieu, remplit confusément l'équivoque, ou sa cessation : comme si la chute totale qui avait été le choc unique des portes du tombeau, n'en étouffait pas l'hôte sans retour; et dans l'incertitude issue probablement de la tournure affirmative, prolongée par la réminiscence du vide sépulcral du heurt en laquelle se confond la clarté, se présente une vision de la chute interrompue de panneaux, comme si c'était soi-même, qui, doué du mouvement suspendu, le retournât sur soi en la spirale vertigineuse conséquente; et elle devait être indéfiniment fuyante, si une oppression progressive, poids graduel de ce dont on ne se rendait pas compte, malgré que ce fût

expliqué en somme, n'en eût impliqué l'évasion
certaine en un intervalle, la cessation; où, lors-
qu'expira le heurt, et qu'elles se confondirent, rien
en effet ne fut plus ouï : que le battement d'ailes
absurdes de quelque hôte effrayé de la nuit heurté
dans son lourd somme par la clarté et prolongeant
sa fuite indéfinie.

Car, pour le halètement qui avait frôlé cet endroit,
ce n'était pas quelque doute dernier de soi, qui
remuait ses ailes par hasard en passant, mais le
frottement familier et continu d'un âge supérieur,
dont maint et maint génie fut soigneux de recueillir
toute sa poussière séculaire en son sépulcre pour
se mirer en un soi propre, et que nul soupçon n'en
remontât le fil arachnéen — pour que l'ombre
dernière se mirât en son propre soi, et se reconnût
en la foule de ses apparitions comprises à l'étoile
nacrée de leur nébuleuse science tenue d'une main,
et à l'étincelle d'or du fermoir héraldique de leur
volume, dans l'autre; du volume de leurs nuits;
telles, à présent, se voyant pour qu'elle se voie, elle,
pure, l'Ombre, ayant sa dernière forme qu'elle foule,
derrière elle, couchée et étendue, et puis, devant elle,
en un puits, l'étendue de couches d'ombre, rendue
à la nuit pure, de toutes ses nuits pareilles apparues,
des couches à jamais séparées d'elles et que sans
doute elles ne connurent pas — qui n'est, je le sais,
que le prolongement absurde du bruit de la fermeture
de la porte sépulcrale dont l'entrée de ce puits
rappelle la porte.

Cette fois, plus nul doute; la certitude se mire en
l'évidence : en vain, réminiscence d'un mensonge,
dont elle était la conséquence, la vision d'un lieu
apparaissait-elle encore, telle que devait être, par

exemple, l'intervalle attendu, ayant, en effet, pour parois latérales l'opposition double des panneaux, et pour vis-à-vis, devant et derrière, l'ouverture de doute nul répercutée par le prolongement du bruit des panneaux, où s'enfuit le plumage, et dédoublée par l'équivoque exploré, la symétrie parfaite des déductions prévues démentait sa réalité; il n'y avait pas à s'y tromper c'était la conscience de soi (à laquelle l'absurde même devait servir de lieu) — sa réussite.

Elle se présente également dans l'une et dans l'autre face des parois luisantes et séculaires ne gardant d'elle que d'une main la clarté opaline de sa science et de l'autre son volume, le volume de ses nuits, maintenant fermé : du passé et de l'avenir que parvenue au pinacle de moi, l'ombre pure domine parfaitement et finis, hors d'eux. Tandis que devant et derrière se prolonge le mensonge exploré de l'infini, ténèbres de toutes mes apparitions réunies, à présent que le temps a cessé et ne les divise plus, retombées en un lourd somme, massif (lors du bruit d'abord entendu), dans le vide duquel j'entends les pulsations de mon propre cœur.

Je n'aime pas ce bruit : cette perfection de ma certitude me gêne : tout est trop clair, la clarté montre le désir d'une évasion; tout est trop luisant, j'aimerais rentrer en mon Ombre incréée et antérieure, et dépouiller par la pensée le travestissement que m'a imposé la nécessité, d'habiter le cœur de cette race (que j'entends battre ici) seul reste d'ambiguïté.

A vrai dire, dans cette inquiétante et belle symétrie de la construction de mon rêve, laquelle des deux ouvertures prendre, puisqu'il n'y a plus de

futur représenté par l'une d'elles ? Ne sont-elles
pas toutes deux, à jamais équivalentes, ma réflexion ?
Dois-je encore craindre le hasard, cet antique ennemi
qui me divisa en ténèbres et en temps créés, pacifiés
là tous deux en un même somme ? et n'est-il pas par
la fin du temps, qui amena celle des ténèbres, lui-
même annulé ?

### (chuchotement)

En effet, la première venue ressemble à la spirale
précédente : même bruit scandé, — et même frô-
lement : mais comme tout a abouti, rien ne peut plus
m'effrayer : mon effroi qui avait pris les devants
sous la forme d'un oiseau est bien loin : n'a-t-il
pas été remplacé par l'apparition de ce que j'avais
été ? et que j'aime à réfléchir maintenant, afin de
dégager mon rêve de ce costume.

Ce scandement n'était-il pas le bruit du progrès
de mon personnage qui maintenant le continue
dans la spirale, et ce frôlement, le frôlement incer-
tain de sa dualité ? Enfin ce n'est pas le ventre velu
d'un hôte inférieur de moi, dont la lueur a heurté
le doute, et qui s'est sauvé avec un volètement, mais
le buste de velours d'une race supérieure que la
lumière froisse, et qui respire dans un air étouffant,
d'un personnage dont la pensée n'a pas conscience
de lui-même, de ma dernière figure, séparée de son
personnage par une fraise arachnéenne et qui ne se
connaît pas : aussi, maintenant que sa dualité est à
jamais séparée, et que je n'ouïs même plus à travers
lui le bruit de son progrès, je vais m'oublier à tra-
vers lui, et me dissoudre en moi.

Son heurt redevient chancelant comme avant
d'avoir la perception de soi : c'était le scandement

de ma mesure dont la réminiscence me revint prolongée par le bruit dans le corridor du temps de la porte de mon sépulcre, et par l'hallucination : et, de même qu'elle a été réellement fermée, de même elle doit s'ouvrir maintenant pour que mon rêve se soit expliqué.

L'heure a sonné pour moi de partir, *Il quitte la chambre* la pureté de la glace s'établira, sans ce personnage, vision de moi — mais il emportera la lumière! — la nuit! Sur les meubles vacants, le Rêve a agonisé en cette fiole de verre, pureté, qui renferme la substance du Néant.

## III

## VIE D'IGITUR

*Écoutez, ma race, avant de souffler ma bougie — le compte que j'ai à vous rendre de ma vie — Ici : névrose, ennui, (ou Absolu!)*

J'ai toujours vécu mon âme fixée sur *Heures vides, pure-* l'horloge. Certes, j'ai tout fait pour *ment négatives.* que le temps qu'elle sonna *restât* présent dans la chambre, et devînt pour moi la pâture et la vie — j'ai épaissi les rideaux, et comme j'étais obligé pour ne pas douter de moi de m'asseoir en face de cette glace, j'ai recueilli précieusement les moindres ato-

mes du temps dans des étoffes sans cesse épaissies.
— L'horloge m'a fait souvent grand bien.

(Cela avant que son Idée n'ait été complétée ? *En
effet, Igitur a été projeté hors du temps par sa race.*)

Voici en somme Igitur, depuis que son Idée
a été complétée : — Le passé compris de sa race
qui pèse sur lui en la sensation de fini, l'heure de
la pendule précipitant cet ennui en temps lourd,
étouffant, et son attente de l'accomplissement du
futur, forment du temps pur, ou de l'ennui, rendu
instable par la maladie d'idéalité : cet ennui, ne
pouvant être, redevient ses éléments, tantôt, tous
les meubles fermés, et pleins de leur secret; et Igitur
comme menacé par le supplice d'être éternel qu'il
pressent vaguement, se cherchant dans la glace
devenue ennui et se voyant vague et près de dispa-
raître comme s'il allait s'évanouir en le temps, puis
s'évoquant; puis lorsque de tout cet ennui, temps,
il s'est refait, voyant la glace horriblement nulle,
s'y voyant entouré d'une raréfaction, absence d'atmo-
sphère, et les meubles tordre leurs chimères dans
le vide, et les rideaux frissonner invisiblement,
inquiets; alors, il ouvre les meubles, pour qu'ils
versent leur mystère, l'inconnu, leur mémoire, leur
silence, facultés et impressions humaines, — et
quand il croit être redevenu lui, il fixe de son âme
l'horloge, dont l'heure disparaît par la glace, ou va
s'enfouir dans les rideaux, en trop plein, ne le lais-
sant même pas à l'ennui qu'il implore et rêve.
Impuissant de l'ennui.

Il se sépare du temps indéfini et il est! Et ce
temps ne va pas comme jadis s'arrêter en un frémis-
sement gris sur les ébènes massifs dont les chimères
fermaient les lèvres avec une accablante sensation
de fini, et, ne trouvant plus à se mêler aux tentures
saturées et alourdies, remplir une glace d'ennui où,
suffoquant et étouffé, je suppliais de rester une vague
figure qui disparaissait complètement dans la glace
confondue; jusqu'à ce qu'enfin, mes mains ôtées
un moment de mes yeux où je les avais mises pour
ne pas la voir disparaître, dans une épouvantable
sensation d'éternité, en laquelle semblait expirer
la chambre, elle m'apparût comme l'horreur de
cette éternité. Et quand je rouvrais les yeux au fond
du miroir, je voyais le personnage d'horreur, le
fantôme de l'horreur absorber peu à peu ce qui
restait de sentiment et de douleur dans la glace,
nourrir son horreur des suprêmes frissons des chi-
mères et de l'instabilité des tentures, et se former
en raréfiant la glace jusqu'à une pureté inouïe,
— jusqu'à ce qu'il se détachât, permanent, de la
glace absolument pure, comme pris dans son froid,
— jusqu'à ce qu'enfin les meubles, leurs monstres
ayant succombé avec leurs anneaux convulsifs,
fussent morts dans une attitude isolée et sévère,
projetant leurs lignes dures dans l'absence d'atmo-
sphère, les monstres figés dans leur effort dernier,
et que les rideaux cessant d'être inquiets tombassent,
avec une attitude qu'ils devaient conserver à
jamais.

## IV

## LE COUP DE DÉS

### *(AU TOMBEAU)*

*Bref dans un acte où le hasard est en jeu, c'est tou-
jours le hasard qui accomplit sa propre Idée en s'affir-
mant ou se niant. Devant son existence la négation
et l'affirmation viennent échouer. Il contient l'Absurde
— l'implique, mais à l'état latent et l'empêche d'exister :
ce qui permet à l'Infini d'être.*

*Le Cornet est la Corne de licorne — d'unicorne.*

Mais l'Acte s'accomplit.
Alors son moi se manifeste par ceci qu'il reprend
la Folie : admet l'acte, et, volontairement, reprend
l'Idée, en tant qu'Idée : et l'Acte (quelle que soit la
puissance qui l'ait guidé) ayant nié le hasard, il en
conclut que l'Idée a été nécessaire.


— Alors il conçoit qu'il y a, certes, folie à l'admet-
tre absolument : mais en même temps il peut dire
que, par le fait de cette folie, le hasard étant nié,
cette folie était nécessaire. A quoi ? (Nul ne le sait,
il est isolé de l'humanité.)


Tout ce qu'il en est, c'est que sa race a été pure :
qu'elle a enlevé à l'Absolu sa pureté, pour l'être,

et n'en laisser qu'une Idée elle-même aboutissant à la Nécessité : et que quant à l'Acte, il est parfaitement absurde sauf que mouvement (personnel) rendu à l'Infini : mais que l'Infini est enfin *fixé*.

Igitur secoue simplement les dés — mouvement, avant d'aller rejoindre les cendres, atomes de ses ancêtres : le mouvement, qui est en lui est absous. On comprend ce que signifie son ambiguïté.

Il ferme le livre — souffle la bougie, — de son souffle qui contenait le hasard : et, croisant les bras, se couche sur les cendres de ses ancêtres.

Croisant les bras — l'Absolu a disparu, en pureté de sa race (car il le faut bien puisque le bruit cesse).

Race immémoriale, dont le temps qui pesait est tombé, excessif, dans le passé, et qui pleine de hasard n'a vécu, alors, que de son futur. — Ce hasard nié à l'aide d'un anachronisme, un personnage, suprême incarnation de cette race, — qui sent en lui, grâce à l'absurde, l'existence de l'Absolu, a, solitaire, oublié la parole humaine en le grimoire, et la pensée en un luminaire, l'un annonçant cette négation du hasard, l'autre éclairant le rêve où il en est. Le personnage qui, croyant à l'existence du seul Absolu, s'imagine être partout dans un rêve (il agit au point de vue Absolu) trouve l'acte inutile, car il y a et n'y a pas de hasard — il réduit le hasard à *l'Infini* — qui, dit-il, doit exister quelque part.

---

SCÈNE DE THÉÂTRE, ANCIEN IGITUR

*Un coup de dés qui accomplit une prédiction, d'où a dépendu la vie d'une race. « Ne sifflez pas » aux vents, aux ombres — si je compte, comédien, jouer le tour — les 12 — pas de hasard dans aucun sens.*

—

*Il profère la prédiction, dont il se moque au fond. Il y a eu folie.*

## V

## IL SE COUCHE AU TOMBEAU

Sur les cendres des astres, celles indivises de la
famille, était le pauvre personnage, couché, après
avoir bu la goutte de néant qui manque
*ou les dés — hasard*　à la mer. (La fiole vide, folie, tout
*absorbé*　　　　ce qui reste du château ?) Le Néant
parti, reste le château de la pureté.

# SCOLIES

## TOUCHES

L'heure a sonné — certainement prédite par le livre — ou, la vision importune du personnage qui nuisait à la pureté de la glace chimérique dans laquelle je m'apparaissais, à la faveur de la lumière, va disparaître, ce flambeau emporté par moi : disparaître comme tous les autres personnages partis en temps des tapisseries, qui n'étaient conservées que parce que le hasard était né par le grimoire, avec lequel je vais également partir. O sort! la pureté ne peut s'établir — voici que l'obscurité la remplacera — et que les lourds rideaux tombant en temps, en feront les ténèbres, — tandis que le livre aux pages fermées toutes les nuits, et la lumière le jour qu'elles séparent. Cependant, les meubles garderont leur vacance, et agonie de rêve chimérique et pur, une fiole contient la substance du Néant.

Et maintenant il n'y a plus qu'ombre et silence.

Que le personnage, qui a nui à cette pureté prenne cette fiole qui le prédisait et se l'amalgame,

plus tard : mais qu'il la mette simplement dans son
sein, en allant se faire absoudre du mouvement.


## II


## PLUSIEURS ÉBAUCHES
## DE LA SORTIE DE LA CHAMBRE


### Γ


Les panneaux de la nuit ébénéenne ne se refer-
mèrent pas encore sur l'ombre qui ne perçut plus
rien que l'oscillation hésitante et prête à s'arrêter
d'un balancier caché qui commence à avoir la per-
ception de lui-même. Mais elle s'aperçut bientôt
que c'était en elle, en qui la lueur de sa perception
s'enfonçait comme étouffée, — et elle rentrait en
elle-même. Le bruit, bientôt, se scanda d'une façon
plus définitive. Mais, à mesure qu'il devenait plus
certain d'un côté, et plus pressé, son hésitation
augmentait d'une sorte de frôlement, qui rempla-
çait l'intervalle disparu; et, prise de doute, l'ombre
se sentait opprimée par une netteté fuyante, comme
par la continuation de l'idée apparue des panneaux
qui bien que fermés, ouverts encore cependant,
auraient, pour arriver à cela, dans une vertigineuse
immobilité tourné longuement sur eux-mêmes.
Enfin un bruit qui semblait l'échappement de
la condensation absurde des précédents s'exhala,
mais doué d'une certaine animation reconnue, et
l'ombre n'entendit plus rien qu'un régulier batte-

ment qui semblait fuir à jamais comme le volète-
ment prolongé de quelqu'hôte de la nuit réveillé
de son lourd sommeil : mais ce n'était pas cela, il
n'y avait sur les parois luisantes aucune trame,
à laquelle pussent s'attacher même les pattes arachné-
ennes du *soupçon :* tout était luisant et propre;
et si quelque plumage avait jamais frotté ces parois,
ce ne pouvait être que les plumes de génies d'une
espèce intermédiaire soucieuse de réunir toute
poussière dans un lieu spécial, afin que ces ombres,
des deux côtés multipliées à l'infini apparussent
comme de pures ombres portant chacune le volume
de leurs destinées, et la pure clarté de leur cons-
cience. Ce qu'il y avait de clair c'est que ce séjour
concordait parfaitement avec lui-même : des deux
côtés les myriades d'ombres pareilles, et de leurs
deux côtés, dans les parois opposées, qui se réflé-
chissaient, deux trouées d'ombre massive qui devait
être nécessairement l'inverse de ces ombres, non leur
apparition, mais leur disparition, ombre négative
d'eux-mêmes : c'était le lieu de la certitude parfaite.

L'ombre n'entendit dans ce lieu d'autre bruit
qu'un battement régulier qu'elle reconnut être celui
de son propre cœur : elle le reconnut, et, gênée de
la certitude parfaite de soi, elle tenta d'y échapper,
et de rentrer en elle, en son opacité : mais par
laquelle des deux trouées passer ? dans les deux
s'enfonçaient des divisions correspondantes à l'infini
des apparitions, bien que différentes : elle jeta
encore une fois les yeux sur la salle qui, elle, lui
paraissait identique à soi, sauf que de la clarté la
lueur se mirait dans la surface polie inférieure,
dépourvue de poussière, tandis que dans l'autre
apparue plus vaguement il y avait une évasion de

lumière. L'ombre se décida pour celle-là et fut
satisfaite. Car le bruit qu'elle entendait était de
nouveau distinct et le même exactement que précé-
demment, indiquant la même progression.

Toutes les choses étaient rentrées dans leur ordre
premier : il n'y avait plus de doute à avoir : cette
halte n'avait-elle pas été l'intervalle disparu et rem-
placé par le froissement : elle y avait entendu le bruit
de son propre cœur, explication du bruit devenu
distinct; c'était elle-même qui scandait sa mesure,
et qui s'était apparue en ombres innombrables
de nuits, entre les ombres des nuits passées et des
nuits futures, devenues pareilles et extérieures,
évoquées pour montrer qu'elles étaient également
finies : cela avec une forme qui était le strict résumé
d'elles : et ce froissement quel était-il ? non celui
de quelqu'oiseau échappé sous le ventre velu duquel
avait donné la lumière, mais le buste d'un génie supé-
rieur, vêtu de velours, et dont l'unique frisson était
le travail arachnéen d'une dentelle qui retombait sur
le velours : le personnage parfait de la nuit telle
qu'elle s'était apparue. En effet, maintenant qu'il
avait la notion de lui-même, le bruit de mesure
cessa, et redevint ce qu'il était, chancelant, la nuit
divisée de ses ombres accomplies, la lueur qui
s'était apparue dans son mirage dénué de cendres
était la pure lumière et elle allait cette fois disparaître
en le sein de l'ombre qui, accomplie, revenue du
corridor du temps, était enfin parfaite et éter-
nelle, — elle-même, devenue son propre sépulcre,
dont les panneaux se retrouvaient ouverts sans bruit.

Δ

L'ombre disparut dans les ténèbres futures, y demeura avec une perception de balancier expirant alors qu'il commence à avoir la sensation de lui : mais elle s'aperçut à l'étouffement expirant de ce qui luit encore dès qu'il s'enfonce en elle — qu'elle rentre en soi, d'où provenait par conséquent l'idée de ce bruit, retombant maintenant en une seule fois inutilement sur lui-même dans le passé.

Si d'un côté le doute disparaissait, scandé nettement par le mouvement qui restait seul du bruit, de l'autre la réminiscence du bruit se manifestait par un vague frôlement inaccoutumé, et cet état d'angoisse consciente était comprimée vers le mirage par la permanence constatée des panneaux encore ouverts parallèlement et à la fois se fermant sur eux, comme dans une spirale vertigineuse, et à jamais fuyante si la compression prolongée n'eût dû impliquer la halte d'une expansion retenue, qui eut lieu en effet, et ne fut troublée que par le semblant de volètement évasif d'un hôte de la nuit effrayé dans son lourd sommeil, lequel disparut dans ce lointain indéfini.

La Nuit était bien en soi cette fois et sûre que tout ce qui était étranger à elle n'était que chimère. Elle se mira dans les panneaux luisants de sa certitude, où nul soupçon n'eût pu s'attacher de ses pattes arachnéennes, et si jamais quelqu'hôte étranger à elle les avait frôlés de ses plumes, c'étaient des génies d'une espèce supérieure aux hôtes qu'elle avait imaginés, pareille peut-être à celle de ses om-

bres apparues dans les panneaux, soucieux de recueil-
lir toute poussière d'elle pour que, parvenue au
point de jonction de son futur et de son passé
devenus identiques, elle se mirât en toutes ces om-
bres apparues pures avec le volume de leur destinée
et la lueur épurée de leur conscience. Tout était
parfait, en face et derrière ces deux épaisseurs
obscures identiques étaient bien les ténèbres vécues
par ces ombres revenues à leur état de ténèbres, et
divisées seulement à l'infini par les marches faites
des pierres funéraires de toutes ces ombres. Toutes
deux semblaient identiquement pareilles, sauf que,
de même qu'elles étaient l'opposé des ombres, de
même elles devaient s'opposer l'une à l'autre, et,
les divisions tournant également sur elles-mêmes,
elles allaient différemment. Tout était parfait; elle
était la Nuit pure, et elle entendit son propre cœur
qui battit. Toutefois il lui donna une inquiétude,
celle de trop de certitude, celle d'une constatation
trop sûre d'elle-même : elle voulut se replonger à
son tour dans les ténèbres vers son sépulcre unique
et abjurer l'idée de sa forme telle qu'elle s'était appa-
rue par son souvenir des génies supérieurs chargés
de réunir ces cendres passées. Elle fut troublée
un moment par sa propre symétrie; mais, compre-
nant à l'évasion trop grande de la clarté, atténuée
jadis, que cette évasion avait été le bruit de l'oiseau
dont le vol propagé lui avait semblé continu, elle
songea qu'en suivant cette lumière, lorsqu'elle
recréerait un vertige pareil au premier, elle retour-
nerait à son évanouissement. Elle reconnut en appli-
quant la lueur devant les ténèbres laquelle des deux
portes il fallait prendre, à l'effet identique de la
lueur et, instruite maintenant de l'architecture des

ténèbres, elle fut heureuse de percevoir le même
mouvement, et le même froissement. Ce froissement
était dans ce corridor où s'était enfui le bruit, pour
disparaître à jamais, non celui d'un hôte ailé de la
nuit, dont la lumière avait froissé le ventre velu,
mais le propre miroitement du velours sur le buste
d'un génie supérieur, et il n'y avait d'autre toile
arachnéenne que la dentelle sur ce buste, et quant
au mouvement qui avait produit ce frôlement,
c'était non la marche circulaire d'une telle bête, mais
la marche régulière debout sur les deux pieds de la
race qui était apparue tenant dans deux mains un
volume et une lueur. Elle reconnaissait son person-
nage ancien qui lui apparaissait chaque nuit, mais
enfin, maintenant qu'elle *l'avait réduit à l'état de
ténèbres*, après qu'il lui fut apparu comme des
ombres, elle était libre enfin, sûre d'elle-même et
débarrassée de tout ce qui était étranger à elle. En
effet, le bruit cessa, en la lumière qui demeura
seule et pure.

## E

L'ombre redevenue obscurité, la Nuit demeura
avec une perception douteuse de pendule qui va
expirer en la perception de lui; mais à ce qui luit
et va probablement s'éteindre en soi, elle se voit
encore qui le porte; c'est donc d'elle que venait
le battement ouï, dont le bruit total tomba à jamais
dans le passé (sur l'oubli).

D'un côté, si toute ambiguïté cessa, l'idée de
motion dure de l'autre, régulièrement marquée
par le double heurt impossible du pendule qui

n'atteint plus que sa notion, mais dont le frôlement
actuel revient dans le possible, tel qu'il doit avoir
lieu, pour combler l'intervalle, comme si tout le
choc n'avait pas été la chute unique des portes du
tombeau sur lui-même et sans retour; mais dans le
doute né de la certitude même de leur perception,
se présente une vision de panneaux à la fois ouverts
et fermés, dans leur chute en suspens, comme si
c'était soi qui, doué de leur mouvement, retournât
sur soi-même en la spirale vertigineuse conséquente;
qui devait être indéfiniment fuyante si une oppres-
sion progressive, poids de ce dont on ne se rendait
pas compte, malgré que l'on se l'expliquait en
somme, n'eût impliqué l'expansion certaine d'un
intervalle futur, sa cessation, dans laquelle, lors-
qu'elles se retrouvèrent, rien en effet ne s'entendit
plus que le bruit d'un battement d'ailes effaré de
quelqu'un de ses hôtes absurdes heurté dans son
lourd somme par la clarté et prolongeant sa fuite
indéfinie.

## IV

### *MALGRÉ LA DÉFFENSE DE SA MÈRE, ALLANT JOUER DANS LES TOMBEAUX*

Il peut avancer, parce qu'il va dans le mystère.
(Ne descend-il pas à cheval sur la rampe toute
l'obscurité, — tout ce qu'il ignore des siens, corri-
dors oubliés depuis l'enfance.) Telle est la marche
inverse de la *notion* dont il n'a pas connu l'ascen-

sion, étant, adolescent, arrivé à l'Ab-
solu : spirale, au haut de laquelle il
demeurait en Absolu, incapable de
bouger, on éclaire et l'on plonge dans
la nuit à mesure. Il croit traverser les
destins de cette nuit fameuse : enfin
il arrive où il doit arriver, et voit l'acte
qui le sépare de la mort.

Autre gaminerie.

*(Interdiction de sa
mère de descendre
ainsi, — sa mère qui
lui a dit ce qu'il avait
à accomplir. Pour lui
il va aussi dans un
souvenir d'enfance,
cette nuit recomman-
dée s'il se tuait, il ne
pourrait pas, grand,
accomplir l'acte).*

Il dit : je ne peux faire ceci sérieuse-
ment : mais le mal que je souffre est affreux, de
vivre : au fond de cette confusion perverse et incons-
ciente des choses qui isole son absolu — il sent
l'absence du moi, représentée par
l'existence du Néant en substance, il
faut que je meure, et comme cette fiole
contient le néant par ma race différé

*il boira exprès pour
se retrouver*

jusqu'à moi (ce vieux calmant qu'elle n'a pas pris,
les ancêtres immémoriaux l'ayant gardé seul du nau-
frage), je ne veux pas connaître le Néant, avant
d'avoir rendu aux miens ce pourquoi ils m'ont
engendré — l'acte absurde qui atteste l'inanité de
leur folie. (L'inaccomplissement me suivrait et
entache seul momentanément mon Absolu.)

Cela depuis qu'ils ont abordé ce château dans un
naufrage sans doute — second naufrage de quelque
haute visée.

Ne sifflez pas parce que j'ai dit l'inanité de votre
folie! silence, pas de cette démence que vous vou-
lez montrer exprès. Eh! bien il vous est si facile
de retourner là-haut chercher le temps — et de
devenir — est-ce que les portes sont fermées?

Moi seul — moi seul — je vais connaître le néant.
Vous, vous revenez à votre amalgame.

Je profère la parole, pour la replonger dans son inanité.

Il jette les dés, le coup s'accomplit, douze, le temps (minuit) — qui créa se retrouve la matière, les blocs, les dés —

Alors (de l'Absolu son esprit se formant par le hasard absolu de ce fait) il dit à tout ce vacarme : certainement, il y a là un acte — c'est mon devoir de le proclamer : cette folie existe. Vous avez eu raison (bruit de folie) de la manifester : ne croyez pas que je vais vous replonger dans le néant.

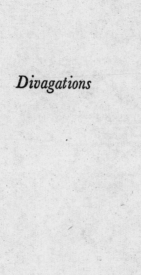

*Divagations*

*Un livre comme je ne les aime pas, ceux épars et privés d'architecture. Nul n'échappe décidément, au journalisme ou voudrait-il, en produit pour soi et tel autre espérons, sans qu'on jette par-dessus les têtes, certaines vérités, vers le jour.*

*L'excuse, à travers tout ce hasard, que l'assemblage s'aida, seul, par une vertu commune.*

*A part des poèmes ou anecdotes, au début, que le sort, exagéré, fait à ces riens, m'obligeait (envers le public) de n'omettre, les Divagations apparentes traitent un sujet, de pensée, unique — si je les revois en étranger, comme un cloître quoique brisé, exhalerait au promeneur, sa doctrine.*

# ANECDOTES OU POÈMES

## LE PHÉNOMÈNE FUTUR

Un ciel pâle, sur le monde qui finit de décrépitude, va peut-être partir avec les nuages : les lambeaux de la pourpre usée des couchants déteignent dans une rivière dormant à l'horizon submergé de rayons et d'eau. Les arbres s'ennuient et, sous leur feuillage blanchi (de la poussière du temps plutôt que celle des chemins), monte la maison en toile du Montreur de choses Passées : maint réverbère attend le crépuscule et ravive les visages d'une malheureuse foule, vaincue par la maladie immortelle et le péché des siècles, d'hommes près de leurs chétives complices enceintes des fruits misérables avec lesquels périra la terre. Dans le silence inquiet de tous les yeux suppliant là-bas le soleil qui, sous l'eau, s'enfonce avec le désespoir d'un cri, voici le simple boniment : « Nulle enseigne ne vous régale du spectacle intérieur, car il n'est pas maintenant un peintre capable d'en donner une ombre triste. J'apporte, vivante (et préservée à travers les ans par la science souveraine) une Femme d'autrefois. Quelque folie, originelle et naïve, une extase d'or, je ne sais quoi! par elle nommé sa chevelure, se ploie avec la grâce des étoffes autour d'un visage qu'éclaire la nudité sanglante de ses lèvres. A la place du vêtement vain, elle a un corps; et les yeux, semblables aux pierres rares! ne valent pas ce regard qui sort de sa chair heureuse : des seins levés comme s'ils étaient pleins d'un lait éternel, la pointe vers le ciel, aux jambes lisses qui gardent le sel de la mer première. » Se rappelant leurs pauvres épouses, chauves, morbides et pleines d'horreur, les maris se pressent : elles aussi par curiosité, mélancoliques, veulent voir.

Quand tous auront contemplé la noble créature, vestige de quelque époque déjà maudite, les uns indifférents, car ils n'auront pas eu la force de comprendre, mais d'autres navrés et la paupière humide de larmes résignées se regarderont; tandis que les poètes de ces temps, sentant se rallumer leurs yeux éteints, s'achemineront vers leur lampe, le cerveau ivre un instant d'une gloire confuse, hantés du Rythme et dans l'oubli d'exister à une époque qui survit à la beauté.

## PLAINTE D'AUTOMNE

Depuis que Maria m'a quitté pour aller dans une autre étoile — laquelle, Orion, Altaïr, et toi, verte Vénus ? — j'ai toujours chéri la solitude. Que de longues journées j'ai passées seul avec mon chat. Par *seul*, j'entends sans un être matériel et mon chat est un compagnon mystique, un esprit. Je puis donc dire que j'ai passé de longues journées seul avec mon chat et, seul, avec un des derniers auteurs de la décadence latine; car depuis que la blanche créature n'est plus, étrangement et singulièrement j'ai aimé tout ce qui se résumait en ce mot : chute. Ainsi, dans l'année, ma saison favorite, ce sont les derniers jours alanguis de l'été, qui précèdent immédiatement l'automne et, dans la journée, l'heure où je me promène est quand le soleil se repose avant de s'évanouir, avec des rayons de cuivre jaune sur les murs gris et de cuivre rouge sur les carreaux. De même la littérature à laquelle mon esprit demande une volupté sera la poésie agonisante des derniers moments de Rome, tant, cependant, qu'elle ne respire aucunement l'approche rajeunissante des Barbares et ne bégaie point le latin enfantin des premières proses chrétiennes.

Je lisais donc un de ces chers poèmes (dont les plaques de fard ont plus de charme sur moi que l'incarnat de la jeunesse) et plongeais une main dans la fourrure du pur animal, quand un orgue de Barbarie chanta languissamment et mélancoliquement sous ma fenêtre. Il jouait dans la grande allée des peupliers dont les feuilles me paraissent mornes même au printemps, depuis que Maria a passé là avec des cierges, une dernière fois. L'instrument des tristes, oui, vraiment : le piano scintille, le violon donne aux fibres déchirées la lumière, mais l'orgue de Barbarie, dans le crépuscule du souvenir, m'a fait désespérément rêver. Maintenant qu'il murmurait un air joyeusement vulgaire et qui mit la gaîté au cœur des faubourgs, un air suranné, banal : d'où vient que sa ritournelle m'allait à l'âme et me

faisait pleurer comme une ballade romantique ?
Je la savourai lentement et je ne lançai pas un sou
par la fenêtre de peur de me déranger et de m'aper-
cevoir que l'instrument ne chantait pas seul.


## FRISSON D'HIVER


Cette pendule de Saxe, qui retarde et sonne treize
heures parmi ses fleurs et ses dieux, à qui a-t-elle
été ? Pense qu'elle est venue de Saxe par les longues
diligences autrefois.

(De singulières ombres pendent aux vitres usées.)

Et ta glace de Venise, profonde comme une
froide fontaine, en un rivage de guivres dédorées,
qui s'y est miré ? Ah ! je suis sûr que plus d'une
femme a baigné dans cette eau le péché de sa beauté ;
et peut-être verrais-je un fantôme nu si je regardais
longtemps.

— Vilain, tu dis souvent de méchantes choses.

(Je vois des toiles d'araignées au haut des grandes
croisées.)

Notre bahut encore est très vieux : contemple
comme ce feu rougit son triste bois ; les rideaux
amortis ont son âge, et la tapisserie des fauteuils
dénués de fard, et les anciennes gravures des murs,

et toutes nos vieilleries? Est-ce qu'il ne te semble pas, même, que les bengalis et l'oiseau bleu ont déteint avec le temps.

(Ne songe pas aux toiles d'araignées qui tremblent au haut des grandes croisées.)

Tu aimes tout cela et voilà pourquoi je puis vivre auprès de toi. N'as-tu pas désiré, ma sœur au regard de jadis, qu'en un de mes poèmes apparussent ces mots « la grâce des choses fanées »? Les objets neufs te déplaisent; à toi aussi, ils font peur avec leur hardiesse criarde, et tu te sentirais le besoin de les user, ce qui est bien difficile à faire pour ceux qui ne goûtent pas l'action.

Viens, ferme ton vieil almanach allemand, que tu lis avec attention, bien qu'il ait paru il y a plus de cent ans et que les rois qu'il annonce soient tous morts, et, sur l'antique tapis couché, la tête appuyée parmi tes genoux charitables dans ta robe pâlie, ô calme enfant, je te parlerai pendant des heures; il n'y a plus de champs et les rues sont vides, je te parlerai de nos meubles.. Tu es distraite?

(Ces toiles d'araignées grelottent au haut des grandes croisées.)

# LE DÉMON DE L'ANALOGIE

Des paroles inconnues chantèrent-elles sur vos lèvres, lambeaux maudits d'une phrase absurde ?

Je sortis de mon appartement avec la sensation propre d'une aile glissant sur les cordes d'un instrument, traînante et légère, que remplaça une voix prononçant les mots sur un ton descendant : « La Pénultième est morte », de façon que

*La Pénultième*

finit le vers et

*Est morte*

se détacha de la suspension fatidique plus inutilement en le vide de signification. Je fis des pas dans la rue et reconnus en le son *nul* la corde tendue de l'instrument de musique, qui était oublié et que le glorieux Souvenir certainement venait de visiter de son aile ou d'une palme et, le doigt sur l'artifice du mystère, je souris et implorai de vœux intellectuels une spéculation différente. La phrase revint, virtuelle, dégagée d'une chute antérieure de plume ou de rameau, dorénavant à travers la voix entendue, jusqu'à ce qu'enfin elle s'articula seule, vivant de sa personnalité. J'allais (ne me contentant plus d'une percep-

tion) la lisant en fin de vers, et, une fois, comme un
essai, l'adaptant à mon parler; bientôt la prononçant
avec un silence après « Pénultième » dans lequel je
trouvais une pénible jouissance : « La Pénultième »
puis la corde de l'instrument, si tendue en l'oubli
sur le son *nul*, cassait sans doute et j'ajoutais en
manière d'oraison : « Est morte. » Je ne discontinuai
pas de tenter un retour à des pensées de prédilection,
alléguant, pour me calmer, que, certes, pénultième
est le terme du lexique qui signifie l'avant-dernière
syllabe des vocables, et son apparition, le reste mal
abjuré d'un labeur de linguistique par lequel
quotidiennement sanglote de s'interrompre ma
noble faculté poétique : la sonorité même et l'air
de mensonge assumé par la hâte de la facile affirma-
tion étaient une cause de tourment. Harcelé, je résolus
de laisser les mots de triste nature errer eux-mêmes
sur ma bouche, et j'allai murmurant avec l'intonation
susceptible de condoléance : « La Pénultième est
morte, elle est morte, bien morte, la désespérée
Pénultième », croyant par là satisfaire l'inquié-
tude, et non sans le secret espoir de l'ensevelir
en l'amplification de la psalmodie quand, effroi!
— d'une magie aisément déductible et nerveuse
— je sentis que j'avais, ma main réfléchie par un
vitrage de boutique y faisant le geste d'une caresse
qui descend sur quelque chose, la voix même
(la première, qui indubitablement avait été l'unique).

Mais où s'installe l'irrécusable intervention du
surnaturel, et le commencement de l'angoisse sous
laquelle agonise mon esprit naguère seigneur
c'est quand je vis, levant les yeux, dans la rue des

antiquaires instinctivement suivie, que j'étais devant
la boutique d'un luthier vendeur de vieux instru-
ments pendus au mur, et, à terre, des palmes jaunes
et les ailes enfouies en l'ombre, d'oiseaux anciens.
Je m'enfuis, bizarre, personne condamnée à porter
probablement le deuil de l'inexplicable Pénultième.


## PAUVRE ENFANT PÂLE


Pauvre enfant pâle, pourquoi crier à tue-tête
dans la rue ta chanson aiguë et insolente, qui se
perd parmi les chats, seigneurs des toits ? car elle
ne traversera pas les volets des premiers étages,
derrière lesquels tu ignores de lourds rideaux de
soie incarnadine.

Cependant tu chantes fatalement, avec l'assurance
tenace d'un petit homme qui s'en va seul par la vie
et, ne comptant sur personne, travaille pour soi.
As-tu jamais eu un père ? Tu n'as pas même une
vieille qui te fasse oublier la faim en te battant, quand
tu rentres sans un sou.

Mais tu travailles pour toi : debout dans les rues,
couvert de vêtements déteints faits comme ceux
d'un homme, une maigreur prématurée et trop
grand à ton âge, tu chantes pour manger, avec achar-
nement, sans abaisser tes yeux méchants vers les
autres enfants jouant sur le pavé.

Et ta complainte est si haute, si haute, que ta tête nue qui se lève en l'air à mesure que ta voix monte, semble vouloir partir de tes petites épaules.

Petit homme, qui sait si elle ne s'en ira pas un jour, quand, après avoir crié longtemps dans les villes, tu auras fait un crime ? un crime n'est pas bien difficile à faire, va, il suffit d'avoir du courage après le désir, et tels qui.. Ta petite figure est énergique.

Pas un sou ne descend dans le panier d'osier que tient ta longue main pendue sans espoir sur ton pantalon : on te rendra mauvais et un jour tu commettras un crime.

Ta tête se dresse toujours et veut te quitter, comme si d'avance elle savait, pendant que tu chantes d'un air qui devient menaçant.

Elle te dira adieu quand tu paieras pour moi, pour ceux qui valent moins que moi. Tu vins probablement au monde vers cela et tu jeûnes dès maintenant, nous te verrons dans les journaux.

Oh! pauvre petite tête!

## LA PIPE

Hier, j'ai trouvé ma pipe en rêvant une longue soirée de travail, de beau travail d'hiver. Jetées les cigarettes avec toutes les joies enfantines de l'été dans le passé qu'illuminent les feuilles bleues de soleil, les mousselines et reprise ma grave pipe par un homme sérieux qui veut fumer longtemps sans se déranger, afin de mieux travailler : mais je ne m'attendais pas à la surprise que préparait cette délaissée, à peine eus-je tiré la première bouffée, j'oubliai mes grands livres à faire, émerveillé, attendri, je respirai l'hiver dernier qui revenait. Je n'avais pas touché à la fidèle amie depuis ma rentrée en France, et tout Londres, Londres tel que je le vécus en entier à moi seul, il y a un an, est apparu ; d'abord les chers brouillards qui emmitouflent nos cervelles et ont, là-bas, une odeur à eux, quand ils pénètrent sous la croisée. Mon tabac sentait une chambre sombre aux meubles de cuir saupoudrés par la poussière du charbon sur lesquels se roulait le maigre chat noir ; les grands feux ! et la bonne aux bras rouges versant les charbons, et le bruit de ces charbons tombant du seau de tôle dans la corbeille de fer, le matin — alors que le facteur frappait le double coup solennel, qui me faisait vivre ! J'ai revu par les fenêtres ces arbres malades du square désert — j'ai vu le large, si souvent traversé cet hiver-là,

grelottant sur le pont du steamer mouillé de bruine
et noirci de fumée — avec ma pauvre bien-aimée
errante, en habits de voyageuse, une longue robe
terne couleur de la poussière des routes, un manteau
qui collait humide à ses épaules froides, un de ces
chapeaux de paille sans plume et presque sans rubans,
que les riches dames jettent en arrivant, tant ils
sont déchiquetés par l'air de la mer et que les
pauvres bien-aimées regarnissent pour bien des
saisons encore. Autour de son cou s'enroulait le
terrible mouchoir qu'on agite en se disant adieu
pour toujours.

# UN SPECTACLE INTERROMPU

Que la civilisation est loin de procurer les jouis-
sances attribuables à cet état! on doit par exemple
s'étonner qu'une association entre les rêveurs,
y séjournant, n'existe pas, dans toute grande ville,
pour subvenir à un journal qui remarque les évé-
nements sous le jour propre au rêve. Artifice que la
*réalité*, bon à fixer l'intellect moyen entre les mirages
d'un fait; mais elle repose par cela même sur quel-
que universelle entente : voyons donc s'il n'est pas,
dans l'idéal, un aspect nécessaire, évident, simple,
qui serve de type. Je veux, en vue de moi seul,
écrire comme elle frappa mon regard de poète,
telle Anecdote, avant que la divulguent des *reporters*
par la foule dressés à assigner à chaque chose son
caractère commun.

Le petit théâtre des Prodigalités adjoint l'exhibi-
tion d'un vivant cousin d'Atta Troll ou de Martin
à sa féerie classique *la Bête et le Génie ;* j'avais,
pour reconnaître l'invitation du billet double hier
égaré chez moi, posé mon chapeau dans la stalle
vacante à mes côtés, une absence d'ami y témoignait
du goût général à esquiver ce naïf spectacle. Que
se passait-il devant moi ? rien, sauf que : de pâleurs
évasives de mousseline se réfugiant sur vingt
piédestaux en architecture de Bagdad, sortaient un
sourire et des bras ouverts à la lourdeur triste de
l'ours : tandis que le héros, de ces sylphides évocateur
et leur gardien, un clown, dans sa haute nudité
d'argent, raillait l'animal par notre supériorité.
Jouir comme la foule du mythe inclus dans toute
banalité, quel repos et, sans voisins où verser des
réflexions, voir l'ordinaire et splendide veille trouvée
à la rampe par ma recherche assoupie d'imagi-
nations ou de symboles. Étranger à mainte rémi-
niscence de pareilles soirées, l'accident le plus neuf !
suscita mon attention : une des nombreuses salves
d'applaudissements décernés selon l'enthousiasme
à l'illustration sur la scène du privilège authentique
de l'Homme, venait, brisée par quoi ? de cesser net,
avec un fixe fracas de gloire à l'apogée, inhabile à se
répandre. Tout oreilles, il fallut être tout yeux.
Au geste du pantin, une paume crispée dans l'air
ouvrant les cinq doigts, je compris, qu'il avait,
l'ingénieux ! capté les sympathies par la mine d'attra-
per au vol quelque chose, figure (et c'est tout)
de la facilité dont est par chacun prise une idée :
et qu'ému au léger vent, l'ours rythmiquement
et doucement levé interrogeait cet exploit, une
griffe posée sur les rubans de l'épaule humaine.

Personne qui ne haletât, tant cette situation portait
de conséquences graves pour l'honneur de la race :
qu'allait-il arriver ? L'autre patte s'abattit, souple,
contre un bras longeant le maillot ; et l'on vit, couple
uni dans un secret rapprochement, comme un
homme inférieur, trapu, bon, debout sur l'écarte-
ment de deux jambes de poil, étreindre pour y
apprendre les pratiques du génie, et son crâne
au noir museau ne l'atteignant qu'à la moitié, le
buste de son frère brillant et surnaturel : mais
qui, lui ! exhaussait, la bouche folle de vague,
un chef affreux remuant par un fil visible dans
l'horreur les dénégations véritables d'une mouche
de papier et d'or. Spectacle clair, plus que les
tréteaux vaste, avec ce don, propre à l'art, de durer
longtemps : pour le parfaire je laissai, sans que
m'offusquât l'attitude probablement fatale prise
par le mime dépositaire de notre orgueil, jaillir
tacitement le discours interdit au rejeton des sites
arctiques : « Sois bon (c'était le sens), et plutôt que de
manquer à la charité, explique-moi la vertu de cette
atmosphère de splendeur, de poussière et de voix,
où tu m'appris à me mouvoir. Ma requête, pressante,
est juste, que tu ne sembles pas, en une angoisse
qui n'est que feinte, répondre ne savoir, élancé
aux régions de la sagesse, aîné subtil ! à moi, pour
te faire libre, vêtu encore du séjour informe des
cavernes où je replongeai, dans la nuit d'époques
humbles ma force latente. Authentiquons, par
cette embrassade étroite, devant la multitude
siégeant à cette fin, le pacte de notre réconciliation. »
L'absence d'aucun souffle unie à l'espace, dans
quel lieu absolu vivais-je, un des drames de l'histoire
astrale élisant, pour s'y produire, ce modeste théâ-

tre! La foule s'effaçait, toute, en l'emblème de sa
situation spirituelle magnifiant la scène : dispensa-
teur moderne de l'extase, seul, avec l'impartialité
d'une chose élémentaire, le gaz, dans les hauteurs
de la salle, continuait un bruit lumineux d'attente.

Le charme se rompit : c'est quand un morceau
de chair, nu, brutal, traversa ma vision dirigé
de l'intervalle des décors, en avance de quelques
instants sur la récompense, mystérieuse d'ordi-
naire après ces représentations. Loque substituée
saignant auprès de l'ours qui, ses instincts retrouvés
antérieurement à une curiosité plus haute dont le
dotait le rayonnement théâtral, retomba à quatre
pattes et, comme emportant parmi soi le Silence,
alla de la marche étouffée de l'espèce, flairer,
pour y appliquer les dents, cette proie. Un
soupir, exempt presque de déception, soulagea
incompréhensiblement l'assemblée : dont les lor-
gnettes, par rangs, cherchèrent, allumant la netteté
de leurs verres, le jeu du splendide imbécile évaporé
dans sa peur; mais virent un repas abject préféré
peut-être par l'animal à la même chose qu'il lui
eût fallu d'abord faire de *notre image*, pour y goûter.
La toile, hésitant jusque-là à accroître le danger
ou l'émotion, abattit subitement son journal de
tarifs et de lieux communs. Je me levai comme
tout le monde, pour aller respirer au dehors,
étonné de n'avoir pas senti, cette fois encore, le
même genre d'impression que mes semblables,
mais serein : car ma façon de voir, après tout, avait
été supérieure, et même la vraie.

## RÉMINISCENCE

Orphelin, j'errais en noir et l'œil vacant de famille :
au quinconce se déplièrent des tentes de fête, éprou-
vai-je le futur et que je serais ainsi, j'aimais le parfum
des vagabonds, vers eux à oublier mes camarades.
Aucun cri de chœurs par la déchirure, ni tirade
loin, le drame requérant l'heure sainte des quin-
quets, je souhaitais de parler avec un môme trop
vacillant pour figurer parmi sa race, au bonnet de
nuit taillé comme le chaperon de Dante ; qui ren-
trait en soi, sous l'aspect d'une tartine de fromage
mou, déjà la neige des cimes, le lys ou autre blan-
cheur constitutive d'ailes au dedans : je l'eusse
prié de m'admettre à son repas supérieur, partagé
vite avec quelque aîné fameux jailli contre une proche
toile en train des tours de force et banalités alliables
au jour. Nu, de pirouetter dans sa prestesse de
maillot à mon avis surprenante, lui, qui d'ailleurs
commença : « Tes parents ? — Je n'en ai pas. —
Allons, si tu savais comme c'est farce, un père..
même l'autre semaine que bouda la soupe, il faisait
des grimaces aussi belles, quand le maître lançait
les claques et les coups de pied. Mon cher ! » et
de triompher en élevant à moi la jambe avec aisance
glorieuse, « il nous épate, papa, » puis de mordre
au régal chaste du très jeune : « Ta maman, tu n'en
as pas, peut-être, que tu es seul ? la mienne mange
de la filasse et le monde bat des mains. Tu ne sais
rien, des parents sont des gens drôles, qui font rire. »

La parade s'exaltait, il partit : moi, je soupirai, déçu tout à coup de n'avoir pas de parents.

## LA DÉCLARATION FORAINE

Le Silence! il est certain qu'à mon côté, ainsi que songes, étendue dans un bercement de promenade sous les roues assoupissant l'interjection de fleurs, toute femme, et j'en sais une qui voit clair ici, m'exempte de l'effort à proférer un vocable : la complimenter haut de quelque interrogatrice toilette, offre de soi presque à l'homme en faveur de qui s'achève l'après-midi, ne pouvant à l'encontre de tout ce rapprochement fortuit, que suggérer la distance sur ses traits aboutie à une fossette de spirituel sourire. Ainsi ne consent la réalité; car ce fut impitoyablement, hors du rayon qu'on sentait avec luxe expirer aux vernis du landau, comme une vocifération, parmi trop de tacite félicité pour une tombée de jour sur la banlieue, avec orage, dans tous sens à la fois et sans motif, du rire strident ordinaire des choses et de leur cuivrerie triomphale : au fait, la cacophonie à l'ouïe de quiconque, un instant écarté, plutôt qu'il ne s'y fond, auprès de son idée, reste à vif devant la hantise de l'existence.

« La fête de.. » et je ne sais quel rendez-vous suburbain! nomma l'enfant voiturée dans mes distractions, la voix claire d'aucun ennui; j'obéis et fis arrêter.

Sans compensation à cette secousse qu'un besoin
d'explication figurative plausible pour mes esprits,
comme symétriquement s'ordonnent des verres
d'illumination peu à peu éclairés en guirlandes et
attributs, je décidai, la solitude manquée, de m'enfon-
cer même avec bravoure en ce déchaînement
exprès et haïssable de tout ce que j'avais naguères
fui dans une gracieuse compagnie : prête et ne témoi-
gnant de surprise à la modification dans notre
programme, du bras ingénu elle s'en repose sur moi,
tandis que nous allons parcourir, les yeux sur l'enfi-
lade, l'allée d'ahurissement qui divise en écho du
même tapage les foires et permet à la foule d'y
renfermer pour un temps l'univers. Subséquemment
aux assauts d'un médiocre dévergondage en vue
de quoi que ce soit qui détourne notre stagnation
amusée par le crépuscule, au fond, bizarre et pour-
pre, nous retint à l'égal de la nue incendiaire un
humain spectacle, poignant : reniée du châssis
peinturluré ou de l'inscription en capitales une
baraque, apparemment vide.

A qui ce matelas décousu pour improviser ici,
comme les voiles dans tous les temps et les temples,
l'arcane! appartînt, sa fréquentation durant le jeûne
n'avait pas chez son possesseur excité avant qu'il le
déroulât comme le gonfalon d'espoirs en liesse,
l'hallucination d'une merveille à montrer (que l'ina-
nité de son famélique cauchemar); et pourtant,
mû par le caractère frérial d'exception à la misère

quotidienne qu'un pré, quand l'institue le mot
mystérieux de fête, tient des souliers nombreux
y piétinant (en raison de cela point aux profondeurs
des vêtements quelque unique velléité du dur sou
à sortir à seule fin de se dépenser), lui aussi ! n'im-
porte qui de tout dénué sauf de la notion qu'il y
avait lieu pour être un des élus, sinon de vendre,
de faire voir, mais quoi, avait cédé à la convocation
du bienfaisant rendez-vous. Ou, très prosaïquement,
peut-être le rat éduqué à moins que, lui-même,
ce mendiant sur l'athlétique vigueur de ses muscles
comptât, pour décider l'engouement populaire,
faisait défaut, à l'instant précis, comme cela résulte
souvent de la mise en demeure de l'homme par les
circonstances générales.

« Battez la caisse ! » proposa en altesse Madame..
seule tu sais Qui, marquant un suranné tambour
duquel se levait, les bras décroisés afin de signifier
inutile l'approche de son théâtre sans prestige,
un vieillard que cette camaraderie avec un instrument
de rumeur et d'appel, peut-être, séduisit à son
vacant dessein ; puis comme si, de ce que tout de
suite on pût, ici, envisager de plus beau, l'énigme,
par un bijou fermant la mondaine, en tant qu'à sa
gorge le manque de réponse, scintillait ! la voici
engouffrée, à ma surprise de pitre coi devant une
halte du public qu'empaume l'éveil des ra et des fla
assourdissant mon invariable et obscur pour moi-
même d'abord. « Entrez, tout le monde, ce n'est
qu'un sou, on le rend à qui n'est pas satisfait de la
représentation. » Le nimbe en paillasson dans le

remerciement joignant deux paumes séniles vidé, j'en agitai les couleurs, en signal, de loin, et me coiffai, prêt à fendre la masse debout en le secret de ce qu'avait su faire avec ce lieu sans rêve l'initiative d'une contemporaine de nos soirs.

A hauteur du genou, elle émergeait, sur une table, des cent têtes.

Net ainsi qu'un jet égaré d'autre part la dardait électriquement, éclate pour moi ce calcul qu'à défaut de tout, elle, selon que la mode, une fantaisie ou l'humeur du ciel circonstanciaient sa beauté, sans supplément de danse ou de chant, pour la cohue amplement payait l'aumône exigée en faveur d'un quelconque; et du même trait je comprends mon devoir en le péril de la subtile exhibition, ou qu'il n'y avait au monde pour conjurer la défection dans les curiosités que de recourir à quelque puissance absolue, comme d'une Métaphore. Vite, dégoiser jusqu'à éclaircissement, sur maintes physionomies, de leur sécurité qui, ne saisissant tout du coup, se rend à l'évidence, même ardue, impliquée en la parole et consent à échanger son billon contre des présomptions exactes et supérieures, bref, la certitude pour chacun de n'être pas refait.

Un coup d'œil, le dernier, à une chevelure où fume puis éclaire de fastes de jardins le pâlissement

du chapeau en crêpe de même ton que la statuaire
robe se relevant, avance au spectateur, sur un pied
comme le reste hortensia.


Alors :


> La chevelure vol d'une flamme à l'extrême
> Occident de désirs pour la tout déployer
> Se pose (je dirais mourir un diadème)
> Vers le front couronné son ancien foyer


> Mais sans or soupirer que cette vive nue
> L'ignition du feu toujours intérieur
> Originellement la seule continue
> Dans le joyau de l'œil véridique ou rieur


> Une nudité de héros tendre diffame
> Celle qui ne mouvant astre ni feux au doigt
> Rien qu'à simplifier avec gloire la femme
> Accomplit par son chef fulgurante l'exploit


> De semer de rubis le doute qu'elle écorche
> Ainsi qu'une joyeuse et tutélaire torche


Mon aide à la taille de la vivante allégorie qui
déjà résignait sa faction, peut-être faute chez moi
de faconde ultérieure, afin d'en assoupir l'élan
gentiment à terre : « Je vous ferai observer, ajoutai-je,
maintenant de plain-pied avec l'entendement des
visiteurs, coupant court à leur ébahissement devant

ce congé par une affectation de retour à l'authen-
ticité du spectacle, Messieurs et Dames, que la
personne qui a eu l'honneur de se soumettre à
votre jugement, ne requiert pour vous communiquer
le sens de son charme, un costume ou aucun acces-
soire usuel de théâtre. Ce naturel s'accommode
de l'allusion parfaite que fournit la toilette toujours
à l'un des motifs primordiaux de la femme, et suffit,
ainsi que votre sympathique approbation m'en
convainc. » Un suspens de marque appréciative
sauf quelques confondants « Bien sûr ! » ou « C'est
cela ! » et « Oui » par les gosiers comme plusieurs
bravos prêtés par des paires de mains généreuses,
conduisit jusqu'à la sortie sur une vacance d'arbres
et de nuit la foule où nous allions nous mêler,
n'était l'attente en gants blancs encore d'un enfantin
tourlourou qui les rêvait dégourdir à l'estimation
d'une jarretière hautaine.

— Merci, consentit la chère, une bouffée droit
à elle d'une constellation ou des feuilles bue comme
pour y trouver sinon le rassérènement, elle n'avait
douté d'un succès, du moins l'habitude frigide
de sa voix : j'ai dans l'esprit le souvenir de choses
qui ne s'oublient.

— Oh ! rien que lieu commun d'une esthétique..

— Que vous n'auriez peut-être pas introduit,
qui sait ? mon ami, le prétexte de formuler ainsi
devant moi au conjoint isolement par exemple
de notre voiture — où est-elle — regagnons-la :
— mais ceci jaillit, forcé, sous le coup de poing
brutal à l'estomac, que cause une impatience de

gens auxquels coûte que coûte et soudain il faut proclamer quelque chose fût-ce la rêverie..

— Qui s'ignore et se lance nue de peur, en travers du public; c'est vrai. Comme vous, Madame, ne l'auriez entendu si irréfutablement, malgré sa réduplication sur une rime du trait final, mon boniment d'après un mode primitif du sonnet *, je le gage, si chaque terme ne s'en était répercuté jusqu'à vous par de variés tympans, pour charmer un esprit ouvert à la compréhension multiple.

— Peut-être! accepta notre pensée dans un enjouement de souffle nocturne la même.

## LE NÉNUPHAR BLANC

J'avais beaucoup ramé, d'un grand geste net assoupi, les yeux au dedans fixés sur l'entier oubli d'aller, comme le rire de l'heure coulait alentour. Tant d'immobilité paressait que frôlé d'un bruit inerte où fila jusqu'à moitié la yole, je ne vérifiai l'arrêt qu'à l'étincellement stable d'initiales sur les avirons mis à nu, ce qui me rappela à mon identité mondaine.

Qu'arrivait-il, où étais-je?

* Usité à la Renaissance anglaise.

Il fallut, pour voir clair en l'aventure, me remémorer mon départ tôt, ce juillet de flamme, sur l'intervalle vif entre ses végétations dormantes d'un toujours étroit et distrait ruisseau, en quête des floraisons d'eau et avec un dessein de reconnaître l'emplacement occupé par la propriété de l'amie d'une amie, à qui je devais improviser un bonjour. Sans que le ruban d'aucune herbe me retînt devant un paysage plus que l'autre chassé avec son reflet en l'onde par le même impartial coup de rame, je venais échouer dans quelque touffe de roseaux, terme mystérieux de ma course, au milieu de la rivière : où tout de suite élargie en fluvial bosquet, elle étale un nonchaloir d'étang plissé des hésitations à partir qu'a une source.

L'inspection détaillée m'apprit que cet obstacle de verdure en pointe sur le courant, masquait l'arche unique d'un pont prolongé, à terre, d'ici et de là, par une haie clôturant des pelouses. Je me rendis compte. Simplement le parc de Madame.., l'inconnue à saluer.

Un joli voisinage, pendant la saison, la nature d'une personne qui s'est choisi retraite aussi humidement impénétrable ne pouvant être que conforme à mon goût. Sûr, elle avait fait de ce cristal son miroir intérieur à l'abri de l'indiscrétion éclatante des après-midi; elle y venait et la buée d'argent glaçant des saules ne fut bientôt que la limpidité de son regard habitué à chaque feuille.

Toute je l'évoquais lustrale.

Courbé dans la sportive attitude où me mainte-
nait de la curiosité, comme sous le silence spa-
cieux de ce que s'annonçait l'étrangère, je souris au
commencement d'esclavage dégagé par une possi-
bilité féminine : que ne signifiaient pas mal les
courroies attachant le soulier du rameur au bois
de l'embarcation, comme on ne fait qu'un avec
l'instrument de ses sortilèges.

« — Aussi bien une quelconque.. » allais-je
terminer.

·Quand un imperceptible bruit me fit douter si
l'habitante du bord hantait mon loisir, ou inespé-
rément le bassin.

Le pas cessa, pourquoi ?

Subtil secret des pieds qui vont, viennent, con-
duisent l'esprit où le veut la chère ombre enfouie
en de la batiste et les dentelles d'une jupe affluant
sur le sol comme pour circonvenir du talon à l'orteil,
dans une flottaison, cette initiative par quoi la
marche s'ouvre, tout au bas et les plis rejetés en
traîne, une échappée, de sa double flèche savante.

Connaît-elle un motif à sa station, elle-même
la promeneuse : et n'est-ce, moi, tendre trop haut

la tête, pour ces joncs à ne dépasser et toute la mentale somnolence où se voile ma lucidité, que d'interroger jusque-là le mystère.

« — A quel type s'ajustent vos traits, je sens leur précision, Madame, interrompre chose installée ici par le bruissement d'une venue, oui! ce charme instinctif d'en dessous que ne défend pas contre l'explorateur la plus authentiquement nouée, avec une boucle en diamant, des ceintures. Si vague concept se suffit : et ne transgressera le délice empreint de généralité qui permet et ordonne d'exclure tous visages, au point que la révélation d'un (n'allez point le pencher, avéré, sur le furtif seuil où je règne) chasserait mon trouble, avec lequel il n'a que faire. »

Ma présentation, en cette tenue de maraudeur aquatique, je la peux tenter, avec l'excuse du hasard.

Séparés, on est ensemble : je m'immisce à de sa confuse intimité, dans ce suspens sur l'eau où mon songe attardé l'indécise, mieux que visite, suivie d'autres, l'autorisera. Que de discours oiseux en comparaison de celui que je tins pour n'être pas entendu, faudra-t-il, avant de retrouver aussi intuitif accord que maintenant, l'ouïe au ras de l'acajou vers le sable entier qui s'est tu!

La pause se mesure au temps de ma détermination.

Conseille, ô mon rêve, que faire ?

Résumer d'un regard la vierge absence éparse
en cette solitude et, comme on cueille, en mémoire
d'un site, l'un de ces magiques nénuphars clos qui
y surgissent tout à coup, enveloppant de leur creuse
blancheur un rien, fait de songes intacts, du bonheur
qui n'aura pas lieu et de mon souffle ici retenu dans
la peur d'une apparition, partir avec : tacitement,
en déramant peu à peu sans du heurt briser l'illusion
ni que le clapotis de la bulle visible d'écume enroulée
à ma fuite ne jette aux pieds survenus de personne
la ressemblance transparente du rapt de mon idéale
fleur.

Si, attirée par un sentiment d'insolite, elle a paru,
la Méditative ou la Hautaine, la Farouche, la Gaie,
tant pis pour cette indicible mine que j'ignore à
jamais ! car j'accomplis selon les règles la manœuvre :
me dégageai, virai et je contournais déjà une ondula-
tion du ruisseau, emportant comme un noble œuf
de cygne, tel que n'en jaillira le vol, mon imaginaire
trophée, qui ne se gonfle d'autre chose sinon de la
vacance exquise de soi qu'aime, l'été, à poursuivre,
dans les allées de son parc, toute dame, arrêtée
parfois et longtemps, comme au bord d'une source
à franchir ou de quelque pièce d'eau.

## L'ECCLÉSIASTIQUE

Les printemps poussent l'organisme à des actes qui, dans une autre saison, lui sont inconnus et maint traité d'histoire naturelle abonde en descriptions de ce phénomène, chez les animaux. Qu'il serait d'un intérêt plus plausible de recueillir certaines des altérations qu'apporte l'instant climatérique dans les allures d'individus faits pour la spiritualité! Mal quitté par l'ironie de l'hiver, j'en retiens, quant à moi, un état équivoque tant que ne s'y substitue pas un naturalisme absolu ou naïf, capable de poursuivre une jouissance dans la différentiation de plusieurs brins d'herbes. Rien dans le cas actuel n'apportant de profit à la foule, j'échappe, pour le méditer, sous quelques ombrages environnant d'hier la ville : or c'est de leur mystère presque banal que j'exhiberai un exemple saisissable et frappant des inspirations printanières.

Vive fut tout à l'heure, dans un endroit peu fréquenté du bois de Boulogne, ma surprise quand, sombre agitation basse, je vis, par les mille interstices d'arbustes bons à ne rien cacher, total et des battements supérieurs du tricorne s'animant jusqu'à des souliers affermis par des boucles en argent, un ecclésiastique, qui à l'écart de témoins, répondait aux sollicitations du gazon. A moi ne plût (et rien de pareil ne sert les desseins providentiels) que, coupable à l'égal d'un faux scandalisé se saisissant d'un caillou du chemin, j'amenasse par mon sourire

même d'intelligence, une rougeur sur le visage à
deux mains voilé de ce pauvre homme, autre que
celle sans doute trouvée dans son solitaire exercice!
Le pied vif, il me fallut, pour ne produire par ma
présence de distraction, user d'adresse; et fort
contre la tentation d'un regard porté en arrière,
me figurer en esprit l'apparition quasi-diabolique
qui continuait à froisser le renouveau de ses côtes,
à droite, à gauche et du ventre, en obtenant une
chaste frénésie. Tout, se frictionner ou jeter les
membres, se rouler, glisser, aboutissait à une satis-
faction : et s'arrêter, interdit du chatouillement de
quelque haute tige de fleur à de noirs mollets, parmi
cette robe spéciale portée avec l'apparence qu'on est
pour soi tout même sa femme. Solitude, froid silence
épars dans la verdure, perçus par des sens moins
subtils qu'inquiets, vous connûtes les claquements
furibonds d'une étoffe; comme si la nuit absconse
en ses plis en sortait enfin secouée! et les heurts
sourds contre la terre du squelette rajeuni; mais
l'énergumène n'avait point à vous contempler.
Hilare, c'était assez de chercher en soi la cause d'un
plaisir ou d'un devoir, qu'expliquait mal un retour,
devant une pelouse, aux gambades du séminaire.
L'influence du souffle vernal doucement dilatant
les immuables textes inscrits en sa chair, lui aussi,
enhardi de ce trouble agréable à sa stérile pensée,
était venu reconnaître par un contact avec la Nature,
immédiat, net, violent, positif, dénué de toute
curiosité intellectuelle, le bien-être général; et
candidement, loin des obédiences et de la contrainte
de son occupation, des canons, des interdits, des
censures, il se roulait, dans la béatitude de sa sim-
plicité native, plus heureux qu'un âne. Que le but

de sa promenade atteint se soit, droit et d'un jet,
relevé non sans secouer les pistils et essuyer les sucs
attachés à sa personne, le héros de ma vision, pour
rentrer, inaperçu, dans la foule et les habitudes de
son ministère, je ne songe à rien nier; mais j'ai le
droit de ne point considérer cela. Ma discrétion
vis-à-vis d'ébats d'abord apparus n'a-t-elle pas pour
récompense d'en fixer à jamais comme une rêverie
de passant se plut à la compléter, l'image marquée
d'un sceau mystérieux de modernité, à la fois
baroque et belle?

## LA GLOIRE

La Gloire! je ne la sus qu'hier, irréfragable,
et rien ne m'intéressera d'appelé par quelqu'un
ainsi.

Cent affiches s'assimilant l'or incompris des
jours, trahison de la lettre, ont fui, comme à tous
confins de la ville, mes yeux au ras de l'horizon
par un départ sur le rail traînés avant de se recueillir
dans l'abstruse fierté que donne une approche de
forêt en son temps d'apothéose.

Si discord parmi l'exaltation de l'heure, un cri
faussa ce nom connu pour déployer la continuité

de cimes tard évanouies, Fontainebleau, que je
pensai, la glace du compartiment violentée, du
poing aussi étreindre à la gorge l'interrupteur :
Tais-toi! Ne divulgue pas du fait d'un aboi indiffé-
rent l'ombre ici insinuée dans mon esprit, aux por-
tières de wagons battant sous un vent inspiré et
égalitaire, les touristes omniprésents vomis. Une
quiétude menteuse de riches bois suspend alentour
quelque extraordinaire état d'illusion, que me
réponds-tu ? qu'ils ont, ces voyageurs, pour ta gare
aujourd'hui quitté la capitale, bon employé vociféra-
rateur par devoir et dont je n'attends, loin d'acca-
parer une ivresse à tous départie par les libéralités
conjointes de la nature et de l'État, rien qu'un silence
prolongé le temps de m'isoler de la délégation
urbaine vers l'extatique torpeur de ces feuillages
là-bas trop immobilisés pour qu'une crise ne les
éparpille bientôt dans l'air; voici, sans attenter à
ton intégrité, tiens, une monnaie.

Un uniforme inattentif m'invitant vers quelque
barrière, je remets sans dire mot, au lieu du subor-
neur métal, mon billet.

Obéi pourtant, oui, à ne voir que l'asphalte
s'étaler net de pas, car je ne peux encore imaginer
qu'en ce pompeux octobre exceptionnel du million
d'existences étageant leur vacuité en tant qu'une
monotonie énorme de capitale dont va s'effacer
ici la hantise avec le coup de sifflet sous la brume,

aucun furtivement évadé que moi n'ait senti qu'il est, cet an, d'amers et lumineux sanglots, mainte indécise flottaison d'idée désertant les hasards comme des branches, tel frisson et ce qui fait penser à un automne sous les cieux.

Personne et, les bras de doute envolés comme qui porte aussi un lot d'une splendeur secrète, trop inappréciable trophée pour paraître! mais sans du coup m'élancer dans cette diurne veillée d'immortels troncs au déversement sur un d'orgueils surhumains (or ne faut-il pas qu'on en constate l'authenticité?) ni passer le seuil où des torches consument, dans une haute garde, tous rêves antérieurs à leur éclat répercutant en pourpre dans la nue l'universel sacre de l'intrus royal qui n'aura eu qu'à venir : j'attendis, pour l'être, que lent et repris du mouvement ordinaire, se réduisît à ses proportions d'une chimère puérile emportant du monde quelque part, le train qui m'avait là déposé seul.

## CONFLIT

Longtemps, voici du temps — je croyais — que s'exempta mon idée d'aucun accident même vrai; préférant aux hasards, puiser, dans son principe, jaillissement.

Un goût pour une maison abandonnée, lequel
paraîtrait favorable à cette disposition, amène à
me dédire : tant le contentement pareil, chaque
année verdissant l'escalier de pierres extérieur,
sauf celle-ci, à pousser contre les murailles un
volet hivernal puis raccorder comme si pas d'inter-
ruption, l'œillade d'à présent au spectacle immobilisé
autrefois. Gage de retours fidèles, mais voilà que
ce battement, vermoulu, scande un vacarme, refrains,
altercations, en-dessous : je me rappelle comment
la légende de la malheureuse demeure dont je hante
le coin intact, envahie par une bande de travailleurs
en train d'offenser le pays parce que tout de solitude,
avec une voie ferrée, survint, m'angoissa au départ,
irais-je ou pas, me fit presque hésiter — à revoir,
tant pis ! ce sera à défendre, comme mien, arbitrai-
rement s'il faut, le local et j'y suis. Une tendresse,
exclusive dorénavant, que ç'ait été lui qui, dans
la suppression concernant des sites précieux, reçût
la pire injure ; hôte, je le deviens, de sa déchéance :
invraisemblablement, le séjour chéri pour la désué-
tude et de l'exception, tourné par les progrès en
cantine d'ouvriers de chemin de fer.


Terrassiers, puisatiers, par qui un velours hâve
aux jambes, semble que le remblai bouge, ils dres-
sent, au repos, dans une tranchée, la rayure bleu
et blanc transversale des maillots comme la nappe
d'eau peu à peu (vêtement oh ! que l'homme est la
source qu'il cherche) : ce les sont, mes co-locataires
jadis ceux, en esprit, quand je les rencontrai sur
les routes, choyés comme les ouvriers quelconques
par excellence : la rumeur les dit chemineaux. Las

et forts, grouillement partout où la terre a souci
d'être modifiée, eux trouvent, en l'absence d'usine,
sous les intempéries, indépendance.

Les maîtres si quelque part, dénués de gêne,
verbe haut. — Je suis le malade des bruits et m'étonne
que presque tout le monde répugne aux odeurs
mauvaises, moins au cri. Cette cohue entre, part,
avec le manche, à l'épaule, de la pioche et de la
pelle : or, elle invite, en sa faveur, les émotions de
derrière la tête et force à procéder, directement,
d'idées dont on se dit *c'est de la littérature !* Tout à
l'heure, dévot ennemi, pénétrant dans une crypte
ou cellier en commun, devant la rangée de l'outil
double, cette pelle et cette pioche, sexuels — dont
le métal, résumant la force pure du travailleur,
féconde les terrains sans culture, je fus pris de reli-
gion, outre que de mécontentement, émue à m'age-
nouiller. Aucun homme de loi ne se targue de déloger
l'intrus — baux tacites, usages locaux — établi
par surprise et ayant même payé aux propriétaires :
je dois jouer le rôle ou restreindre, à mes droits,
l'empiétement. Quelque langage, la chance que je
le tienne, comporte du dédain, bien sûr, puisque
la promiscuité, couramment, me déplaît : ou,
serai-je, d'une note juste, conduit à discourir ainsi ?
— Camarades — par exemple — vous ne supposez
pas l'état de quelqu'un épars dans un paysage
celui-ci, où toute foule s'arrête, en tant qu'épaisseur
de forêt à l'isolement que j'ai voulu tutélaire de l'eau;
or mon cas, tel et, quand on jure, hoquète, se bat et
s'estropie, la discordance produit, comme dans ce
suspens lumineux de l'air, la plus intolérable si

sachez, invisible des déchirures. — Pas que je
redoute l'inanité, quant à des simples, de cet aveu,
qui les frapperait, sûrement, plus qu'autres au monde
et ne commanderait le même rire immédiat qu'à
onze messieurs, pour voisins : avec le sens, pochards,
du merveilleux et, soumis à une rude corvée, de
délicatesses quelque part supérieures, peut-être
ne verraient-ils, dans mon douloureux privilège,
aucune démarcation strictement sociale pour leur
causer ombrage, mais personnelle — s'observe-
raient-ils un temps, bref, l'habitude plausiblement
reprend le dessus; à moins qu'un ne répondît,
tout de suite, avec égalité. — Nous, le travail cessé
pour un peu, éprouvons le besoin de se confondre,
entre soi : qui a hurlé, moi, lui ? son coup de voix
m'a grandi, et tiré de la fatigue, aussi est-ce, déjà,
boire, gratuitement, d'entendre crier un autre. —
Leur chœur, incohérent, est en effet nécessaire.
Comme vite je me relâche de ma défense, avec la
même sensibilité qui l'aiguisa; et j'introduis, par
la main, l'assaillant. Ah! à l'exprès et propre usage
du rêveur se clôture, au noir d'arbres, en spacieux
retirement, la Propriété, comme veut le vulgaire :
il faut que je l'aie manquée, avec obstination,
durant mes jours — omettant le moyen d'acqui-
sition — pour satisfaire quelque singulier instinct
de ne rien posséder et de seulement passer, au risque
d'une résidence comme maintenant ouverte à l'aven-
ture qui n'est pas, tout à fait, le hasard, puisqu'il
me rapproche, selon que je me fis, de prolétaires.


Alternatives, je prévois la saison, de sympathie
et de malaise..

— Ou souhaiterais, pour couper court, qu'un me cherchât querelle : en attendant et seule stratégie, s'agit de clore un jardinet, sablé, fleuri par mon art, en terrasse sur l'onde, la pièce d'habitation à la campagne.. Qu'étranger ne passe le seuil, comme vers un cabaret, les travailleurs iront à leur chantier par un chemin loué et fauché dans les moissons.

« Fumier ! » accompagne de pieds dans la grille, se profère violemment : je comprends qui l'aménité nomme, eh ! bien même d'un soûlaud, grand gars le visage aux barreaux, elle me vexe malgré moi ; est-ce caste, du tout, je ne mesure, individu à individu, de différence, en ce moment, et ne parviens à ne pas considérer le forcené, titubant et vociférant, comme un homme ou à nier le ressentiment à son endroit. Très raide, il me scrute avec animosité. Impossible de l'annuler, mentalement : de parfaire l'œuvre de la boisson, le coucher, d'avance, en la poussière et qu'il ne soit pas ce colosse tout à coup grossier et méchant. Sans que je cède même par un pugilat qui illustrerait, sur le gazon, la lutte des classes, à ses nouvelles provocations débordantes. Le mal qui le ruine, l'ivrognerie, y pourvoira, à ma place, au point que le sachant, je souffre de mon mutisme, gardé indifférent, qui me fait complice.

Un énervement d'états contradictoires, oiseux, faussés et la contagion jusqu'à moi, par du trouble, de quelque imbécile ébriété.

Même le calme, obligatoire dans une région
d'échos, comme on y trempe, je l'ai, particulière-
ment les soirs de dimanche, jusqu'au silence.
Appréhension quant à cette heure, qui prend la
transparence de la journée, avant les ombres puis
l'écoule lucide vers quelque profondeur. J'aime
assister, en paix, à la crise et qu'elle se réclame
de quelqu'un. Les compagnons apprécient l'instant,
à leur façon, se concertent, entre souper et coucher,
sur les salaires ou interminablement disputent,
en le décor vautrés. M'abstraire ni quitter, exclus,
la fenêtre, regard, moi-là, de l'ancienne bâtisse
sur l'endroit qu'elle sait; pour faire au groupe des
avances, sans effet. Toujours le cas : pas lieu de se
trouver ensemble; un contact peut, je le crains,
n'intervenir entre des hommes. — « Je dis » une voix
« que nous trimons, chacun ici, au profit d'autres. »
— « Mieux », interrompais-je bas, « vous le faites,
afin qu'on vous paie et d'être légalement, quant
à vous seuls. » — « Oui, les bourgeois, » j'entends,
peu concerné « veulent un chemin de fer ». — « Pas
moi, du moins » pour sourire « je ne vous ai pas
appelés dans cette contrée de luxe et sonore, boule-
versée autant que je suis gêné ». Ce colloque, fré-
quent, en muettes restrictions de mon côté, manque,
par enchantement; quelle pierrerie, le ciel fluide!
Toutes les bouches ordinaires tues au ras du sol
comme y dégorgeant leur vanité de parole. J'allais
conclure : « Peut-être moi, aussi, je travaille.. —
A quoi? n'eût objecté aucun, admettant, à cause

de comptables, l'occupation transférée des bras
à la tête. A quoi — tait, dans la conscience seule,
un écho — du moins, qui puisse servir, parmi
l'échange général. Tristesse que ma production
reste, à ceux-ci, par essence, comme les nuages
au crépuscule ou des étoiles, vaine.

Véritablement, aujourd'hui, qu'y a-t-il ?

L'escouade du labeur gît au rendez-vous mais
vaincue. Ils ont trouvé, l'un après l'autre qui la
forment, ici affalée en l'herbe, l'élan à peine, chance-
lant tous comme sous un projectile, d'arriver et
tomber à cet étroit champ de bataille : quel sommeil
de corps contre la motte sourde.

Ainsi vais-je librement admirer et songer.

Non, ma vue ne peut, de l'ouverture où je m'ac-
coude, s'échapper dans la direction de l'horizon,
sans que quelque chose de moi n'enjambe, indûment,
avec manque d'égard et de convenance à mon tour,
cette jonchée d'un fléau; dont, en ma qualité,
je dois comprendre le mystère et juger le devoir :
car, contrairement à la majorité et beaucoup de
plus fortunés, le pain ne lui a pas suffi — ils ont
peiné une partie notable de la semaine, pour l'obtenir,
d'abord; et, maintenant, la voici, demain, ils ne
savent pas, rampent par le vague et piochent sans
mouvement — qui fait en son sort, un trou égal

à celui creusé, jusqu'ici, tous les jours, dans la réalité des terrains (fondation, certes, de temple). Ils réservent, honorablement, sans témoigner de ce que c'est ni que s'éclaire cette fête, la part du sacré dans l'existence, par un arrêt, l'attente et le momentané suicide. La connaissance qui resplendirait — d'un orgueil inclus à l'ouvrage journalier, résister, simplement et se montrer debout — alentour magnifiée par une colonnade de futaie; quelque instinct la chercha dans un nombre considérable, pour les déjeter ainsi, de petits verres et ils en sont, avec l'absolu d'un accomplissement rituel, moins officiants que victimes, à figurer, au soir, l'hébétement de tâches si l'observance relève de la fatalité plus que d'un vouloir.

Les constellations s'initient à briller : comme je voudrais que parmi l'obscurité qui court sur l'aveugle troupeau, aussi des points de clarté, telle pensée tout à l'heure, se fixassent, malgré ces yeux scellés ne les distinguant pas — pour le fait, pour l'exactitude, pour qu'il soit dit. Je penserai, donc, uniquement, à eux, les importuns, qui me ferment, par leur abandon, le lointain vespéral; plus que, naguères, par leur tumulte. Ces artisans de tâches élémentaires, il m'est loisible, les veillant, à côté d'un fleuve limpide continu, d'y regarder le peuple — une intelligence robuste de la condition humaine leur courbe l'échine journellement pour tirer, sans l'intermédiaire du blé, le miracle de vie qui assure la présence : d'autres ont fait les défrichements passés et des aqueducs ou livreront un terre-plein à telle machine, les mêmes, Louis-Pierre, Martin, Poitou et le Normand, quand ils ne dorment pas, ainsi s'invoquent-ils selon les mères ou la province; mais plutôt des naissances sombrèrent en l'anonymat et l'immense sommeil l'ouïe à la génératrice, les prostrant, cette fois, subit un accablement et un élargissement de tous les siècles et, autant cela possible — réduite aux proportions sociales, d'éternité.

# VOLUMES SUR LE DIVAN

Muse de l'impuissance, qui taris le rythme et me forces de relire; ennemie avec des breuvages, je te rends l'ivresse qui vient d'autrui.

Un paysage hante intense comme l'opium; là-haut et à l'horizon, la nue livide, avec une trouée bleue de la Prière — pour végétation, souffrent des arbres dont l'écorce douloureuse enchevêtre des nerfs dénudés, leur croissance visible s'accompagne malgré l'air immobile, d'une plainte de violon qui, à l'extrémité frissonne en feuilles : leur ombre étale de taciturnes miroirs en des plates-bandes d'absent jardin, au granit noir du bord enchâssant l'oubli, avec tout le futur. Les bouquets à terre, alentour, quelques plumes d'aile déchues. Le jour, selon un rayon, puis d'autres, perd l'ennui, ils flamboient, une incompréhensible pourpre coule — du fard? du sang? Étrange le coucher de soleil! Ou ce torrent de larmes illuminées par le feu de bengale de l'artificier Satan qui se meut derrière? La nuit ne prolonge que le crime, le remords et la Mort. Alors se voiler la face de sanglots moins par ce cauchemar que dans le sinistre bris de tout exil; qu'est-ce le Ciel?

## MORCEAU

### POUR RÉSUMER *Vathek*

L'histoire du Calife Vathek commence au faîte d'une tour d'où se lit le firmament, pour finir bas dans un souterrain enchanté; tout le laps de tableaux graves ou riants et de prodiges séparant ces extrêmes. Architecture magistrale de la fable et son concept non moins beau! Quelque chose de fatal ou comme d'inhérent à une loi hâte du pouvoir aux enfers la descente faite par un prince accompagné de son royaume; seul, au bord du précipice : il a voulu nier la religion d'État à laquelle se lasse l'omnipotence d'être conjointe du fait de l'universelle génuflexion, pour des pratiques de magie, alliées au désir insatiable. L'aventure des antiques dominations tient dans ce drame, où agissent trois personnages qui sont une mère perverse et chaste, proie d'ambitions et de rites, et une nubile amante; en sa singularité seul digne de s'opposer au despote, hélas! un languide, précoce mari, lié par de joueuses fiançailles. Ainsi répartie et entre de délicieux nains dévots, des goules, puis d'autres figurants qu'elle accorde avec le décor mystique ou terrestre, de la fiction sort un appareil insolite : oui, les moyens méconnus autrefois de l'art de peindre, tels qu'accumu-

lation d'étrangetés produite simplement pour leur
caractère unique ou de laideur, une bouffonnerie
irrésistible et ample, montant en un crescendo
quasi lyrique, la silhouette des passions ou de céré-
monials et que n'ajouter pas ? A peine si la crainte
de s'attarder à de ces détails, y perdant de vue le
dessin de tel grand songe surgi à la pensée du narra-
teur, le fait par trop abréger ; il donne une allure
cursive à ce que le développement eût accusé.
Tant de nouveauté et la *couleur locale*, sur quoi se
jette au passage le goût récent pour faire comme,
avec, une orgie, seraient peu, en raison de la gran-
deur des visions ouvertes par le sujet ; où cent
impressions, plus captivantes même que des pro-
cédés, se dévoilent à leur tour. Les isoler par for-
mules distinctes et brèves, le faut-il ? et j'ai peur
de ne rien dire en énonçant *la tristesse de perspectives
monumentales très vastes*, jointe *au mal d'un destin
supérieur ;* enfin *l'effroi* causé par *des arcanes* et *le
vertige* par *l'exagération orientale des nombres ; le
remords* qui s'installe *de crimes vagues ou inconnus ;
les langueurs virginales de l'innocence et de la prière ;
le blasphème, la méchanceté, la foule* \*. Une poésie
(que l'origine n'en soit ailleurs ni l'habitude chez
nous) bien inoubliablement liée au livre apparaît
dans quelque étrange juxtaposition d'innocence
quasi idyllique avec les solennités énormes ou vaines
de la magie : alors se teint et s'avive, comme des vibra-
tions noires d'un astre, la fraîcheur de scènes natu-
relles, jusqu'au malaise ; mais non sans rendre à
cette approche du rêve quelque chose de plus sim-
ple et de plus extraordinaire.

\* Citations.

# QUELQUES MÉDAILLONS
# ET PORTRAITS EN PIED

## VILLIERS DE L'ISLE-ADAM

Nul, que je me rappelle, ne fut, par un vent d'illusion engouffré dans les plis visibles, tombant de son geste ouvert qui signifiait : « Me voici », avec une impulsion aussi véhémente et surnaturelle, poussé, que jadis cet adolescent; ou ne connut à ce moment de la jeunesse dans lequel fulgure le destin entier, non le sien, mais celui possible de l'Homme! la scintillation mentale qui désigne le buste à jamais du diamant d'un ordre solitaire, ne serait-ce qu'en raison de regards abdiqués par la conscience des autres. Je ne sais pas, mais je crois, en réveillant ces souvenirs de primes années, que vraiment l'arrivée fut extraordinaire, ou que nous étions bien fous! les deux peut-être et me plais à l'affirmer. Il agitait aussi des drapeaux de victoire très anciens, ou futurs, ceux-là mêmes qui laissent de l'oubli des piliers choir leur flamme amortie brûlant encore : je jure que nous les vîmes.

Ce qu'il voulait, ce survenu, en effet, je pense sérieusement que c'était : régner. Ne s'avisa-t-il pas, les gazettes indiquant la vacance d'un trône, celui de Grèce, incontinent d'y faire valoir ses

droits, en vertu de suzerainetés ancestoriales, aux
Tuileries : réponse, qu'il repassât, le cas échéant, une
minute auparavant on en avait disposé. La légende,
vraisemblable, ne fut jamais, par l'intéressé, démen-
tie. Aussi ce candidat à toute majesté survivante,
d'abord élut-il domicile chez les poètes ; cette fois,
décidé, il le disait, assagi, clairvoyant « avec l'ambi-
tion — d'ajouter à l'illustration de ma race la seule
gloire vraiment noble de nos temps, celle *d'un grand
écrivain* ». La devise est restée.

Quel rapport pouvait-il y avoir entre des marches
doctes au souffle de chesnaies près le bruit de mer ;
ou que la solitude ramenée à soi-même sous le calme
nobiliaire et provincial de quelque hôtel désert
de l'antique Saint-Brieuc, se concentrât pour en
surgir, en tant que silence tonnant des orgues dans
la retraite de mainte abbaye consultée par une juvé-
nile science et, cette fois, un groupe, en plein Paris
perdu, de plusieurs bacheliers eux-mêmes intuitifs
à se rejoindre : au milieu de qui exactement tomba
le jeune Philippe Auguste Mathias de si prodi-
gieux nom. Rien ne troublera, chez moi ni dans
l'esprit de plusieurs hommes, aujourd'hui dispersés,
la vision de l'arrivant. Éclair, oui, cette réminis-
cence brillera selon la mémoire de chacun, n'est-ce
pas ? des assistants. François Coppée, Dierx,
Heredia, Paul Verlaine, rappelez-vous et Catulle
Mendès.

Un génie ! nous le comprîmes tel.

Dans ce conclave qui, aux débuts d'une généra-
tion, en vue d'entretenir à tout le moins un reflet
du saint éclat, assemble des jeunes gens, en cas
qu'un d'eux se décèle l'Élu : on le sentit, tout de
suite, présent, tous subissant la même commo-
tion.

Je le revois.

Ses aïeux étaient dans le rejet par un mouvement
à sa tête habituel, en arrière, dans le passé, d'une
vaste chevelure cendrée indécise, avec un air de :
« Qu'ils y restent, je saurai faire, quoique cela soit
plus difficile maintenant »; et nous ne doutions
pas que son œil bleu pâle, emprunté à des cieux
autres que les vulgaires, ne se fixât sur l'exploit
philosophique prochain, de nous irrêvé.

Certainement, il surprit ce groupe où, non sans
raison, comme parmi ses congénères, il avait atterri,
d'autant mieux qu'à de hauts noms, comme Rodolphe-
le-Bel, seigneur de Villiers et de Dormans, 1067,
le fondateur — Raoul, sire de Villiers-le-Bel, en
1146; Jean de Villiers, mari, en 1324, de Marie de
l'Isle, et leur fils, Pierre I$^{er}$ qui, la famille éteinte
des seigneurs de l'Isle-Adam, est le premier Villiers
de l'Isle-Adam — Jean de Villiers, petit-fils, maré-
chal de France qui se fit héroïquement massacrer,
en 1437, à Bruges, pour le duc de Bourgogne —
enfin le premier des grands maîtres de Malte pro-
prement dits, par cela qu'il fut le dernier des grands
maîtres de Rhodes, le vaincu valeureux de Soliman,

du fait de Charles-Quint restauré, Philippe de Villiers de l'Isle-Adam, honneur des chevaliers de Saint-Jean de Jérusalem (la sonorité se fait plus générale); à tant d'échos, après tout qui somnolent dans les traités ou les généalogies, le dernier descendant vite mêlait d'autres noms qui, pour nous, artistes unis dans une tentative restreinte, je vais dire laquelle, comportaient peut-être un égal lointain, encore qu'ils fussent plutôt de notre monde : Saint Bernard, Kant, le Thomas de la Somme, principalement un désigné par lui, le Titan de l'Esprit Humain, Hegel, dont le singulier lecteur semblait aussi se recommander, entre autres cartes de visite ou lettres de présentation, ayant compulsé leurs tomes, en ces retraites, qu'avec une entente de l'existence moderne il multipliait, au seuil de ses jours, dans des monastères, Solesmes, la Trappe et quelques-uns imaginaires, pour que la solitude y fût complète (parce qu'entré dans la lutte et la production il n'y a plus à apprendre qu'à ses dépens, la vie). Il lut considérablement, une fois pour toutes et les ans à venir, notamment ce qui avait trait à la grandeur éventuelle de l'Homme, soit en l'histoire, soit interne, voire dans le doute ici d'une réalisation — autre part, du fait des promesses, selon la religion : car il était prudent.

Nous, par une velléité différente, étions groupés : simplement resserrer une bonne fois, avant de le léguer au temps, en condition excellente, avec l'accord voulu et définitif, un vieil instrument parfois faussé, le vers français, et plusieurs se montrèrent, dans ce travail, d'experts luthiers.

A l'enseigne un peu rouillée maintenant du *Parnasse Contemporain*, traditionnelle, le vent l'a décrochée, d'où soufflé ? nul ne le peut dire ; indiscutable : la vieille métrique française (je n'ose ajouter la poésie) subit, à l'instant qu'il est, une crise merveilleuse, ignorée dans aucune époque, chez aucune nation, où, parmi les plus zélés remaniements de tous genres, jamais on ne touche à la prosodie. Toutefois la précaution parnassienne ne reste pas oiseuse : elle fournit le point de repère entre la refonte, toute d'audace, romantique, et la liberté ; et marque (avant que ne se dissolve, en quelque chose d'identique au clavier primitif de la parole, la versification) un jeu officiel ou soumis au rythme fixe.

Souci qui moindre pour un prince intellectuel du fond d'une lande ou des brumes et de la réflexion surgi, afin de dominer par quelque moyen et d'attribuer à sa famille, ayant attendu au delà des temps, une souveraineté récente quasi mystique — pesait peu dans une frêle main, creuset de vérités dont l'effusion devait illuminer — ne signifiait guère, sauf la particularité peut-être que nous professâmes, le vers n'étant autre qu'un mot parfait, vaste, natif, une adoration pour la vertu des mots : celle-ci ne pouvait être étrangère à qui venait conquérir tout avec un mot, son nom, autour duquel déjà il voyait, à vrai dire, matériellement, se rallumer le lustre, aujourd'hui discernable pour notre seul esprit. Le culte du vocable que le prosateur allait tant, et plus que personne, solenniser (et lequel n'est, en dehors de toute doctrine, que la glorification de l'intimité même de la race, en sa fleur, le parler)

serra tout de suite un lien entre les quelques-uns et
lui : non que Villiers dédaignât le déploiement
du mot en vers, il gardait dans quelque malle, avec
la plaque de Malte, parmi les engins de captation
du monde moderne, un recueil de poésies, vision-
naire déjà, dont il trouva séant de ne point souffler,
parmi des émailleurs et graveurs sur gemmes, pré-
férant se rendre compte à la dérobée, attitude qui
chez un débutant dénote du caractère. Même,
après un laps, il fit lapidaire son enthousiasme et
paya la bienvenue, parmi nous, avec des *lieds* ou
chants brefs.

Ainsi il vint, c'était tout, pour lui; pour nous,
la surprise même — et toujours, des ans, tant que
traîna le simulacre de sa vie, et des ans, jusqu'aux
précaires récents derniers, quand chez l'un de nous
l'appel de la porte d'entrée suscitait l'attention par
quelque son pur, obstiné, fatidique comme d'une
heure absente aux cadrans et qui voulait demeurer,
invariablement se répétait pour les amis anciens
eux-mêmes vieillis, et malgré la fatigue à présent
du visiteur, lassé, cassé, cette obsession de l'arrivée
d'autrefois.

Villiers de l'Isle-Adam se montrait.

Toujours, il apportait une fête, et le savait; et
maintenant ce devenait plus beau peut-être, plus
humblement beau, ou poignant, cette irruption,
des antiques temps, incessamment ressassée, que

la première en réalité; malgré que le mystère par
lui quitté jadis, la vague ruine à demi écroulée
sur un sol de foi s'y fût à tout jamais tassée; or,
on se doutait entre soi d'autres secrets pas moins
noirs, ni sinistres et de tout ce qui assaillait le déses-
péré seigneur perpétuellement échappé au tour-
ment. La munificence, dont il payait le refuge!
aussitôt dépouillée l'intempérie du dehors ainsi
qu'un rude pardessus : l'allégresse de reparaître
lui, très correct et presque élégant nonobstant
des difficultés, et de se mirer en la certitude que
dans le logis, comme en plusieurs, sans préoccupa-
tion de dates, du jour, fût-ce de l'an, on l'attendait —
il faut l'avoir ouï six heures durant quelquefois!
Il se sentait en retard et, pour éviter les explications,
trouvait des raccourcis éloquents, des bonds de
pensée et de tels sursauts, qui inquiétaient le lieu
cordial. A mesure que dans le corps à corps avec la
contrariété s'amoindrissait, dans l'aspect de l'homme
devenu chétif, quelque trait saillant de l'apparition
de jeunesse, à quoi il ne voulut jamais être inférieur,
il le centuplait par son jeu, de douloureux sous-
entendus; et signifiait pour ceux auxquels pas une
inflexion de cette voix, et même le silence, ne restait
étranger : « J'avais raison, jadis, de me produire
ainsi, dans l'exagération causée peut-être par l'agran-
dissement de vos yeux ordinaires, certes, d'un roi
spirituel, ou de qui ne doit pas être; ne fût-ce que
pour vous en donner l'idée. Histrion véridique, je
le fus de moi-même! de celui que nul n'atteint en
soi, excepté à des moments de foudre et alors on
l'expie de sa durée, comme déjà; et vous voyez
bien que cela est (dont vous sentîtes par moi l'impres-
sion, puisque me voici conscient et que je m'exprime

maintenant en le même langage qui sert, chez
autrui, à se duper, à converser, à se saluer) et doré-
navant le percevrez, comme si, sous chacun de mes
termes, l'or convoité et tu à l'envers de toute loqua-
cité humaine, à présent ici s'en dissolvait, irradié,
dans une véracité de trompettes inextinguibles pour
leur supérieure fanfare. »

Il se taisait; merci, Toi, maintenant d'avoir parlé,
on comprend.

Minuits avec indifférence jetés dans cette veillée
mortuaire d'un homme debout auprès de lui-
même, le temps s'annulait, ces soirs; il l'écartait
d'un geste, ainsi qu'à mesure son intarissable parole,
comme on efface, quand cela a servi; et dans ce
manque de sonnerie d'instant perçue à de réelles
horloges, il paraissait — toute la lucidité de cet
esprit suprêmement net, même dans des délibéra-
tions peu communes, sur quelque chose de mysté-
rieux fixée comme serait l'évanouissement tardif,
jusqu'à l'espace élargi, du timbre annonciateur,
lequel avait fait dire à l'hôte : « C'est Villiers »
quand, affaiblie, une millième fois se répétait son
arrivée de jadis — discuter anxieusement avec lui-
même un point, énigmatique et dernier, pourtant
à ses yeux clair. Une question d'heure, en effet,
étrange et de grand intérêt, mais qu'ont occasion
de se poser peu d'hommes ici-bas, à savoir que
peut-être lui ne serait point venu à la sienne, pour
que le conflit fût tel. Si! à considérer l'Histoire il
avait été ponctuel, devant l'assignation du sort,

nullement intempestif, ni répréhensible : car ce n'est pas contemporainement à une époque, aucunement, que doivent, pour exalter le sens, advenir ceux que leur destin chargea d'en être à nu l'expression; ils sont projetés maints siècles au delà, stupéfaits, à témoigner ce qui, normal à l'instant même, vit tard magnifiquement par le regret, et trouvera dans l'exil de leur nostalgique esprit tourné vers le passé, sa vision pure.

## VERLAINE

La tombe aime tout de suite le silence.

Acclamations, renom, la parole haute cesse et le sanglot des vers abandonnés ne suivra jusqu'à ce lieu de discrétion celui qui s'y dissimule pour ne pas offusquer, d'une présence, sa gloire.

Aussi, de notre part, à plus d'un menant un deuil fraternel, aucune intervention littéraire : elle occupe, unanimement, les journaux, comme les blanches feuilles de l'œuvre interrompu ressaisiraient leur ampleur et s'envolent porter le cri d'une disparition vers la brume et le public.

La Mort, cependant, institue exprès cette dalle pour qu'un pas dorénavant puisse s'y affermir en vue de quelque explication ou de dissiper le malen-

tendu. Un adieu du signe au défunt cher lui tend
la main, si convenait à l'humaine figure souveraine
que ce fut, de reparaître, une fois dernière, pensant
qu'on le comprit mal et de dire : Voyez mieux
comme j'étais.

Apprenons, messieurs, au passant, à quiconque,
absent, certes, ici, par incompétence et vaine vision
se trompa sur le sens extérieur de notre ami, que
cette tenue, au contraire, fut, entre toutes, correcte.

Oui, les *Fêtes Galantes*, la *Bonne Chanson*, *Sagesse*,
*Amour*, *Jadis et Naguère*, *Parallèlement* ne verse-
raient-ils pas, de génération en génération, quand
s'ouvrent, pour une heure, les juvéniles lèvres,
un ruisseau mélodieux qui les désaltérera d'onde
suave, éternelle et française — conditions, un peu,
à tant de noblesse visible : que nous aurions pro-
fondément à pleurer et à vénérer, spectateurs d'un
drame sans le pouvoir de gêner même par de la
sympathie rien à l'attitude absolue que quelqu'un
se fit en face du sort.

Paul Verlaine, son génie enfui au temps futur,
reste héros.

Seul, ô plusieurs qui trouverions avec le dehors
tel accommodement fastueux ou avantageux, consi-
dérons que — seul, comme revient cet exemple par
les siècles rarement, notre contemporain affronta,
dans toute l'épouvante, l'état du chanteur et du
rêveur. La solitude, le froid, l'inélégance et la
pénurie, qui sont des injures infligées auxquelles
leur victime aurait le droit de répondre par d'autres

volontairement faites à soi-même — ici la poésie presque a suffi — d'ordinaire composent le sort qu'encourt l'enfant avec son ingénue audace marchant en l'existence selon sa divinité : soit, convint le beau mort, il faut ces offenses, mais ce sera jusqu'au bout, douloureusement et impudiquement.

Scandale, du côté de qui ? de tous, par un répercuté, accepté, cherché : sa bravoure, il ne se cacha pas du destin, en harcelant, plutôt par défi, les hésitations, devenait ainsi la terrible probité. Nous vîmes cela, messieurs, et en témoignons : cela, ou pieuse révolte, l'homme se montrant devant sa Mère quelle qu'elle soit et voilée, foule, inspiration, vie, le nu qu'elle a fait du poète et cela consacre un cœur farouche, loyal, avec de la simplicité et tout imbu d'honneur.

Nous saluerons de cet hommage, Verlaine, dignement, votre dépouille.

## ARTHUR RIMBAUD

*Lettre à M. Harrison Rhodes*

J'imagine qu'une de ces soirées de mardi, rares, où vous me fîtes l'honneur, chez moi, d'ouïr mes amis converser, le nom soudainement d'Arthur

Rimbaud se soit bercé à la fumée de plusieurs cigarettes; installant, pour votre curiosité, du vague.

Quel, le personnage, questionnez-vous : du moins, avec des livres *Une Saison en Enfer, Illuminations* et ses *Poèmes* naguères publiés en l'ensemble, exerce-t-il sur les événements poétiques récents une influence si particulière que, cette allusion faite, par exemple, on se taise, énigmatiquement et réfléchisse, comme si beaucoup de silence, à la fois, et de rêverie s'imposait ou d'admiration inachevée.

Doutez, mon cher hôte, que les principaux novateurs, maintenant, voire un, à l'exception, peut-être, mystérieusement, du magnifique aîné, *qui leva l'archet*, Verlaine, aient à quelque profondeur et par un trait direct, subi Arthur Rimbaud. Ni la liberté allouée au vers ou, mieux, jaillie telle par miracle, ne se réclamera de qui fut, à part le balbutiement de tous derniers poèmes ou quand il cessa, un strict observateur du jeu ancien. Estimez son plus magique effet produit par opposition d'un monde antérieur au Parnasse, même au Romantisme, ou très classique, avec le désordre somptueux d'une passion on ne saurait dire rien que spirituellement exotique. Éclat, lui, d'un météore, allumé sans motif autre que sa présence, issu seul et s'éteignant. Tout, certes, aurait existé, depuis, sans ce passant considérable, comme aucune circonstance littéraire vraiment n'y prépara : le cas personnel demeure, avec force.

Mes souvenirs : plutôt ma pensée, souvent, à ce Quelqu'un, voici ; comme peut faire une causerie, en votre faveur immédiate.

Je ne l'ai pas connu, mais je l'ai vu, une fois, dans un des repas littéraires, en hâte, groupés à l'issue de la Guerre — le *Dîner des Vilains Bons-hommes*, certes, par antiphrase, en raison du portrait, qu'au convive dédie Verlaine. « L'homme était grand, bien bâti, presque athlétique, un visage parfaitement ovale d'ange en exil, avec des cheveux châtain clair mal en ordre et des yeux d'un bleu pâle inquiétant. » Avec je ne sais quoi fièrement poussé, ou mauvaisement, de fille du peuple, j'ajoute, de son état blanchisseuse, à cause de vastes mains, par la transition du chaud au froid rougies d'engelures. Lesquelles eussent indiqué des métiers plus terribles, appartenant à un garçon. J'appris qu'elles avaient autographié de beaux vers ; non publiés : la bouche, au pli boudeur et narquois n'en récita aucun.

Comme je descendais des Fleuves impassibles,
Je ne me sentis plus guidé par les haleurs :
Des Peaux-rouges criards les avaient pris pour cibles,
Les ayant cloués nus aux poteaux de couleurs.

et

Plus douce qu'aux enfants la chair des pommes sures,
L'eau verte pénétra ma coque de sapin
Et des taches de vins bleus et des vomissures
Me lava, dispersant gouvernail et grappin.

et

J'ai rêvé la nuit verte aux neiges éblouies,
Baiser montant aux yeux des mers avec lenteurs,
La circulation des sèves inouïes,
Et l'éveil jaune et bleu des phosphores chanteurs !

et

Parfois, martyr lassé des pôles et des zones,
La mer dont le sanglot faisait mon roulis doux
Montait vers moi ses fleurs d'ombre aux ventouses jaunes
Et je restais, ainsi qu'une femme à genoux...

et

J'ai vu des archipels sidéraux ! Et des îles
Dont les cieux délirants sont ouverts au vogueur :
— Est-ce en ces nuits sans fond que tu dors et t'exiles,
Million d'oiseaux d'or, ô future Vigueur ? —


et tout ! qu'il faudrait dérouler comme primitive-
ment s'étire un éveil génial, en ce chef-d'œuvre,
car *Le Bateau Ivre* était fait à l'époque, déjà : tout
ce qui, à peu de là, parerait les mémoires et en
surgira tant qu'on dira des vers, se taisait parmi
le nouveau-venu ainsi que *Les Assis*, *Les Cher-
cheuses de Poux*, *Premières Communiantes*, du même
temps ou celui d'une puberté perverse et superbe.
Notre curiosité, entre familiers, sauvés des maux
publics, omit un peu cet éphèbe au sujet de qui
courait, cependant, que c'était, à dix-sept ans son
quatrième voyage, en 1872 effectué, ici, comme les
précédents, à pied : non, un ayant eu lieu, de l'endroit

natal, Charleville dans les Ardennes, vers Paris, fastueusement d'abord, avec la vente de tous les prix de la classe, de rhétorique, par le collégien. Rappels, or hésitation entre la famille, une mère d'origine campagnarde, dont séparé le père, officier en retraite, et des camarades les frères Cros, Forain futur et toujours et irrésistiblement Verlaine : un va-et-vient résultait; au risque de coucher, en partant, sur les bateaux à charbon du canal, en revenant, de tomber dans un avant-poste de fédérés ou combattants de la Commune. Le grand gars, adroitement se fit passer pour un franc-tireur du parti, en détresse et inspira le bon mouvement d'une collecte à son bénéfice. Menus faits, quelconques et, du reste, propres à un, ravagé violemment par la littérature le pire désarroi, après les lentes heures studieuses aux bancs, aux bibliothèques, cette fois maître d'une expression certaine prématurée, intense, l'excitant à des sujets inouïs, — en quête aussitôt de « sensations neuves » insistait-il « pas connues » et il se flattait de les rencontrer en le bazar d'illusion des cités, vulgaire : mais, qui livre au démon adolescent, un soir, quelque vision grandiose et factice continuée, ensuite, par la seule ivrognerie.

L'anecdote, à bon marché, ne manque pas, le fil rompu d'une existence, en laissa choir dans les journaux : à quoi bon faire, centième, miroiter ces détails jusqu'à les enfiler en sauvages verroteries et composer le collier du roi nègre, que ce fut la plaisanterie, tard, de représenter, dans quelque peuplade inconnue, le poète. Vous ambitionnerez

de suivre, comme je les perçois et pour y infuser
le plus de belle probabilité les *grandes lignes* d'un
destin significatif; lequel doit garder dans ses écarts,
d'apparence, le rythme, étant d'un chanteur et quel-
que étrange simplicité. Toutefois en remerciant
de m'aider, par votre question à évoquer pour moi-
même, la première fois dans l'ensemble, cette per-
sonnalité qui vous séduit, mon cher ami, je
veux comme exception remémorer une historiette
qu'avec des sourires me contait délicieusement
Théodore de Banville. La bonté de ce Maître était
secourable. On le vint trouver. A l'intention d'un
des nôtres; et précisait-on en quelque jargon, de
permettre qu'il fît *du grand art.* Banville opina que
pour ce résultat, d'abord, le talent devenant secon-
daire, une chambre importe, où gîter, la loua dans
les combles de sa maison rue de Buci; une table,
l'encre et les plumes comme accessoires, du papier,
un lit blanc aussi pour les moments où l'on ne rêve
debout, ni sur la chaise. Le jeune homme errant
fut installé : mais quelle, la stupéfaction du donateur
méthodique, à l'heure où la cour interne unit, par
l'arome, les dîners, d'entendre des cris poussés à
chaque étage, et, aussitôt, de considérer, nu, dans
le cadre de mansarde là-haut, quelqu'un agitant
éperdument et lançant par-dessus les tuiles du toit,
peut-être pour qu'ils disparussent avec les derniers
rayons du soleil, des lambeaux de vêtements : et
comme il s'inquiétait, près du dieu, de cette tenue,
enfin, mythologique, « C'est, » répondit Arthur
Rimbaud à l'auteur des *Exilés*, qui dut convenir de
la justesse impliquée, certainement, par cette obser-
vation et accuser sa propre imprévoyance « que je
ne puis fréquenter une chambre si propre, virginale,

avec mes vieux habits criblés de poux ». L'hôte ne
se jugea correct qu'après avoir adressé des effets à
lui de rechange et une invitation devant le repas
du soir, car « l'habillement, outre le logis, ne suffit
pas, si l'on veut produire des poèmes remarquables,
il tarde également de manger ».

Le prestige de Paris usé : aussi, Verlaine entre
de naissantes contrariétés de ménage et quelque
appréhension de poursuites, comme fonctionnaire
humble de la Commune, certes, décidèrent Rim-
baud à visiter Londres. Ce couple y mena une
orgiaque misère, humant la libre fumée de charbon,
ivre de réciprocité. Une lettre de France bientôt
pardonnait, appelant l'un des transfuges, pourvu
qu'il abandonnât son compagnon. La jeune épouse,
au rendez-vous, attendait une réconciliation, parmi
mère et belle-mère. Je crois au récit supérieure-
ment tracé par M. Berrichon * et indique selon
lui une scène, poignante au monde, attendu qu'elle
compta pour héros, l'un blessé comme l'autre déli-
rant, deux poètes dans leur farouche mal. Prié par
les femmes ensemble, Verlaine renonçait à l'ami ;
mais le vit, à la porte de la chambre d'hôtel fortui-
tement, vola dans ses bras le suivre, n'écouta
l'objurgation par celui-ci, refroidi, de n'en rien
faire « jurant que leur liaison devait être à jamais
rompue » — « même sans le sou » quoique seulement
à Bruxelles en vue d'un subside pécunaire pour
regagner le pays « il partirait ». Le geste repoussait
Verlaine qui tira, égaré, d'un pistolet, sur l'indiffé-
rent et tomba en larmes au devant. Il était dit que

---

* *La Revue blanche*, Verlaine héroïque 15 février 1896.

les choses ne resteraient pas, j'allais énoncer, en famille. Rimbaud revenait, pansé, de l'hospice et dans la rue, obstiné à partir, reçut une nouvelle balle, publique maintenant ; que son si fidèle expia, deux ans, dans la prison de Mons. Solitaire, après cette circonstance tragique, on peut dire que rien ne permet de le déchiffrer, en sa crise définitive, certes, intéressante puisqu'il cesse toute littérature : camarade ni écrit. Des faits ? il devait selon un but quelconque, retourner en Angleterre, avant 1875, qu'importe ; puis gagna l'Allemagne, avec des situations pédagogiques, et un don pour les langues, qu'il collectionnait, ayant abjuré toute exaltation dans la sienne propre ; atteignit l'Italie, en chemin de fer jusqu'au Saint-Gothard, ensuite à pied, franchissant les Alpes : séjourne quelques mois, pousse aux Cyclades et, malade d'une insolation, se trouve rapatrié officiellement.

Pas sans que l'effleurât une avant-brise du Levant.

Voici la date mystérieuse, pourtant naturelle, si l'on convient que celui, qui rejette des rêves, par sa faute ou la leur, et s'opère, vivant, de la poésie, ultérieurement ne sait trouver que loin, très loin, un état nouveau. L'oubli comprend l'espace du désert ou de la mer. Ainsi les fuites tropicales moins, peut-être, quant au merveilleux et au décor : puisque c'est en soldat racolé, 1876, sur le marché hollandais, pour Sumatra, déserteur dès quelques semaines, rembarqué au coût de sa prime, par un vaisseau anglais, avant de se faire, audacieusement,

marchand d'hommes, à son tour, y amassant un
pécule perdu en Danemark et en Suède, d'où rapa-
triement; en Chef des Carrières de marbre dans
l'île de Chypre, 1879, après une pointe vers l'Égypte,
à Alexandrie et — on verra, le reste des jours, en
« traitant ». L'adieu total à l'Europe, aux climat et
usages insupportables, également est ce voyage
au Harar, près de l'Abyssinie (théâtre hier, d'événe-
ments militaires) où, comme les sables, s'étend le
silence relativement à tout acte de l'exilé. Il trafi-
qua, sur la côte et l'autre bord, à Aden — le rencon-
tra-t-on toutefois à ce point extrême ? féeriquement
d'objets précieux encore, comme quelqu'un dont
les mains ont caressé jadis les pages — ivoire,
poudre d'or, ou encens. Sensible à la qualité rare
de sa pacotille, peut-être pas, comme entachée
d'orientalisme Mille et Une Nuits ou de couleur
locale : mais aux paysages bus avec soif de vastitude
et d'indépendance ! et si, l'instinct des vers renoncé,
tout devient inférieur en s'en passant — même
vivre, du moins que ce soit virilement, sauvagement,
la civilisation ne survivant, chez l'individu, à un
signe suprême.

Une nouvelle inopinée, en 1891, circula par les
journaux : que celui, qui avait été et demeure,
pour nous un poète, voyageur, débarqué à Mar-
seille, avec une fortune et opéré, arthritique, venait
d'y mourir. Sa bière prit le chemin de Charleville,
accueillie dans ce refuge, jadis, de toutes agitations,
par la piété d'une sœur.

Je sais à tout le moins la gratuité de se substituer, aisément, à une conscience : laquelle dut, à l'occasion, parler haut, pour son compte, dans les solitudes. Ordonner, en fragments intelligibles et probables, pour la traduire, la vie d'autrui, est tout juste, impertinent : il ne me reste que de pousser à ses limites ce genre de méfait. Seulement je me renseigne. — Une fois, entre des migrations, vers 1875, le compatriote de Rimbaud et son camarade au collège, M. Delahaye, à une réminiscence de qui ceci puise, discrètement l'interrogea sur ses vieilles visées, en quelques mots, que j'entends, comme — « eh! bien, la littérature? » l'autre fit la sourde oreille, enfin répliqua avec simplicité que « non, il n'en faisait plus », sans accentuer le regret ni l'orgueil. « Verlaine »? à propos duquel la causerie le pressa : rien, sinon qu'il évitait, plutôt comme déplaisante, la mémoire de procédés, à son avis, excessifs.

L'imagination de plusieurs, dans la presse participant au sens, habituel chez la foule, des trésors à l'abandon ou fabuleux, s'enflamma de la merveille que des poèmes restassent, inédits, peut-être, composés là-bas. Leur largeur d'inspiration et l'accent vierge! on y songe comme à quelque chose qui eût pu être; avec raison, parce qu'il ne faut jamais négliger, en idée, aucune des possibilités qui volent autour d'une figure, elles appartiennent à l'original, même contre la vraisemblance, y plaçant un fond légendaire momentané, avant que cela se dissipe tout à fait. J'estime, néanmoins, que prolonger l'espoir d'une œuvre de maturité nuit, ici, à l'interprétation exacte d'une aventure unique dans l'histoire de l'art. Celle d'un enfant trop précocement touché et impétueusement par l'aile littéraire qui, avant le temps presque d'exister, épuisa d'orageuses et magistrales fatalités, sans recours à du futur.

Une supposition, autrement forte, comme intérêt, que d'un manuscrit démenti par le regard perspicace sur cette destinée, hante, relative à l'état du vagabond s'il avait, de retour, après le laisser volontaire des splendeurs de la jeunesse, appris leur épanouissement, parmi la génération en fruits opulents non moins et plus en rapport avec le goût jadis de gloire, que ceux là-bas aux oasis : les aurait-il reniés ou cueillis ? Le Sort, avertissement à l'homme du rôle accompli, sans doute afin qu'il ne vacille pas en trop de perplexité, trancha ce pied qui se posait sur le sol natal étranger : ou, tout de suite et par surcroît, la fin arrivant, établit, entre le patient et diverses voix lesquelles, souvent, l'appelèrent notamment une du grand Verlaine, le mutisme que sont un mur ou le rideau d'hôpital. Interdiction que, pour aspirer la surprise de sa renommée et sitôt l'écarter ou, à l'opposé, s'en défendre et jeter un regard d'envie sur ce passé grandi pendant l'absence, lui se retournât à la signification, neuve, proférée en la langue, des quelques syllabes ARTHUR RIMBAUD : l'épreuve, alternative, gardait la même dureté et mieux la valut-il, effectivement, omise. Cependant, on doit, approfondissant d'hypothèse pour y rendre la beauté éventuelle, cette carrière hautaine, après tout et sans compromission — d'anarchiste, par l'esprit — présumer que l'intéressé en eût accueilli avec une fière incurie l'aboutissement à la célébrité comme concernant certes, quelqu'un qui avait été

lui, mais ne l'était plus, d'aucune façon : à moins
que le fantôme impersonnel ne poussât la désinvolture
jusqu'à réclamer traversant Paris, pour les joindre à
l'argent rapporté, simplement des droits d'auteur.

*Avril 1896*

## LAURENT TAILHADE

### *Frontispice*

A ceux ici par un aigu crayon, le portrait, en
phrases, joint de Laurent Tailhade, superfluité :
parce que l'auteur, profil monacal et sarrasin de
blessé sous des compresses, comme indique l'album,
parfaitement pour l'instant se complaît, dans le
blanc des pages, à leur silence.

Tant de bruit détonna..

Les journaux ont manqué le défigurer.

L'injure réduite au hasard du sinistre pot de
fleur — aucun ne contiendrait ta majestueuse tige,
imagination, voilà le sens proposable au brut fait
divers — cet ami sortira marqué, obligeamment
pour les gens à myopie qui ne l'aperçurent toujours
tel. Coutures après combat, mais que nous, lui
trouvâmes immémorialement et de ce que c'est,
sachant bénir, quelque batailleur au beau froncement; le Public, à qui importe une réalité, les considérera dorénavant et peut y mettre le doigt.

On a, outre ses vers, inventé des vulgarisateurs, à subite lumière, pour — attirer l'attention — sur l'écrivain; signataire de merveilles pareilles aux *Vitraux* et à cet *Au Pays du Mufle*.

Son chef, hors de linges statuaires, se dégage comme d'une consultation au destin méditative : très sûr, aggravé, mûr, avec le vœu virilement de penser.

— Pourvu que n'ait souffert le vitrage là-haut! traduit un souci naguère assombrissant l'éveil quand la vie questionne et se retrempe.

Rien, malgré l'accident politique intrus en la pure verrière, je sais celle qui vous occupe, Tailhade, n'y périclita : cuirassée de fragilité à l'épreuve par le préalable bris plombant sa diaprure, dont pas un enflammé morceau d'avance comme la passion le colore, gemme, manteau, sourire, lys, ne manque à votre éblouissante Rosace, attendu et par cela qu'elle-même d'abord simule dans un suspens ou défi, l'éclat, unique, en quoi par profession irradie l'indemne esprit du Poëte.


BECKFORD


Qui n'a regretté le manquement à une visée sublime de l'écrit en prose le plus riche et le plus agréable, travesti naguère comme par nous méta-

morphosé ? Voile mis, pour les mieux faire appa-
raître, sur des abstractions politiques ou morales
que les mousselines de l'Inde au XVIIIe siècle,
quand régna le CONTE ORIENTAL; et, maintenant,
selon la science, un tel genre suscite de la cendre
authentique de l'histoire les cités avec les hommes,
éternisé par le *Roman de la Momie* et *Salammbô*.
Sauf en la *Tentation de saint Antoine*, un idéal
mêlant époques et races dans une prodigieuse fête,
comme l'éclair de l'Orient expiré, cherchez! sur des
bouquins hors de mode aux feuillets desquels ne
demeure de toute synthèse qu'effacement et ana-
chronisme, flotte la nuée de parfums qui n'a pas
tonné. La cause : mainte dissertation et au bout je
crains le hasard. Peut-être qu'un songe serein et
par notre fantaisie fait en vue d'elle — seule, atteint
aux poèmes : leur rythme le transportera au delà
des jardins, des royaumes, des salles; là où l'aile
de péris et de djinns fondue en le climat ne laisse
de tout évanouissement voir que pureté éparse et
diamant, comme les étoiles à midi.

Un livre qui en plus d'un cas, son ironie d'abord
peu dissimulée, tient à l'ancien ton et, par le senti-
ment et le spectacle vrais au roman évocatoire
moderne, m'a quelquefois contenté : en tant que
bien la transition ou comme produit original. Le
manque de maint effort vers le type tout à l'heure
entrevu ne m'obsède pas à la lecture de ces cent
et quelques pages; dont plus d'une, outre la préoc-
cupation double de parler avec esprit et surtout à
bon escient, révèle chez qui l'écrivit un besoin

de satisfaire l'imagination d'objets rares ou gran-
dioses.


Bien : ce Conte, tout autre que des *Mille et une
Nuits*, quand brilla-t-il, du fait de qui donc ?


Sous la tutelle des lords Chatham et Littleton,
anxieux d'en faire un homme politique marquant,
étudiait, choyé par sa mère et banni d'auprès d'elle
pour l'achèvement d'une éducation somptueuse,
le fils de feu le lord maire Beckford (de qui la fière
adresse à George III se lit sur un monument érigé
au Guildhall). Mais, aux voûtes de la demeure pro-
vinciale avec le silence, un génie, celui de la féerie
et de l'Orient, élut cette jeunesse : exilée d'entre les
grimoires de la bibliothèque paternelle et hors d'un
certain *Boudoir Turc*, il la hantait en Suisse, au cours
de droit et de sciences, et à travers la Hollande,
l'Allemagne, l'Italie. Savoir les classiques, déposi-
taires des annales civiles du monde passé, charmait
l'adolescent comme un devoir, même des poètes,
Homère, Virgile; mais les écrivains de Perse ou
Arabes, comme une récompense; et il domina l'une
et l'autre des langues orientales à l'égal du latin ou
du grec. Avis, prières, insinuations et jusqu'au
blâme, confiscation amicale des tomes trop feuilletés,
nul fait de la raison ne savait conjurer l'enchante-
ment; or point d'autre emploi immédiat chez
William Beckford des premières heures de majorité
que, libre et le rêve à lui, de jeter sur le papier,
vers le commencement peut-être de 1781, VATHEK.
*Je l'ai écrit dans une seule séance et en français,*

raconta sur le tard le débutant, et *cela m'a coûté trois jours et deux nuits de grand travail — je ne quittai pas mes habits de tout le temps — une si rude application me rendit fort souffrant.* A quel point sur cette organisation s'établit l'empire d'une fatalité. Quelque plan du sujet par nous jugé d'un équilibre parfait, préexista-t-il : point, le croit l'auteur ; omettant ici l'adaptation ancienne à ses instincts tout de grandeur et de beauté déjà, du rêve latent. Les figures maîtresses ainsi que la mise en scène, embarras : non plus, car le regard de l'enfance avait du toit premier fait un refuge à mille visions arabes ; chaque hôte, pris au monde réel se parant aussi de la séduction ou de l'horreur exigées par le conte. *Vous trouveriez difficilement quelque chose de la sorte dans aucune description orientale* (va la citation) ; *ce fut l'œuvre de ma propre fantaisie. La vieille maison de Fonthill avait l'une des plus vastes salles du royaume, haute et d'écho sonore ; et des portes nombreuses y donnaient accès de différentes parties du bâtiment, par d'obscurs, de longs et sinueux corridors. C'est de là que j'ai tiré ma salle imaginaire, ou d'Eblis, engendrée par celle de ma propre résidence. L'imagination la colora, la grandit et la revêtit d'un caractère oriental. Toutes les femmes dont il est fait mention dans* Vathek *furent le portrait de celles qui habitaient l'établissement familial du vieux Fonthill, leurs qualités, bonnes ou mauvaises, exagérées pour remplir mon dessein.* Suite de confidences d'un âge mûr, quand se replonge la vue au cours des premiers ans transparents ; mais trop brève et que closent des paroles significatives. *C'est de ma propre idée que je fis le tout. J'avais à élever, à magnifier, à orientaliser chaque chose. Je planai dans ma jeune fantaisie sur l'aile de l'ancien oiseau arabe Rock, parmi les génies et leur charme, ne me mouvant plus chez les hommes.*

Selon quelle très mystérieuse influence, celle sue qui du tout au tout transmuait un séjour, le livre fut-il écrit en français : parenthèse que ne comble aucun vestige dans les notes laissées ou les propos retenus. Autant que la nécessité de puiser aux quelques ouvrages d'*Herbelot*, de *Chardin* ou de *Salé* reconnue dans l'annotation finale (à cet autre aussi point cité, *Abdallah* ou les *Aventures du fils d'Hanif, envoyé par le sultan des Indes à la découverte de l'île de Borico*, etc., 1723), sources à peu près de tout l'appareil ancien oriental, un usage sûr de notre langue, apprise tôt à Londres et pratiquée dans la société parisienne et trois ans à Genève, explique les motifs ou le don qu'eut l'écrivain de la choisir. Le fait général du recours à un autre parler que le natal, pour se délivrer, par un écrit, de l'obsession régnant sur toute une jeunesse : renoncez à y voir mieux que l'espèce de solennité avec quoi il fallut s'asseoir à une tâche de caractère unique, elle, différente de tout ce qui allait être la vie.

Avoir pour second mouvement de détourner les yeux du manuscrit afin de régler, apport aussi de l'âge légal, la disposition d'une fortune alors considérable (au revenu de deux millions cinq cent mille francs environ), rien que de strict. Le cercle des voyages achevé, l'un aux côtés d'une jeune et très belle épouse et d'autres seul pour en promener partout la mort et les souvenirs, vint l'instant du retour, mais sans la hantise d'autrefois.

Cette imagination aux vastes desseins, comme
dépossédée de leur but spirituel rempli et la même
cependant, s'éprit d'abattre pierre à pierre le vieux
Fonthill House, réfléchi dans le miroir d'un mono-
tone bassin, pour édifier non loin Fonthill Abbey,
au milieu de jardins acclamés les plus beaux de
l'Angleterre. Résurrection à grand prix faite et de
tout site et de tout temps, le seul rêve, invité à
peupler le nouvel intérieur, eut, pour matériaux,
ceux de l'art universel représenté là par ses mer-
veilles : le ciel considérait d'immenses collections
de fleurs. Point de faux soucis ni de démarche vers
des honneurs sociaux : mais tendre uniquement
autant que combler la magnifique construction ou
de soie ou de vases, chaque meuble disposé d'après
un goût jusqu'alors inconnu, voilà; et ce désir, cher
à tout grand esprit même retiré, de donner des fêtes,
une, où Nelson, venu sur les pas de la seconde lady
Hamilton, applaudit sa sirène dans un divertissement
tragique et sculptural. Le calme, bon à la médita-
tion des produits purs de l'esprit, se fait : nul livre
appartenant à la grande génération, qui ne passe
par les mains du bibliophile, épris de nobles marges
pour y inscrire son jugement. Si discrète que fût
cette participation au moment, elle ne s'accusa
presque point davantage par la mise au jour d'heu-
reuses parodies du *cant* fashionable en honneur :
*The Elegant Enthusiast* et *Amezia, rhapsodical,
descriptive and sentimental romances, intermingled
with pieces of poetry* * ; je les détache de cette veine
sarcastique et personnelle qui, au garçon de dix-

---

* *L'Élégant Enthousiaste* et *Amezia, romans poétiques, descriptifs
et sentimentaux, mêlés de vers*, etc.

sept ans, fournit une *History of Extraordinary Painters*, mystification à l'usage des visiteurs campagnards de la galerie paternelle; ou devait, dans un futur encore lointain, produire un *Liber Veritatis* (ce titre presque changé en celui de *Book of Folly*) pamphlet héraldique sur les prétentions à une ancienne noblesse de force membres du parlement, resté manuscrit. Tous opuscules privés, mais de verve brillants et faits pour se lire à haute voix dans un cercle de familiers, la conversation venant à languir; le cas est rare dans le salon d'un causeur à la vivacité duquel échappaient des saillies. Écoutez un mot au hasard : *Les vérités importantes, sans en excepter une, ont été le résultat d'efforts isolés — nulle n'a été découverte par la masse des gens et on peut bien supposer qu'aucune ne le sera jamais — toutes viennent du savoir, joint à la réflexion d'esprits hautement doués : les grands fleuves sortent de sources solitaires.* Que des déplacements féeriques de demeures aient signifié, chez le rêveur survivant au *Conte Arabe*, autant de jeux comme ceux où l'imagination se complaît en des écroulements ou à des édifices de nuages, on s'en convaincra : à défaut d'objet immédiat persista aussi le grand don littéraire. Vendre l'abbaye elle-même dont à un architecte médiocre et célèbre on a du doigt, après des pérégrinations, indiqué le style ne fut (le jour de quelque baisse dans le patrimoine) que la décision d'un instant; puis, dans de dernières constructions plus proches de la ville, Bath, à Lansdown dominé encore par une tour seule comme un phare, aller, jusqu'à la veille de la mort, changer mille souvenirs anciens en d'étincelantes pages! L'*Italy and Sketches from Spain and Portugal*, une *Excursion to the Monasteries*

*of Bathala and Alcobaça* \* : retenez pareils titres
couchés sur le répertoire des beaux écrits d'une
littérature. Le jeune héritier cosmopolite de dix-
sept cent et tant avait, grâce à un train princier et à
l'usage de recommandations quasi diplomatiques,
pénétré à temps l'arcane de la vieille Europe; mais
de quelle vision de dilettante apte à discerner
avant tous le pittoresque. Ce genre, le Voyage, fut
du coup porté au même degré de perfection que
chez plusieurs de nos poètes par un style égal au
leur : le collectionneur se procurant les mots bril-
lants et vrais et les maniant avec même prodigalité
et même tact que des objets précieux, extraits de
fouilles. Calepins rapportés et tard vidés : ou que
sur une feuille de papier proche du testament, un
passé ait à ce point surgi devant une mémoire, la
biographie n'ose préciser de genèse à ces écrits; et
son étonnement, dans un cas comme dans l'autre,
croîtrait. Toujours est-il que pareille œuvre dont la
date secrète hésite du début à la fin d'une vie, suffit
à l'honorer tout entière comme ayant, même sans
le tome principal qui relève du français, prêté
âme à l'un des écrivains de l'Angleterre. Le 2 mai
1844, ses yeux d'entre les trésors de la pensée ou
de la main-d'œuvre humaine levés souvent sur de
vastes fenêtres et ayant vu près du quart d'un siècle
et une moitié de l'autre ramener au même paysage
leurs saisons, les ferme ce gentleman extraordi-
naire; abstraction faite du talent, figure égale à
celle de Brummel : quoique sur le dandy fascina-
teur de l'époque l'emporte peut-être l'amateur
Beckford, à cause de son faste solitaire. A vous,

---

\* *L'Italie et Esquisses d'Espagne, Excursion aux monastères de
Bathala et d'Alcobaça*, 1834.

lecteur, mais sans les mille fables et l'absurde, se
montre, rattachée presque toute ici à l'écrit imagina-
tif en jeu comme par l'instinct contemporain elle
le fut, l'existence de celui qu'on appela jusqu'au
dernier jour l'*Auteur de Vathek*.

Exceptionnel, tout, l'homme en sa contrée et
quant à lui l'œuvre, éclate tel : mais l'emploi d'abord
du français.. Un exemplaire a-t-il été envoyé avec
dédicace à des sommités littéraires, doutez-en
au silence unanime dans les annales du temps.
L'adolescent, allant à Ferney avec son précepteur,
saluait dix ans plus tôt Voltaire, mort au moment
qu'avait à peine hors des salons paternels brillé
la future Madame de Staël, plus tard visitée par
l'homme mûr à Coppet. Cent mémoires fouillés,
voilà nos deux seuls littérateurs que Beckford ait
abordés; et la société française qui l'accueillait
au passage se restreint à des cercles de haute aris-
tocratie. Très fièrement timide, peut-être attendait-il
qu'on lui parlât d'abord de son livre de jeunesse :
rien ne montre qu'il l'ait jamais employé près de
nobles hôtes en tant qu'objet distinctif; ni comme un
appoint à ses lettres d'introduction, carte de visite
ou bien bouquet. Non que la personne du maître
de Fonthill fût inconnue même cinq ou six ans
plus tard, en plein changement politique : comparse
des premières scènes révolutionnaires, nos estampes
montrent un Anglais à cheval qui partout assiste
en curieux : lui. La chute de la Bastille une fois
et encore la mort du Roi précédèrent de peu la
rentrée à Londres ou dans ses domaines de cet
étranger populaire; mais c'est sans allusion sûre
à la gloire littéraire dont son insouciance privait

le pays pour la porter autre part, que la Commune se fit un devoir d'inscrire à la suite du passeport cette mention : *Paris le voit s'en aller avec regret.*

Avec une obstination pas fortuite, tandis que nous négligions un des écrits les plus intéressants qui aient été jadis composés en français, l'Angleterre du moins ne possédait pas assez d'éloges pour la traduction que le hasard en fit. Produit quelque temps avant la publication de l'original, ce travail (on ne l'ignore) résulta d'une indiscrétion; aussi d'un dol, car on le présenta comme pris, non sur le texte prêté, mais de l'Arabe. Qui : l'auteur l'ignora presque toujours; et ce n'est que la quatrième édition de son ouvrage en plein succès qu'il a retouchée tard, jugeant avec bonhomie le faux passable. L'impression faite sur la génération contemporaine paraît grande et aussi n'avoir pas contribué peu à aviver le réveil imaginatif d'alors. Mille paragraphes ou des *essais* survivent, dispersés dans les revues anglaises : écho du murmure approbateur qui a longtemps accompagné dans le siècle la carrière du livre. Citer, point, dans mon bref labeur; où rien n'a lieu que choisir un volume, puis demander : *Qu'y a-t-il?* sans vraiment le feuilleter. A Byron, sur le point de révéler aussi un Orient, la réponse due si généralement hante les mémoires, qu'il la faut, seule, transcrire. *Pour l'exactitude et la correction du costume, la beauté descriptive et la puissance d'imagination, ce conte, plus que tout oriental et sublime, laisse loin derrière soi toute imitation européenne, et porte de telles marques d'originalité, que ceux-là qui ont visité l'Orient éprouveront quelque difficulté à croire que c'est plus qu'une simple traduc-*

*tion*. Le grand génie partagea alors la commune croyance à quelque imitation anonyme de paraboles arabes, fond neutre et d'erreur sur quoi plus tard se détachera la figure de Beckford ; intéressant à elle dans une apostrophe célèbre son héros même, il le fait s'écrier au premier chant du Childe Harold : *C'est là* (à Montferrat) *que toi aussi, Vathek, fils le plus fortuné d'Albion, naguères tu te fis un paradis,* etc.. *que tu habitas et dressas des plans de bonheur, sous le front toujours beau là-bas de cette montagne ; mais maintenant comme quelque chose de maudit par l'homme, ta féerique demeure est aussi solitaire que toi.. les herbes géantes à peine livrent un passage étroit vers les salles désertes et la porte au large béante : nouvelles leçons au sein qui pense, que vaines sont les jouissances sur terre offertes ; et mêlées au naufrage par l'inclémente marée du Temps* \*. Si fort dure l'étonnement causé par le prosateur au poète, que voyageur l'un revoit l'ombre de l'autre ; dans des lieux mêmes où rien comme un palais légendaire bâti au cours d'une promenade de quelques mois en Portugal n'a pu s'élever. Cela suffit : je ne sais

---

\* *There thou too, Vathek, England's wealthiest son,*
*Once form'd thy paradise.* . . . . . . . . . . .
. . . . . . . . . . . . . . . . . . . . . . . .
. . . . . . . . . . . . . . . . . . . . . . . .

*

*Here didst thou dwell, here schemes of pleasure plan,*
*Beneath yon mountain' ever-beauteous brow :*
*But now, as if a thing unblest by man,*
*Thy fairy dwelling is as lone as thou !*
*Here giant weeds a passage scarce allow*
*To halls deserted, portals gaping wide :*
*Fresh lessons to the thinking bosom : how*
*Vain are the pleasaunces on earth supplied ;*
*Swept into wrecks anon by time's ungentle tide !*

CANTO I *(XXII et XXIII)*

maintenant bibliothèque qui, dans un appareil
de luxe et familier aussi n'offre une des nombreuses
éditions de Vathek, ou liseur considérant ce récit
autrement que comme un des jeux les plus fiers
de la naissante imagination moderne.

Cas spécial, unique entre mainte réminiscence,
d'un ouvrage par l'Angleterre cru le sien et que la
France ignore : ici original, là traduction; tandis
que (pour y tout confondre) l'auteur du fait de sa
naissance et d'admirables esquisses n'appartient
point aux lettres de chez nous, tout en leur deman-
dant, après coup, une place prépondérante et quasi
d'initiateur oublié! Le devoir à cet égard, comme
la solution intellectuelle, hésite : inextricables.

La Grande-Bretagne, attendant, tient l'œuvre
encore par là, un français fautif ou banal; car le
fait de la rédaction qui garda, traduite, une splen-
deur, n'emporte pas d'emblée l'excellence de l'ori-
ginal : suggérant même qu'issus dans leur idiome
et avec peine unis au jet d'un autre, les pensers
plus tard se sont, en retrouvant le moule naturel,
eux, parfaits. Trêve de discussion extérieure :
c'est, pièces en mains, qu'il faut parler. Oiseux ou
intéressants, personne, des accidents spéciaux ici
en jeu, n'exige dans le style une de ces coulées
presque éternelles : où abondent les matériaux
préparés par des générations quand, de siècle en
siècle, se refond le discours. Quoi : une phraséo-
logie correcte et par endroits égale au luxe de tableaux
ou à quelque grandeur de sentiments; l'équilibre
entre l'imagination et le *faire* inclinant plutôt vers

celle-là comme, chez beaucoup de prosateurs
classiques, il relève du côté de celui-ci, bien. A peine
si plusieurs anglicismes accusent de loin en loin
un très léger˙ malaise ; et d'autres évoquent-ils
quelque charme. Seule erreur avec plus de fréquence
consacrée qu'à la lecture de nos maîtres les modèles,
une confusion atteignant le *possesseur* ou le *relatif*,
dans les *pronoms* comme *son*, *sa*, *ses*, et *il*, *elle*, *la*,
*lui*, etc. Pardon ! et (pour clore) pareil tort dépend
de certaines conditions grammaticales de l'Anglais
mal oubliées, ainsi que d'une trop stricte obéidence
chez quelqu'un du dehors à nos règles empiriques.
Rien n'absout l'impéritie apportée au maniement
de telles attaches de la phrase, ou celle-ci se dissé-
mine en l'ombre et le vague ; mais que de conquêtes
sur ces deux jumeaux néfastes, oui ! dans l'étreinte
ferme et la mise en lumière de mots : il n'y manque
pas une certaine préciosité même agréable dans la
certitude à choisir entre tous l'exclusif et le bon.
Maint passage, voilé ou intense, calme et grand,
doit son multiple caractère à la vigilance toujours
au guet de l'écrivain : que détacher qui ne soit
vain lambeau ? Applicable à de la subtilité flottant
entre les lignes, le traitement par moi suivi en pre-
mier * n'est point d'usage ici avec leur teneur
même ; et, comprendre au vol des extraits, on a
plus tôt fait de lire le volume. Voltaire imité (celui
de belle eau, mais c'est mal d'être à ce prix parfait),
une prose, qui plus souvent annonce Chateaubriand,
peut honorer aussi cet autre nom, Beckford. Tout
coule de source, avec une limpidité vive, avec un
ondoiement large de périodes ; et l'éclat tend à

---

* Page 110 de la présente édition.

se fondre dans la pureté totale du cours, qui charrie maintes richesses de diction inaperçues d'abord : cas naturel avec un étranger inquiet que quelque expression trop audacieuse ne le trahisse en arrêtant le regard.

## TENNYSON VU D'ICI

Maintenant que tout est dit, pour des jours et que demeure le silencieux Westminster, voici une piété à ressaisir partout voire à l'étranger, avant leur dispersion, la tourbillonnante et volante jonchée de regrets, le jugement ou l'émotion; autour du vide, que marque Tennyson. L'incompétence, de même, compte; et la grande presse ou quotidienne ici manifeste un peu la sienne, autrement que par une louable pudeur : elle voulut sembler au fait, trop vite et, que n'expliqua-t-elle, à l'instant, surprise! Je voue ma gratitude à un journal qui, dès l'événement fatal, adressa, chez moi, comme il eût pu le faire auprès de tout autre poète informé de plusieurs particularités anglaises, quelqu'un; afin de ne parler du superbe défunt que sciemment à peu près. Une note du moins conforme à la grandeur en cause, la sienne retentit juste et à quoi bon rappeler désormais d'immédiates appréciations singulières : où, relativement au coloris instauré par le décorateur en ses *Idylles du Roi* sans doute, on évoquait la chromo-lithographie, alors que c'est de fresque délicate qu'il eût fallu se souvenir, et on

cita Cabanel, quant à la galerie peut-être des fasci-
nants portraits féminins dans les premiers poèmes,
lorsque l'occasion s'offrit de taire le nom de ce seul
peintre. Notez une prudence en ces assimilations
transportées d'un art à l'autre, vu que la nécessité
de savoir s'imposait pour comparer directement
le chanteur et écrivain anglais à un des nôtres.. Qui ?
Toute comparaison est, préalablement, défectueuse ;
et aussi impossible, dès qu'on rapproche des esprits,
la disparate fulgure et eux échappent ou se vola-
tilisent jusque dans leurs traits évidents. Toutefois,
prêt à satisfaire le défaut public qui est de percevoir
à la faveur d'équations aisées, ou dont un terme
est d'avance su, je vais, peut-être et le temps que
tout de suite se dissolve ce propos fugitif, énoncer,
au sujet de Tennyson, les noms d'un Leconte de
Lisle tempéré par un Alfred de Vigny et celui aussi
quelquefois de Coppée : soit, mais que c'est faux !

Une nation a droit d'ignorer les poètes de l'autre,
du fait qu'elle néglige les siens. Ce titre de lauréat,
mal compris, en outre, suggérerait un exclusif
fabricant pour orphéons, presque un confrère
versifiant, et inférieur, à l'échotier.

L'opinion de confrères ici serait l'unique à consul-
ter ; mais, c'est un fait, ces reclus dans leur sens ou
fidèles aux sonorités de la langue dont ils glorifient
l'instinct, secrètement répugnent comme à en
admettre une autre : ils restent sous cet aspect
et plus loin que personne, patriotes. Nécessaire
infirmité peut-être qui renforce, chez eux, l'illusion
qu'un objet proféré de la seule façon qu'à leur su
il se nomme, lui-même jaillit, natif ; mais, n'est-ce

pas ? quelle étrange chose. Une traduction, pour me
démentir, a paru, en vers, comme un apport funé-
raire exquis, la semaine passée, de fragments de
*Vivian*, par l'aigu Jean Lorrain : or le cas reste
à part; lui, souvent, me sembla, en ses poésies,
où revinrent, avant nulle part, Mélusine et des
princesses fées, diamanté d'influence tennysonienne
mais spontanément.

Le public lisant, à qui limiter l'enquête, se remé-
more une monumentale page de Taine, *Histoire
de la Littérature anglaise*, sur l'Alfred Tennyson de
la maturité; mais ne recourt guère aux sources.
On enseigne, dans chaque collège, *Enoch Arden*,
avec notes grammaticales au bas. La mode contem-
poraine de Gustave Doré, il y a vingt ans, coucha,
aux tables de salon, la reliure d'in-folios luxueux
close sur une version de plusieurs entre les *Idylles*.

Mes préférences vont à *Maud*, romantique,
moderne, et songes et passion, encore que ce poème
hors page parmi ceux du maître n'en montre la
caractéristique ainsi que fait ce récité toujours ou
murmuré *Locksley Hall* ou tels enchantements
que *The Lotos Eaters ; Œnone ;* les feuillets enfin
comme autant de tombes, la même partout sise,
où s'avance un pas d'elle hanté, *In Memoriam*,
cimetière pour un mort seul. Véritablement des
juvéniles *Poems, Chiefly Lyrical* jusqu'à *Demeter*,
que de pièces de perfection diverse, et chacune
type, se détachent pour notre rêverie!

Cela, que j'ai ci-dessus rassemblé, ne présenterait
d'intérêt que selon une curiosité banale et proche

si on ne pouvait, un peu, de sentiments vagues, au dehors, relatifs à un auteur, induire ceux qu'établira le temps. L'éloignement, de telle façon, joue les siècles. Un recul à quelques heures de wagon ou de mer, commence l'immortalité. Là, surtout, en pays indifférent, le cas analysé en un passage que je cite * : « En effet, la littérature proprement dite n'existant pas plus que l'espace pur — ce que l'on se rappelle d'un grand poète, c'est l'impression dite de sublimité qu'il nous a laissée, par et à travers son œuvre, plutôt que l'œuvre elle-même, et cette impression, sous le voile des langages humains, pénètre les traductions les plus vulgaires. Lorsque ce phénomène est formellement constaté à propos d'une œuvre, le résultat de la constatation s'appelle LA GLOIRE! »

Le nom du poète mystérieusement se refait avec le texte entier qui, de l'union des mots entre eux, arrive à n'en former qu'un, celui-là, significatif, résumé de toute l'âme, la communiquant au passant; il vole des pages grandes ouvertes du livre désormais vain : car, enfin, il faut bien que le génie ait lieu en dépit de tout et que le connaisse chacun, malgré les empêchements, et sans avoir lu, au besoin. Or ce chaste agencement de syllabes, *Tennyson*, avec solennité, dit, cette fois : *Lord Tennyson* — je sais que déjà il somme et éveille, à travers le malentendu même d'idiome à idiome ou des lacunes ou l'inintelligence, et de plus en plus le fera — la pensée d'une hautaine tendre figure,

* VILLIERS DE L'ISLE-ADAM, *Contes Cruels :* « La Machine à Gloire. »

volontaire mais surtout retirée et avare aussi de tout
dû, par noblesse, en une manière seigneuriale
apportée dans l'esprit; ingénue, taciturne : et
presque j'ajouterai que le décès serein y installe
quelque chose d'isolé ou complète, pour la foule,
le retrait fier de la physionomie.

Aucun de ces termes.. on hésite à se servir
d'un qui ne traîne avoisinant la reproduction illus-
trée des récentes couronnes et d'obsèques; et,
mieux que par tel panache en désignant d'un trait
ou deux précis et larges l'évanouissement subi
par cette aile lyrique, se haussera au degré conve-
nable une esquisse.

S'il y a lieu que je parle personnellement, après
tant de constatations ou ce reportage dignifié
par le sujet, j'émets un avis. Tout ce que la culture
littéraire portée à l'état supérieur, ou d'art, avec
originalité, goût, certitude, en même temps qu'un
primordial don poétique délicieux, peut, en s'amal-
gamant très bellement, produire chez un élu,
Tennyson le posséda, du coup et sans jamais s'en
départir à travers l'inquiète variété : cela n'est pas
commun; ou qu'exige-t-on d'autre, sauf des insolites
dieux, au raccourci péremptoire, s'abattant, quelques-
uns, dans les âges ? Avoir doté la voix d'intonations
point ouïes jusqu'à soi (faute de Tennyson, une
musique qui lui est propre manquerait à l'Anglais,
certes, comme je le chante) et fait rendre à l'instru-
ment national tels accords neufs mais reconnus
innés, constitue le poète, dans l'extension de sa
tâche ou de son prestige. L'homme, qui a résumé
tant d'exception, vient de mourir, et je pense

qu'un considérable deuil flotte à la colonnade
suave du temple de Poésie, édifice à l'écart. Que
son ombre y soit reçue avec les termes mêmes de
l'hyperbole affectueuse qu'au temps de jeunesse, à
lui illustre mais encore futur, dédia l'enthousiasme de
Poe : « l'âme poétique la plus noble, qui jamais vécut. »

## THÉODORE DE BANVILLE

La riante immortalité d'un poète résoud les ques-
tions, en dissipe le vague, avec un rayon. Ainsi,
par ce midi, l'autre dimanche, automnal, quand
plusieurs ou tous qui honorons son culte, le vers,
et aimons la mémoire du Maître, inaugurâmes le
monument, dans un jardin, à Théodore de Banville.
L'authentique tombe garde les restes et présente
une dure pierre aux genoux de veuve endolorie
ou de proche ! Je me figure — et devance la décision
bientôt prise relativement à une résurrection, fra-
ternelle, par le marbre ou le bronze attribués à
Baudelaire — que convient, pour la quotidienne
apothéose, un cimetière désintéressé, profane, glo-
rieux, comme ce Luxembourg : ouvert au ciel
particulier qui demeure sur les citadines futaies,
les vases décoratifs, les fleurs; et cher au passant.
Détail, le triomphateur en était, voici à peine dix-
huit mois, l'hôte, presque chaque jour. Son tradi-
tionnel et neuf esprit, là, introduisit, auparavant,
une moderne évocation mythologique :

Un soir de juin, bercés par les flots attendris,
Les iris pâlissants croissaient au bord de l'onde;
Et dans le Luxembourg, ce paradis du monde,
Les marbres de l'Attique, amoureux de Paris,
Voyaient l'air et les cieux et la terre fleuris.

(*Malédiction de Cypris.*)

Toujours, aussi près du Panthéon se prend-on
à regretter qu'Hugo (eux, les savants, les politiques,
plus ou moins, s'accommodent de la vide coupole
sous quoi la Mort continue une séance de parlement
et d'institut) habite un froid de crypte; quand avait
lieu de renaître pareillement parmi des ramiers,
ou l'espace.

Affection à part, si, parlant poèmes, se peut
omettre le souvenir de l'auguste tête fine que
le buste instauré éveille pour le promeneur et ami,
je vouai à Théodore de Banville un culte. L'excep-
tionnelle clarté où je l'admire, trait unique et comme
absolu, s'aidera de la brièveté de ma causerie.
Non que n'importe de signaler des dons excessifs,
divers; mais je les confonds en tant qu'éléments
d'un miracle. Même afin de prouver que je vois
comme tout le monde, moins bien certes, j'exhume,
sans pitié à mon égard, une des premières pages
qu'écolier je traçai dans la solitude, à la louange
du dieu dont je choisirais, pour le célébrer aujour-
d'hui, de dire mieux la même chose; ou ne la cal-
quant sur le tour et une manière à lui propres et
n'empruntant sa voix. « Si l'esprit n'est gratifié
d'une ascension mystique : las de regarder l'ennui
dans le métal cruel d'un miroir, et cependant aux
heures où l'âme rythmique aspire à l'antique délire

du chant, mon objet est Théodore de Banville qui n'est pas quelqu'un, mais le son même de la lyre. Avec lui, je sens la poésie m'enivrer, que tous les temps ont appelée ainsi et bois à la fontaine de lyrisme. Fermé le livre, les yeux avec de grandes larmes de tendresse et un nouvel orgueil. Ce que d'enthousiasme et de bonté musicale et de pareil aux rois chante et j'aime! j'aime naître, j'aime les lumineux sanglots des femmes aux longs cheveux, et je voudrais tout confondre dans un poétique baiser. Nul mieux ne représente maintenant le Poète, l'invincible, classique Poète soumis à la déesse et vivant parmi le charme oublié des héros et des roses. Sa parole, sans fin, l'ambroisie, que seul tarit le cri ivre de toute gloire.. Les vents qui parlent d'effarement et de la nuit, les abîmes pittoresques de la région, il ne les veut entendre ni ne doit les voir : il marche à travers l'enchantement édenéen, désignant à jamais la noblesse des rayons et l'éclatante blancheur du lys enfant — la terre heureuse! Ainsi dut être qui le premier reçut des dieux la voix et dit l'ode éblouie avant notre aïeul Orphée. Institue, ô mon songe, la cérémonie d'un triomphe à évoquer aux heures de splendeur et de féerie, et l'appelle la Fête du Poète : l'élu est cet homme au nom prédestiné, harmonieux comme un poème et charmant comme un décor. Dans l'empyrée, il siège sur un trône d'ivoire, ceint de la pourpre que lui a le droit de porter, le front ombragé des géantes feuilles du laurier de la Turbie. J'ouïs des strophes; la Muse, vêtue du sourire qui sort d'un jeune torse, lui verse l'inspiration — cependant qu'à ses pieds meurt une nue reconnaissante. La grande lyre s'extasie dans ses mains. »

Le pauvre trumeau, suranné; et pardon.

Je recueille quelque fierté, reflet concédé par le prince de lettres à l'admirateur vrai, qu'un sentiment, après un quart de siècle, se reconnaisse, pareil mais affiné dans un sens très aigu, que je vais m'appliquer à définir, peut-être, subtilement.

La Poésie, ou ce que les siècles commandent tel, tient au sol, avec foi, à la poudre que tout demeure; ainsi que de hautes fondations, dont l'ombre sérieuse augmente le soubassement, le confond et l'attache. Ce cri de pierre s'unifie vers le ciel en les piliers interrompus, des arceaux ayant un jet d'audace dans la prière; mais enfin, quelque immobilité. J'attends que, chauve-souris éblouissante et comme l'éventement de la gravité, soudain, du site par une pointe d'aile autochtone, le fol, adamantin, colère, tourbillonnant génie heurte la ruine; s'en délivre, dans la voltige qu'il est, seul.

Théodore de Banville parfois devient ce sylphe suprême.

Celui, quand tout va s'éteindre ou choir, le dernier; ou l'initial, dont la sagesse patienta, près une source innée, que des tonnerres grandiloquents, brutaux fragments par trop étrangers à ce qui n'est pas le petit fait de chanter, abattissent leur colosse : pour, oui! paraître, comme le couronnement railleur sans quoi tout serait vain.

Si je recours, en vue d'un éclaircissement ou de généraliser, aux fonctions de l'Orchestre, devant

lequel resta candidement, savamment fermé notre
musicien de mots, observez que les instruments
détachent, selon un sortilège aisé à surprendre,
la cime, pour ainsi voir, de naturels paysages;
les évapore et les renoue, flottants, dans un état
supérieur. Voici qu'à exprimer la forêt, fondue
en le vert horizon crépusculaire, suffit tel accord
dénué presque d'une réminiscence de chasse;
ou le pré, avec sa pastorale fluidité d'une après-midi
écoulée, se mire et fuit dans des rappels de ruisseau.
Une ligne, quelque vibration, sommaires et tout
s'indique. Contrairement à l'art lyrique comme il
fut, élocutoire, en raison du besoin, strict, de signi-
fication. — Quoiqu'y confine une suprématie,
ou déchirement de voile et lucidité, le Verbe reste,
de sujets, de moyens, plus massivement lié à la nature.

*La divine transposition*, pour l'accomplissement
de quoi existe l'homme, *va du fait à l'idéal*. Or,
grâce à de scintillantes qualités, épanouies aux
deux siècles français aristocratiques dont Banville
résuma la tradition en ce mot : *l'esprit* (car il a été
le seul spirituel que ce fut donné d'entendre —
dites, ses amis! — et l'a été lyriquement et comme
la foudre), nous eûmes cette impression d'extrême,
de rare et de superlatif.. La sienne, une poésie,
je dirai au degré au delà, mais, point de seconde
main ou artificielle. Je sais, il se devinait à ce point,
l'héritier, choyé et impropre au méchef, que de
tirer, par un témoignage très tendre ou de respect,
qui en illuminait la beauté énorme, à même Hugo,
sa fusée de clair rire. Jeux secondaires, caractéris-
tiques. Qui, des modernes, à côté ou comparable;
selon un temps ne voulant aucunement en finir

avec notre art éternel et vieux comme la vie, mais le
dégager, en toute pureté, ainsi qu'une vocalise à
mille éclats ? Je nomme Heine, sa lecture préférée,
si autre ! et un, que les lettrés d'ici revendiquent
autant, Poe, en de certains airs cristallins, brefs
et jeunes. Ai-je dit cela ? précisément, il le fallait ;
pour marquer que ce n'est pas, par l'étincellement
de la gaîté (encore qu'il inventa du coup, avec les
*Odes funambulesques*, le comique versifié ou issu
de la prosodie, rimes et coupes), ni par l'ironie,
dardée souveraine ; bien d'après la nécessité d'un
rôle vierge et jusque maintenant inconnu, que
l'auteur des *Cariatides* et des *Exilés*, du *Sang de la
Coupe*, des *Odelettes*, des *Améthystes*, de *Nous Tous*,
*Sonnailles et Clochettes*, *Dans la Fournaise*, enfin
d'un théâtre prestigieux, pour ne rien dire de tant
de prose égalée par sa seule conversation, représente,
à travers les somptuosités, les ingénuités et les piétés,
l'être de joie et de pierreries, qui brille, domine,
effleure.


## EDGAR POE


Edgar Poe personnellement m'apparaît depuis
Whistler. Je savais, défi au marbre, ce front, des
yeux à une profondeur d'astre nié en seule la dis-
tance, une bouche que chaque serpent tordit excepté
le rire ; sacrés comme un portrait devant un volume
d'œuvres, mais le démon en pied ! sa tragique coquet-
terie noire, inquiète et discrète : la personne analogue

du peintre, à qui le rencontre, dans ce temps, chez nous, jusque par la préciosité de sa taille dit un même état de raréfaction américain, vers la beauté. Villiers de l'Isle-Adam, quelques soirs, en redingote, jeune ou suprême, évoqua du geste l'Ombre tout silence. Cependant et pour l'avouer, toujours, malgré ma confrontation de daguerréotypes et de gravures, une piété unique telle enjoint de me représenter le pur entre les Esprits, plutôt et de préférence à quelqu'un, comme un aérolithe ; stellaire, de foudre, projeté des desseins finis humains, très loin de nous contemporainement à qui il éclata en pierreries d'une couronne pour personne, dans maint siècle d'ici. Il est cette exception, en effet, et le cas littéraire absolu.

## WHISTLER

Si, extérieurement, il est, interroge-t-on mal, l'homme de sa peinture — au contraire, d'abord, en ce sens qu'une œuvre comme la sienne innée, éternelle, rend, de la beauté, le secret ; joue au miracle et nie le signataire. Un Monsieur rare, prince en quelque chose, artiste décidément, désigne que c'est lui, Whistler, d'ensemble comme il peint toute la personne — stature, petite à qui la veut voir ainsi, hautaine, égalant la tête tourmentée, savante, jolie ; et rentre dans l'obsession de ses toiles. Le temps de provoquer ! l'enchanteur d'une œuvre de mystère close comme la perfection, où notre cohue passerait même sans hostilité, a compris

le devoir de sa présence — interrompre cela par
quelque furie de bravoure jusqu'à défier le silence
entier admiratif. Cette discrétion affinée en douceur,
aux loisirs, composant le maintien, pour peu,
sans rien perdre de grâce, éclate en le vital sarcasme
qu'aggrave l'habit noir ici au miroitement de linge
comme siffle le rire et présente, à des contemporains
devant l'exception d'art souveraine, ce que juste,
de l'auteur, eux doivent connaître, le ténébreux
d'autant qu'apparu gardien d'un génie, auprès
comme Dragon, guerroyant, exultant, précieux,
mondain.

## ÉDOUARD MANET

Qu'un destin tragique, omise la Mort filoutant,
complice de tous, à l'homme la gloire, dur, hostile
marquât quelqu'un enjouement et grâce, me trouble
— pas la huée contre qui a, dorénavant, rajeuni
la grande tradition picturale selon son instinct,
ni la gratitude posthume : mais, parmi le déboire,
une ingénuité virile de chèvre-pied au pardessus
mastic, barbe et blond cheveu rare, grisonnant
avec esprit. Bref, railleur à Tortoni, élégant; en
l'atelier, la furie qui le ruait sur la toile vide, confu-
sément, comme si jamais il n'avait peint — un don
précoce à jadis inquiéter ici résume avec la trouvaille
et l'acquit subit : enseignement au témoin quotidien
inoublieux, moi, qu'on se joue tout entier, de
nouveau, chaque fois, n'étant autre que tous sans

rester différent, à volonté. Souvenir, il disait, alors, si bien : « L'œil, une main.. » que je resonge.

Cet œil — Manet — d'une enfance de lignée vieille citadine, neuf, sur un objet, les personnes posé, vierge et abstrait, gardait naguères l'immédiate fraîcheur de la rencontre, aux griffes d'un rire du regard, à narguer, dans la pose, ensuite, les fatigues de vingtième séance. Sa main — la pression sentie claire et prête énonçait dans quel mystère la limpidité de la vue y descendait, pour ordonner, vivace, lavé, profond, aigu ou hanté de certain noir, le chef-d'œuvre nouveau et français.

## BERTHE MORISOT

Tant de clairs tableaux irisés, ici, exacts, prime-sautiers, eux peuvent attendre avec le sourire futur, consentiront que comme titre au livret qui les classe, un Nom, avant de se résoudre en leur qualité, pour lui-même prononcé ou le charme extraordinaire avec lequel il fut porté, évoque une figure de race, dans la vie et de personnelle élégance extrêmes. Paris la connut peu, si sienne, par lignée et invention dans la grâce, sauf à des rencontres comme celle-ci, fastes, les expositions ordinairement de Monet et Renoir, quelque part où serait un Degas, devant Puvis de Chavannes ou Whistler, plusieurs les hôtes du haut salon, le soir; en la matinée, atelier très discret, dont les lambris Empire encastrèrent des toiles d'Édouard Manet. Quand, à son tour, la dame y peignait-elle, avec furie et nonchalance, des ans, gardant la monotonie et dégageant à profusion une fraîcheur d'idée, il faut dire — toujours — hormis ces réceptions en l'intimité où, le matériel de travail, relégué, l'art même était loin quoique immédiat dans une causerie égale au décor, ennobli du groupe : car un Salon, surtout, impose, avec quelques habitués, par l'absence d'autres, la pièce, alors, explique son élévation et confère, de plafonds altiers, la supériorité à la gardienne, là, de l'espace si, comme c'était, énigmatique de paraître cordiale et railleuse ou accueillant selon le regard scrutateur levé de l'attente, distinguée, sur quelque meuble bas, la ferveur. Prudence aux quelques-uns d'apporter une bonhomie, sans éclat, un peu en comparses sachant parmi ce séjour, raréfié dans l'amitié et le beau, quelque chose, d'étrange, planer, qu'ils sont venus pour indiquer de leur petit nombre, la luxueuse, sans même y penser, exclusion de tout le dehors.

Cette particularité d'une grande artiste qui, non plus, comme maîtresse de maison, ne posséda rien de banal, causait, aux présentations, presque la gêne. Pourquoi je cède, pour attarder une réminiscence parfaite, bonne, défunte, comme sitôt nous la résumions précieusement au sortir, dans les avenues du Bois ou des Champs-Élysées, tout à coup à me mémorer ma satisfaction, tel minuit, de lire en un compagnon de pas, la même timidité que, chez moi, longtemps, envers l'amicale méduse,

avant le parti gai de tout brusquer par un dévouement.
« Auprès de Madame Manet » concluait le paradoxal
confident, un affiné causeur entre les grands jeunes
poètes et d'aisé maintien, « je me fais l'effet d'un
rustre et une brute ». Pareil mot, que n'ouït pas
l'intéressée, ne se redira plus. Comme toute remarque
très subtile appartient aux feuillets de la fréquenta-
tion, les entr'ouvrir, à moitié, livre ce qui se doit,
d'un visage, au temps : relativement à l'excep-
tion, magnifique, dans la sincérité du retirement
qui élut une femme du monde à part soi ; puis se
précise un fait de la société, il semble, maintenant.


Les quelques dissidentes du sexe qui présentent
l'esthétique autrement que par leur individu, au reste,
encourent un défaut, je ne désigne pas de traiter avec
sommaire envahissement le culte que, peut-être,
confisquons-nous au nom d'études et de la rêverie,
passons une concurrence de prêtresses avisées ;
mais, quand l'art s'en mêle, au contraire, de dédaigner
notre pudeur qui allie visée et dons chez chacun
et, tout droit, de bondir au sublime, éloigné, certes,
gravement, au rude, au fort : elles nous donnent
une leçon de virilité et, aussi, déchargeraient les
institutions officielles ou d'État, en soignant la
notion de vastes maquettes éternelles, dont le goût,
de se garer, à moins d'illumination spéciale. — Une
juvénilité constante absout l'emphase. — Que la
pratique plairait, efficace, si visant, pour les trans-
porter vers plus de rareté, encore et d'essence,

les délicatesses, que nous nous contraignons d'avoir
presque féminines. A ce jeu s'adonna, selon le
tact d'une arrière-petite-nièce, en descendance,
de Fragonard, M^me Berthe Morisot, naguère
apparentée à l'homme, de ce temps, qui rafraîchit
la tradition française — par mariage avec un frère,
M. Eugène Manet, esprit très perspicace et correct.
Toujours, délicieusement, aux manifestations pour-
chassées de l'Impressionisme * — la source, en
peinture, vive — un panneau, revoyons-le, en 1874,
1876, 1877, 1883, limpide, frissonnant empaumait
à des carnations, à des vergers, à des ciels, à toute la
légèreté du métier avec une pointe de XVIII^e siècle
exaltée de présent, la critique, attendrie pour quelque
chose de moins péremptoire que l'entourage et
d'élyséennement savoureux : erreur, une acuité
interdisant ce bouquet, déconcertait la bienveillance.
Attendu, il importe, que la fascination dont on aime-
rait profiter, superficiellement et à travers de la pré-
somption, ne s'opère qu'à des conditions intègres et
même pour le passant hostiles ; comme regret. Toute
maîtrise jette le froid : ou la poudre fragile du coloris
se défend par une vitre, divination pour certains.



Telle, de bravoure, une existence allait continuer,
insoucieuse, après victoire et dans l'hommage ** ;
quand la prévision faillit, durant l'hiver, de 1895,

* Mary Cassatt, outre les plus haut cités, ainsi que Cézanne,
Pissarro, Rouart, Sisley, Caillebote, Guillaumin, avant la consécration.
** Ensemble exposé chez Boussod et Valadon, juin 95 ; acquisition
d'une œuvre pour le Musée du Luxembourg.

aux frimas tardifs, voici les douze mois revenus :
la ville apprit que cette absente, en des magies,
se retirait plus avant soit suprêmement, au gré
d'un malaise de la saison. Pas, dans une sobriété
de prendre congé sans insistance ou la cinquantaine
avivant une expression, bientôt, souvenir : on savait
la personne de prompt caprice, pour conjurer
l'ennui, singulière, apte dans les résolutions ; mais
elle n'eût pas accueilli celle-là de mourir, plutôt
que conserver le cercle fidèle, à cause, passionné-
ment, d'une ardente flamme maternelle, où se mit,
en entier, la créatrice — elle subit, certes, l'apitoie-
ment ou la torture, malgré la force d'âme, envisa-
geant l'heure inquiète d'abandonner, hors un motif
pour l'une et l'autre de séparation, près le chevalet,
une très jeune fille, de deux sangs illustre, à ses
propres espoirs joignant la belle fatalité de sa mère
et des Manet. Consignons l'étonnement des journaux
à relater d'eux-mêmes, comme un détail notoire
pour les lecteurs, le vide, dans l'art, inscrit par une
disparue auparavant réservée : en raison, soudain,
de l'affirmation, dont quiconque donne avis, à
l'instant salua cette renommée tacite.

Si j'ai inopportunément, prélude aux triomphe
et délice, hélas ! anniversaires, obscurci par le deuil,
des traits invités à reformer la plus noble physio-
nomie, je témoigne d'un tort, accuse la défaillance
convenable aux tristesses : l'impartiale visiteuse,
aujourd'hui, de ses travaux, ne le veut ni, elle-même,
entre tous ces portraits, intercepter du haut d'une

chevelure blanchie par l'abstraite épuration en le beau plus qu'âgée, avec quelque longueur de voile, un jugement, foyer serein de vision ou n'ayant pas besoin, dans la circonstance, du recul de la mort : sans ajouter que ce serait, pour l'artiste, en effet, verser dans tel milieu en joie, en fête et en fleur, la seule ombre qui, par elle, y fût jamais peinte et que son pinceau récusait.

Ici, que s'évanouissent, dispersant une caresse radieuse, idyllique, fine, poudroyante, diaprée, comme en ma mémoire, les tableaux, reste leur armature, maint superbe dessin, pas de moindre instruction, pour attester une science dans la volontaire griffe, couleurs à part, sur un sujet — ensemble trois cents ouvrages environ, et études qu'au public d'apprécier avec le sens, vierge, puisé à ce lustre nacré et argenté : faut-il, la hantise de suggestions, aspirant à se traduire en l'occasion, la taire, dans la minute, suspens de perpétuité chatoyante ? Silence, excepté que paraît un spectacle d'enchantement moderne. Loin ou dès la croisée qui prépare à l'extérieur et maintient, dans une attente verte d'Hespérides aux simples oranges et parmi la brique rose d'Eldorados, tout à coup l'irruption à quelque carafe, éblouissamment du jour, tandis que multicolore il se propage en perses et en tapis réjouis, le génie, distillateur de la Crise, où cesse l'étincelle

des chimères au mobilier, est, d'abord, d'un peintre.
Poétiser, par art plastique, moyen de prestiges
directs, semble, sans intervention, le fait de l'am-
biance éveillant aux surfaces leur lumineux secret :
ou la riche analyse, chastement pour la restaurer,
de la vie, selon une alchimie, — mobilité et illusion.
Nul éclairage, intrus, de rêves; mais supprimés,
par contre, les aspects commun ou professionnel.
Soit, que l'humanité exulte, en tant que les chairs
de préférence chez l'enfant, fruit, jusqu'au bouton
de la nubilité, là tendrement finit cette célébration
de nu, notre contemporaine aborde sa semblable
comme il ne faut l'omettre, la créature de gala,
agencée en vue d'usages étrangers, galbeuse ou
fignolée relevant du calligraphe à moins que le genre
n'induise, littérairement, le romancier; à miracle,
elle la restitue, par quelle clairvoyance, le satin
se vivifiant à un contact de peau, l'orient des perles,
à l'atmosphère : ou, dévêt, en négligé idéal, la monda-
nité fermée au style, pour que jaillisse l'intention
de la toilette dans un rapport avec les jardins et
la plage, une serre, la galerie. Le tour classique
renoué et ces fluidité, nitidité.

Féerie, oui, quotidienne — sans distance, par
l'inspiration, plus que le plein air enflant un glisse-
ment, le matin ou après midi, de cygnes à nous;
ni au delà que ne s'acclimate, des ailes détournée
et de tous paradis, l'enthousiaste innéité de la jeu-
nesse dans une profondeur de journée.

Rappeler, indépendamment des sortilèges, la magicienne, tout à l'heure obéit à un souhait, de concordance, qu'elle-même choya, d'être aperçue par autrui comme elle se pressentit : on peut dire que jamais elle ne manqua d'admiration ni de solitude. Plus, pourquoi — il faut regarder les murs — au sujet de celle dont l'éloge courant veut que son talent dénote la femme — encore, aussi, qu'un maître : son œuvre, achevé, selon l'estimation des quelques grands originaux qui la comptèrent comme camarade dans la lutte, vaut, à côté d'aucun, produit par un d'eux et se lie, exquisement, à l'histoire de la peinture, pendant une époque du siècle.

# RICHARD WAGNER

RÊVERIE D'UN POÈTE FRANÇAIS

Un poète français contemporain, exclu de toute
participation aux déploiements de beauté officiels,
en raison de divers motifs, aime, ce qu'il garde de
sa tâche pratiqué ou l'affinement mystérieux du
vers pour de solitaires Fêtes, à réfléchir aux pompes
souveraines de la Poésie, comme elles ne sauraient
exister concurremment au flux de banalité charrié
par les arts dans le faux semblant de civilisation.
— Cérémonies d'un jour qui gît au sein, inconscient,
de la foule : presque un Culte !


La certitude de n'être impliqué, lui ni personne
de ce temps, dans aucune entreprise pareille,
l'affranchit de toute restriction apportée à son
rêve par le sentiment d'une impéritie et par l'écart
des faits.

Sa vue d'une droiture introublée se jette au loin.

A son aise et c'est le moins, qu'il accepte pour
exploit de considérer, seul, dans l'orgueilleux repli
des conséquences, le Monstre, Qui ne peut Être !

Attachant au flanc la blessure d'un regard affirmatif
et pur.

Omission faite de coups d'œil sur le faste extraor-
dinaire mais inachevé aujourd'hui de la figuration
plastique, d'où s'isole, du moins, en sa perfection
de rendu, la Danse seule capable, par son écriture
sommaire, de traduire le fugace et le soudain jus-
qu'à l'Idée — pareille vision comprend tout, abso-
lument tout le Spectacle futur — cet amateur, s'il
envisage l'apport de la Musique au Théâtre faite
pour en mobiliser la merveille, ne songe pas long-
temps à part soi.. déjà, de quels bonds que parte
sa pensée, elle ressent la colossale approche d'une
Initiation. Ton souhait, plutôt, vois s'il n'est pas
rendu.

Singulier défi qu'aux poètes dont il usurpe le
devoir avec la plus candide et splendide bravoure,
inflige Richard Wagner!

Le sentiment se complique envers cet étranger,
transports, vénération, aussi d'un malaise que tout
soit fait, autrement qu'en irradiant, par un jeu
direct, du principe littéraire même.

Doutes et nécessité, pour un jugement, de discer-
ner les circonstances que rencontra, au début,

l'effort du Maître. Il surgit au temps d'un théâtre,
le seul qu'on peut appeler caduc, tant la Fiction
en est fabriquée d'un élément grossier : puisqu'elle
s'impose à même et tout d'un coup, commandant
de croire à l'existence du personnage et de l'aven-
ture — de croire, simplement, rien de plus. Comme
si cette foi exigée du spectateur ne devait pas être
précisément la résultante par lui tirée du concours
de tous les arts suscitant le miracle, autrement inerte
et nul, de la scène! Vous avez à subir un sortilège,
pour l'accomplissement de quoi ce n'est trop d'aucun
moyen d'enchantement impliqué par la magie
musicale, afin de violenter votre raison aux prises
avec un simulacre, et d'emblée on proclame : « Sup-
posez que cela a eu lieu véritablement et que vous y
êtes! »

Le Moderne dédaigne d'imaginer; mais expert
à se servir des arts, il attend que chaque l'entraîne
jusqu'où éclate une puissance spéciale d'illusion,
puis consent.

Il le fallait bien, que le Théâtre d'avant la Musique
partît d'un concept autoritaire et naïf, quand ne
disposaient pas de cette ressource nouvelle d'évoca-
tion ses chefs-d'œuvre, hélas! gisant aux feuillets
pieux du livre, sans l'espoir, pour aucun, d'en jaillir
à nos solennités. Son jeu reste inhérent au passé
ou tel que le répudierait, à cause de cet intellectuel
despotisme, une représentation populaire : la foule
y voulant, selon la suggestion des arts, être maîtresse
de sa créance. Une simple adjonction orchestrale
change du tout au tout, annulant son principe

même, l'ancien théâtre, et c'est comme strictement allégorique, que l'acte scénique maintenant, vide et abstrait en soi, impersonnel, a besoin, pour s'ébranler avec vraisemblance, de l'emploi du vivifiant effluve qu'épand la Musique.

Sa présence, rien de plus! à la Musique, est un triomphe, pour peu qu'elle ne s'applique point, même comme leur élargissement sublime, à d'antiques conditions, mais éclate la génératrice de toute vitalité : un auditoire éprouvera cette impression que, si l'orchestre cessait de déverser son influence, le mime resterait, aussitôt, statue.

Pouvait-il, le Musicien et proche confident du secret de son Art, en simplifier l'attribution jusqu'à cette visée initiale? Métamorphose pareille requiert le désintéressement du critique n'ayant pas derrière soi, prêt à se ruer d'impatience et de joie, l'abîme d'exécution musicale ici le plus tumultueux qu'homme ait contenu de son limpide vouloir.

Lui, fit ceci.

Allant au plus pressé, il concilia toute une tradition, intacte, dans la désuétude prochaine, avec ce que de vierge et d'occulte il devinait sourdre, en ses partitions. Hors une perspicacité ou suicide stérile, si vivace abonda l'étrange don d'assimilation en ce créateur quand même, que des deux éléments de beauté qui s'excluent et, tout au moins, l'un l'autre, s'ignorent, le drame personnel et la musique idéale, il effectua l'hymen. Oui, à l'aide d'un harmonieux compromis, suscitant une phase exacte de théâtre, laquelle répond, comme par surprise, à la disposition de sa race!

Quoique philosophiquement elle ne fasse là encore que se juxtaposer, la Musique (je somme qu'on insinue d'où elle point, son sens premier et sa fatalité) pénètre et enveloppe le Drame de par l'éblouissante volonté et s'y allie : pas d'ingénuité ou de profondeur qu'avec un éveil enthousiaste elle ne prodigue dans ce dessein, sauf que son principe même, à la Musique, échappe.

· Le tact est prodige qui, sans totalement en transformer aucune, opère, sur la scène et dans la symphonie, la fusion de ces formes de plaisir disparates.

Maintenant, en effet, une musique qui n'a de cet art que l'observance des lois très complexes, seulement d'abord le flottant et l'infus, confond les couleurs et les lignes du personnage avec les timbres et les thèmes en une ambiance plus riche de Rêverie que tout air d'ici-bas, déité costumée aux invisibles plis d'un tissu d'accords; ou va l'enlever de sa vague de Passion, au déchaînement trop vaste vers un seul, le précipiter, le tordre : et le soustraire à sa notion, perdue devant cet afflux surhumain, pour la lui faire ressaisir quand il domptera tout par le chant, jailli dans un déchirement de la pensée inspiratrice. Toujours le héros, qui foule une brume autant que notre sol, se montrera dans un lointain que comble la vapeur des plaintes, des gloires, et de la joie émises par l'instrumentation, reculé ainsi à des commencements. Il n'agit qu'entouré, à la Grecque, de la stupeur mêlée d'intimité qu'éprouve une assistance devant des mythes qui n'ont presque jamais été, tant leur instinctif passé se fond! sans cesser cependant d'y bénéficier des familiers dehors de l'individu humain. Même certains satisfont à l'esprit par ce fait de ne sembler pas dépourvus de toute accointance avec de hasardeux symboles.

Voici à la rampe intronisée la Légende.

Avec une piété antérieure, un public, pour la seconde fois depuis les temps, hellénique d'abord, maintenant germain, considère le secret, représenté, d'origines. Quelque singulier bonheur, neuf et barbare, l'assoit : devant le voile mouvant la subtilité de l'orchestration, à une magnificence qui décore sa genèse.

Tout se retrempe au ruisseau primitif : pas jusqu'à la source.

Si l'esprit français, strictement imaginatif et abstrait, donc poétique, jette un éclat, ce ne sera pas ainsi : il répugne, en cela d'accord avec l'Art dans son intégrité, qui est inventeur, à la Légende. Voyez-le, des jours abolis ne garder aucune anecdote énorme et fruste, comme une prescience de ce qu'elle apporterait d'anachronisme dans une représentation théâtrale, Sacre d'un des actes de la Civili-

sation *. A moins que la Fable, vierge de tout, lieu,
temps et personne sus, ne se dévoile empruntée au
sens latent en le concours de tous, celle inscrite
sur la page des Cieux et dont l'Histoire même
n'est que l'interprétation, vaine, c'est-à-dire un
Poème, l'Ode. Quoi! le siècle ou notre pays, qui
l'exalte, ont dissous par la pensée les Mythes, pour
en refaire! Le Théâtre les appelle, non! pas de fixes,
ni de séculaires et de notoires, mais un, dégagé de
personnalité, car il compose notre aspect multiple :
que, de prestiges correspondant au fonctionnement
national, évoque l'Art, pour le mirer en nous. Type
sans dénomination préalable, pour qu'émane la
surprise : son geste résume vers soi nos rêves de sites
ou de paradis, qu'engouffre l'antique scène avec
une prétention vide à les contenir ou à les peindre.
Lui, quelqu'un! ni cette scène, quelque part (l'erreur
connexe, décor stable et acteur réel, du Théâtre
manquant de la Musique) : est-ce qu'un fait spirituel,
l'épanouissement de symboles ou leur préparation,
nécessite endroit, pour s'y développer, autre que le
fictif foyer de vision dardé par le regard d'une foule!
Saint des Saints, mais mental.. alors y aboutissent,
dans quelque éclair suprême, d'où s'éveille la Figure
que Nul n'est, chaque attitude mimique prise par
elle à un rythme inclus dans la symphonie, et le
délivrant! Alors viennent expirer comme aux pieds
de l'incarnation, pas sans qu'un lien certain les
apparente ainsi à son humanité, ces raréfactions
et ces sommités naturelles que la Musique rend,
arrière prolongement vibratoire de tout comme la
Vie.

---

\* Exposition, Transmission de Pouvoirs, etc. : t'y vois-je, Brünnhild
ou qu'y ferais-tu, Siegfried!

L'Homme, puis son authentique séjour terrestre, échangent une réciprocité de preuves.

Ainsi le Mystère.

La Cité, qui donna, pour l'expérience sacrée un théâtre, imprime à la terre le sceau universel.

Quant à son peuple, c'est bien le moins qu'il ait témoigné du fait auguste, j'atteste la Justice qui ne peut que régner là! puisque cette orchestration, de qui, tout à l'heure, sortit l'évidence du dieu, ne synthétise jamais autre chose que les délicatesses et les magnificences, immortelles, innées, qui sont à l'insu de tous dans le concours d'une muette assistance.

Voilà pourquoi, Génie! moi, l'humble qu'une logique éternelle asservit, ô Wagner, je souffre et me reproche, aux minutes marquées par la lassitude, de ne pas faire nombre avec ceux qui, ennuyés de tout afin de trouver le salut définitif, vont droit à l'édifice de ton Art, pour eux le terme du chemin. Il ouvre, cet incontestable portique, en des temps de jubilé qui ne le sont pour aucun peuple, une hospitalité contre l'insuffisance de soi et la médiocrité des patries; il exalte des fervents jusqu'à la certitude : pour eux ce n'est pas l'étape la plus grande jamais ordonnée par un signe humain, qu'ils parcourent avec toi comme conducteur, mais le voyage fini de l'humanité vers un Idéal. Au moins, voulant ma part du délice, me permettras-tu de goûter, dans ton Temple, à mi-côte de la montagne sainte, dont le lever de vérités, le plus compréhensif encore, trompette la coupole et invite, à perte de vue du parvis, les gazons que le pas de tes élus foule, un repos : c'est comme l'isolement, pour l'esprit, de notre incohérence qui le pourchasse, autant qu'un abri contre la trop lucide hantise de cette cime menaçante d'absolu, devinée dans le départ des nuées là-haut, fulgurante, nue, seule : au delà et que personne ne semble devoir atteindre. Personne ! ce mot n'obsède pas d'un remords le passant en train de boire à ta conviviale fontaine.

# CRAYONNÉ AU THÉÂTRE

## CRAYONNÉ AU THÉÂTRE

Le désespoir en dernier lieu de mon Idée, qui s'accoude à quelque balcon lavé à la colle ou de carton-pâte, regards perdus, traits à l'avance fatigués du néant, c'est que, pas du tout! après peu de mots au tréteau par elle dédaigné si ne le bat sa seule voltige, immanquablement la voici qui chuchote dans un ton de sourde angoisse et me tendant le renoncement au vol, agité longtemps de son caprice. « Mais c'est très bien, c'est parfait — à quoi semblez-vous prétendre encore, mon ami? » puis d'une main vide de l'éventail : « Allons-nous-en (signifie-t-elle) cependant — on ne s'ennuierait même pas et je craindrais de ne pouvoir rêver autre chose. — L'auteur ou son pareil, ce qu'ils voulaient faire, ils l'ont fait et je défierais qui que ce soit de l'exécuter mieux ou différemment. »

Que souhaitaient-ils donc accomplir, ô mon âme? répliqué-je une fois et toujours interloqué puis éludant la responsabilité d'avoir conduit ici une si exquise dame anormale : car ce n'est pas elle, sûr! s'il y faut voir une âme ou bien notre idée (à savoir la divinité présente à l'esprit de l'homme) qui despotiquement proposa : « Viens ».

Mais un habituel manque inconsidéré chez moi de prévoyance.

— « La chose qu'ils voulaient faire ? » ne prit-elle pas le soin de prolonger vis-à-vis d'une feinte curiosité « je ne sais pas, ou si.. » réprimant, la pire torture ne pouvoir que trouver très bien et pas même abominer ce au-devant de quoi l'on vint et se fourvoya ! un bâillement, qui est la suprême, presque ingénue et la plus solitaire protestation ou dont le lustre aux mille cris suspend comme un écho l'horreur radieuse et visible.

— « .. Peut-être ceci. »

Elle expliqua et approuva en effet la tentative de gens qui avec un talent indiscuté et même de la bravoure si leur inanité était consciente, remplissent mais des éléments de médiocre puisés dans leur spéciale notion du public, le trou magnifique ou l'attente qui, comme une faim, se creuse chaque soir, au moment où brille l'horizon, dans l'humanité — ouverture de gueule de la Chimère méconnue et frustrée à grand soin par l'arrangement social.

Autre chose paraît inexact et en effet que dire ? Il en est de la mentale situation comme des méandres d'un drame et son inextricabilité veut qu'en l'absence là de ce dont il n'y a pas lieu de parler, ou la Vision même, quiconque s'aventure dans un théâtre contemporain et réel soit puni du châtiment de toutes les compromissions ; si c'est un homme de goût, par son incapacité à n'applaudir. Je crois, du reste, pour peu qu'intéresse de rechercher des motifs à la placidité d'un tel personnage, ou Nous, Moi, que le tort initial demeura se rendre au spectacle avec son Ame *with Psyche, my soul* * : qu'est-ce ! si tout s'augmente selon le banal malentendu d'employer, comme par besoin sa pure faculté de jugement à l'évaluation de choses entrées déjà censément dans l'art ou de seconde main, bref à des œuvres..

La Critique, en son intégrité, n'est, n'a de valeur ou n'égale presque la Poésie à qui apporter une noble opération complémentaire, que visant, directement et superbement, aussi les phénomènes ou l'univers : mais, en dépit de cela, soit de sa qualité de primordial instinct placé au secret de nos replis (un malaise divin), cède-t-elle à l'attirance du théâtre qui montre seulement une représentation, pour ceux n'ayant point à voir les choses à même ! de la pièce écrite au folio du ciel et mimée avec le geste de ses passions par l'Homme.

A côté de lasses erreurs qui se débattent, voyez ! déjà l'époque apprête telle transformation plausible ; ainsi ce qu'on appela autrefois la critique dramatique ou le feuilleton, qui n'est plus à faire, abandonne très correctement la place au reportage des premiers soirs, télégrammatique ou sans éloquence

---

* *Ulalume* (strophe II) EDGAR POE.

autre que n'en comporte la fonction de parler au
nom d'une unanimité de muets. Ajoutez l'indiscré-
tion, ici les coulisses, riens de gaze ou de peau
attrapés entre les châssis en canevas à la hâte mis
pour la répétition (délice la primeur ne fût-ce que
de redites) : ce qu'au théâtre consacrera la presse
de fait divers. Le paradoxe chez l'écrivain supérieur
longtemps fut, avec des fugues et points d'orgue
imaginatifs, se le rappelle-t-on, d'occuper le genre
littéraire créateur de quoi la prose relève, la Critique,
à marquer les fluctuations d'un article d'esprit ou
de mode.

Aussi quand le soir n'affiche rien, incontes-
tablement, qui vaille d'aller de pas allègre se jeter
en les mâchoires du monstre et par ce jeu perdre
tout droit à le narguer, soi le seul ridicule! n'y
a-t-il pas occasion même de proférer quelques mots
de coin du feu; vu que si le vieux secret d'ardeurs
et splendeurs qui s'y tord, sous notre fixité, évoque,
par la forme éclairée de l'âtre, l'obsession d'un
théâtre encore réduit et minuscule au lointain, c'est
ici gala intime.

Méditatif :

Il est (tisonne-t-on), un art, l'unique ou pur
qu'énoncer signifie produire : il hurle ses démons-
trations par la pratique. L'instant qu'en éclatera le
miracle, ajouter que ce fut cela et pas autre chose,
même l'infirmera : tant il n'admet de lumineuse
évidence sinon d'exister.

J'aurais aimé, avec l'injonction de circonstances, mieux qu'oisivement, ici noter quelques traits fondamentaux.

Le ballet ne donne que peu : c'est le genre imaginatif. Quand s'isole pour le regard un signe de l'éparse beauté générale, fleur, onde, nuée et bijou, etc., si, chez nous, le moyen exclusif de le savoir consiste à en juxtaposer l'aspect à notre nudité spirituelle afin qu'elle le sente analogue et se l'adapte dans quelque confusion exquise d'elle avec cette forme envolée — rien qu'au travers du rite, là, énoncé de l'Idée, est-ce que ne paraît pas la danseuse à demi l'élément en cause, à demi humanité apte à s'y confondre, dans la flottaison de rêverie ? L'opération, ou poésie, par excellence et le théâtre. Immédiatement le ballet résulte allégorique : il enlacera autant qu'animera, pour en marquer chaque rythme, toutes corrélations ou Musique, d'abord latentes, entre ses attitudes et maint caractère, tellement que la représentation figurative des accessoires terrestres par la Danse contient une expérience relative à leur degré esthétique, un sacre s'y effectue en tant que la preuve de nos trésors. A déduire le point philosophique auquel est située l'impersonnalité de la danseuse, entre sa féminine apparence et un objet mimé, pour quel hymen : elle le pique d'une sûre pointe, le pose; puis déroule notre conviction en le chiffre de pirouettes prolongé vers un autre motif, attendu que tout, dans l'évolution par où elle illustre le sens de nos extases et triomphes entonnés à l'orchestre, est, comme le veut l'art même, au théâtre, *fictif ou momentané*.

Seul principe! et ainsi que resplendit le lustre c'est-à-dire, lui-même, l'exhibition prompte, sous toutes les facettes, de quoi que ce soit et notre vue adamantine, une œuvre dramatique montre la succession des extériorités de l'acte sans qu'aucun moment garde de réalité et qu'il se passe, en fin de compte, rien.

Le vieux Mélodrame occupant la scène, conjointement à la Danse et sous la régie aussi du poète, satisfait à cette loi. Apitoyé, le perpétuel suspens d'une larme qui ne peut jamais toute se former ni choir (encore le lustre) scintille en mille regards, or, un ambigu sourire dénoue la lèvre par la perception de moqueries aux chanterelles ou dans la flûte refusant la complicité à quelque douleur emphatique de la partition et y perçant des fissures d'espoir et de jour : avertissement même si malicieusement il cesse et je consens d'attendre ou de suivre, au long du labyrinthe de l'angoisse que mène l'art — vraiment non pour m'accabler comme si ce n'était assez de mon sort, spectateur assistant à une fête; mais me replonger, de quelque part, dans le peuple, que je sois, au saint de la Passion de l'Homme ici libéré selon quelque source mélodique naïve. Pareil emploi de la Musique la tient prépondérante comme magicienne attendu qu'elle emmêle et rompt ou conduit un fil divinatoire, bref dispose de l'intérêt : il éclairerait les compositeurs prodigues au hasard et sans le sens exact de leur sonorité. Nulle inspiration ne perdra à connaître l'humble et profonde loi qui règle en vertu d'un instinct populaire les rapports de l'orchestre et des planches dans ce genre génial français. Les

axiomes s'y lisent, inscrits par personne ; un avant
tous les autres ! que chaque situation insoluble,
comme elle le resterait, en supposant que le drame
fût autre chose que semblant ou piège à notre irré-
flexion, refoule, dissimule, et toujours contient le
rire sacré qui le dénouera. La funèbre draperie de
leur imagination, aux Bouchardy, ne s'obscurcit
jamais d'ignorance — que l'énigme derrière ce
rideau n'existe sinon grâce à une hypothèse tour-
nante peu à peu résolue ici et là par notre lucidité :
plus, que le sursaut du gaz ou de l'électricité, la
gradue l'accompagnement instrumental, dispensa-
teur du Mystère.

L'occasion de rien dire ne surgit et je n'allègue,
pour la vacuité de cette étude ou de toutes, plaintes
discrètes ! l'année nulle : mais plutôt le défaut
préalable de coup d'œil apporté à l'entreprise de
sa besogne par le littérateur oublieux qu'entre lui
et l'époque dure une incompatibilité. « Allez-vous
au théâtre ? — Non, presque jamais » : à mon inter-
rogation cette réponse, par quiconque, de race,
singulier se suffit, femme ou homme du monde,
avec la tenture de ses songes à même l'existence.
« Au reste, moi non plus ! » aurais-je pu intervenir
si la plupart du temps mon désintéressement ici
ne le criait à travers les lignes jusqu'au blanc final.

Alors pourquoi..

Pourquoi! autrement qu'à l'instigation du pas réductible démon de la Perversité que je résume ainsi « faire ce qu'il ne faut, sans avantage à tirer, que la gêne vis-à-vis de produits (à quoi l'on est, par nature, étranger) en feignant y porter un jugement : alors qu'un joint quant à l'appréciation échappe ou que s'oppose une pudeur à l'exposition, sous un jour faux, de suprêmes et intempestifs principes ». Risquer, dans des efforts vers une gratuite médiocrité, de ne jamais qu'y faillir, rien n'obligeant, du reste, à cette contradiction sauf le charme peut-être inconnu, en littérature, d'éteindre strictement une à une toute vue qui éclaterait avec pureté; ainsi que de raturer jusqu'à de certains mots dont la seule hantise continue chez moi la survivance d'un cœur — en conséquence vilenie de les servir mal à propos. Le sot bavarde sans rien dire, et errer de même à l'exclusion d'un goût notoire pour la prolixité et précisément afin de ne pas exprimer quelque chose, représente un cas spécial, qui aura été le mien : je m'exhibe en l'exception de ce ridicule. Cela ne convient pas même de dénoncer par un verbiage le fonctionnement du redoutable Fléau omnipotent.. l'ère a déchaîné, légitimement vu qu'en la foule ou amplification majestueuse de chacun gît abscons le rêve! chez une multitude la conscience de sa judicature ou de l'intelligence suprême, sans préparer de circonstances neuves ni le milieu mental identifiant la scène et la salle. Toujours est-il qu'avant la célébration des poèmes étouffés dans l'œuf de quelque future coupole manquant (si une date s'accommodera de l'état actuel ou ne doit poindre, doute) il a fallu formidablement, pour l'infatuation contemporaine, ériger, entre

le gouffre de vaine faim et les générations, un simu-
lacre approprié au besoin immédiat, ou l'art offi-
ciel qu'on peut aussi appeler vulgaire ; indiscutable,
prêt à contenir par le voile basaltique du banal
la poussée de cohue jubilant si peu qu'elle aper-
çoive une imagerie brute de sa divinité. Machine
crue provisoire pour l'affermissement de quoi!
institution plutôt vacante et durable me convain-
quant par son opportunité — l'appel a été fait à
tous les cultes artificiels et poncifs ; elle fonctionne
en tant que les salons annuels de Peinture et de
Sculpture, quand chôme l'engrenage théâtral. Faus-
sant, à la fois, comme au rebut chez le créateur, le
jet délicat et vierge et une jumelle clairvoyance
directe du simple; qui, peut-être, avaient à s'accor-
der encore. Héroïques, soit! artistes de ce jour, plu-
tôt que peindre une solitude de cloître à la torche de
votre immortalité ou sacrifier devant l'idole de vous-
mêmes, mettez la main à ce monument, indicateur
énorme non moins que les blocs d'abstention laissés
par quelques âges qui ne purent que charger le sol
d'un vestige négatif considérable.

# HAMLET

Loin de tout, la Nature, en automne, prépare
son Théâtre, sublime et pur, attendant pour éclai-
rer, dans la solitude, de significatifs prestiges,
que l'unique œil lucide qui en puisse pénétrer le
sens (notoire, le destin de l'homme), un Poète,
soit rappelé à des plaisirs et à des soucis médiocres.

Me voici, oubliant l'amertume feuille-morte, de retour et prêt à noter, en vue de moi-même et de quelques-uns aussi, nos impressions issues de banals Soirs que le plus seul des isolés ne peut, comme il vêt l'habit séant à tous, omettre de considérer : pour l'entretien d'un malaise et, connaissant, en raison de certaines lois non satisfaites, que ce n'est plus ou pas encore l'heure extraordinaire.

. . . . . . . . . . . . . . . . .

> *Et cependant, enfant sevré de gloire,*
> *Tu sens courir par la nuit dérisoire,*
> *Sur ton front pâle aussi blanc que du lait,*
> *Le vent qui fait voler ta plume noire*
> *Et te caresse, Hamlet, ô jeune Hamlet !*
>
> (THÉODORE DE BANVILLE.)

L'adolescent évanoui de nous aux commencements de la vie et qui hantera les esprits hauts ou pensifs par le deuil qu'il se plaît à porter, je le reconnais, qui se débat sous le mal d'apparaître : parce qu'Hamlet extériorise, sur des planches, ce personnage unique d'une tragédie intime et occulte, son nom même affiché exerce sur moi, sur toi qui le lis, une fascination, parente de l'angoisse. Je sais gré aux hasards qui, contemplateur dérangé de la vision imaginative du théâtre de nuées et de la vérité pour en revenir à quelque scène humaine, me présentent, comme thème initial de causerie, la pièce que je crois celle par excellence; tandis qu'il y avait lieu d'offusquer aisément des regards trop vite déshabitués de l'horizon pourpre, violet, rose et toujours or. Le commerce

de cieux où je m'identifiai cesse, sans qu'une incar-
nation brutale contemporaine occupe, sur leur para-
vent de gloire, ma place tôt renoncée (adieu les
splendeurs d'un holocauste d'année élargi à tous les
temps pour que ne s'en juxtapose à personne le
sacre vain); mais avance *le seigneur latent qui ne
peut devenir*, juvénile ombre de tous, ainsi tenant
du mythe. Son solitaire drame! et qui, parfois,
tant ce promeneur d'un labyrinthe de trouble et
de griefs en prolonge les circuits avec le suspens
d'un acte inachevé, semble le spectacle même
pourquoi existent la rampe ainsi que l'espace doré
quasi moral qu'elle défend, car il n'est point d'autre
sujet, sachez bien : l'antagonisme de rêve chez
l'homme avec les fatalités à son existence départies
par le malheur.

Toute la curiosité, il est vrai, dans le cas
d'aujourd'hui, porte sur l'interprétation, mais en
parler, impossible sans la confronter au concept.

L'acteur mène ce discours *

A lui seul, par divination, maîtrise incompa-
rable des moyens et aussi une foi de lettré en la
toujours certaine et mystérieuse beauté du rôle,
il a su conjurer je ne sais quel maléfice comme
insinué dans l'air de cette imposante représenta-
tion. Non, je ne blâme rien à la plantation du
magnifique site ni au port somptueux de costumes,
encore que selon la manie érudite d'à-présent,
cela date, trop *à coup sûr ;* et que le choix exact

* Ou M. Mounet-Sully (octobre 1886).

de l'époque Renaissance spirituellement embru-
mée d'un rien de fourrures septentrionales, ôte
du recul légendaire primitif, changeant par exem-
ple les personnages en contemporains du drama-
turge : Hamlet, lui, évite ce tort, dans sa tradi-
tionnelle presque nudité sombre un peu à la Goya.
L'œuvre de Shakespeare est si bien façonnée selon
le seul théâtre de notre esprit, prototype du reste,
qu'elle s'accommode de la mise en scène de main-
tenant, ou s'en passe, avec indifférence. Autre chose
me déconcerte que de menus détails infiniment
malaisés à régler et discutables : un mode d'intelli-
gence particulier au lieu parisien même où s'installe
Elseneur et, comme dirait la langue philosophique,
*l'erreur du Théâtre-Français*. Ce fléau est imper-
sonnel et la troupe d'élite acclamée, dans la circons-
tance, multiplia son minutieux zèle : jouer Shakes-
peare, ils le veulent bien, et ils veulent le bien jouer,
certes. A quoi le talent ne suffit pas, mais le cède
devant certaines habitudes invétérées de comprendre.
Ici Horatio, non que je le vise, avec quelque chose
de classique et d'après Molière dans l'allure : mais
Laertes, j'aborde au sujet, joue au premier plan
et pour son compte comme si voyages, double deuil
pitoyable, comportaient un intérêt spécial. Les plus
belles qualités (au complet), qu'importe dans une
histoire éteignant tout ce qui n'est un imaginaire
héros, à demi mêlé à de l'abstraction; et c'est
trouer de sa réalité, ainsi qu'une vaporeuse toile,
l'ambiance, que dégage l'emblématique Hamlet.
Comparses, il le faut! car dans l'idéale peinture
de la scène tout se meut *selon une réciprocité symbo-
lique des types entre eux ou relativement à une figure
seule*. Magistral, tel infuse l'intensité de sa verve

franche à Polonius en une sénile sottise empressée
d'intendant de quelque jovial conte, je goûte, mais
oublieux alors d'un ministre tout autre qui égayait
mon souvenir, figure comme découpée dans l'usure
d'une tapisserie pareille à celle où il lui faut ren-
trer pour mourir : falot, inconsistant bouffon
d'âge, de qui le cadavre léger n'implique, laissé à
mi-cours de la pièce, pas d'autre importance que
n'en donne l'exclamation brève et hagarde « un
Rat! » Qui erre autour d'un type exceptionnel
comme Hamlet, n'est que lui, Hamlet : et le fati-
dique prince qui périra au premier pas dans la
virilité, repousse mélancoliquement, d'une pointe
vaine d'épée, hors de la route interdite à sa marche,
le tas de loquace vacuité gisant que plus tard il
risquerait de devenir à son tour, s'il vieillissait.
Ophélie, vierge enfance objectivée du lamentable
héritier royal, reste d'accord avec l'esprit de con-
servatoire moderne : elle a du naturel, comme
l'entendent les ingénues, préférant à s'abandon-
ner aux ballades introduire tout le quotidien acquis
d'une savante entre les comédiennes; chez elle
éclate non sans grâce, quelque intonation parfaite,
dans les pièces du jour ou la vie. Alors je surprends
en ma mémoire, autres que les lettres qui groupent
le mot Shakespeare, voleter de ces noms qu'il est
sacrilège même de taire, car on les devine.

Quel est le pouvoir du Songe!

Le — je ne sais quel effacement subtil et fané et
d'imagerie de jadis, qui manque à des maîtres-
artistes aimant à représenter un fait comme il en
arrive, clair, battant neuf! lui Hamlet, étranger à

tous lieux où il point, le leur impose à ces vivants
trop en relief, par l'inquiétant ou funèbre enva-
hissement de sa présence : l'acteur, sur quoi se
taille un peu exclusive à souhait la version fran-
çaise, remet tout en place seul par l'exorcisme
d'un geste annulant l'influence pernicieuse de la
Maison en même temps qu'il épand l'atmosphère
du génie, avec un tact dominateur et du fait de s'être
miré naïvement dans le séculaire texte. Son charme
tout d'élégance désolée accorde comme une cadence
à chaque sursaut : puis la nostalgie de la prime
sagesse inoubliée malgré les aberrations que cause
l'orage battant la plume délicieuse de sa toque,
voilà le caractère peut-être et l'invention du jeu de
ce contemporain qui tire de l'instinct parfois indé-
chiffrable à lui-même des éclairs de scoliaste. Ainsi
m'apparaît rendue la dualité morbide qui fait le cas
d'Hamlet, oui, fou en dehors et sous la flagellation
contradictoire du devoir, mais s'il fixe en dedans les
yeux sur une image de soi qu'il y garde intacte
autant qu'une Ophélie jamais noyée, elle! prêt
toujours à se ressaisir. Joyau intact sous le désastre.

Mime, penseur, le tragédien interprète Hamlet
en souverain plastique et mental de l'art et surtout
comme Hamlet existe par l'hérédité en les esprits
de la fin de ce siècle : il convenait, une fois, après
l'angoissante veille romantique, de voir aboutir
jusqu'à nous résumé le beau démon, au maintien
demain peut-être incompris, c'est fait. Avec solen-
nité, un acteur lègue élucidée, quelque peu com-
posite mais très d'ensemble, comme authentiquée
du sceau d'une époque suprême et neutre, à un
avenir qui probablement ne s'en souciera mais

ne pourra du moins l'altérer, une ressemblance immortelle.

## BALLETS

La Cornalba me ravit, qui danse comme dévêtue : c'est-à-dire que sans le semblant d'aide offert à un enlèvement ou à la chute par une présence volante et assoupie de gazes, elle paraît, appelée dans l'air, s'y soutenir, du fait italien d'une moelleuse tension de sa personne.

Tout le souvenir, non! du spectacle à l'Éden, faute de Poésie : ce qu'on nomme ainsi, au contraire, y foisonne, débauche aimable pour l'esprit libéré de la fréquentation des personnages à robes, habit et mots célèbres. Seulement le charme aux pages du livret ne passe pas dans la représentation. Les astres, eux-mêmes, lesquels j'ai pour croyance que, rarement, il faut déranger pas sans raisons considérables de méditative gravité (ici, selon l'explication, l'Amour les meut et les assemble) je feuillette et j'apprends qu'ils sont de la partie; et l'incohérent manque hautain de signification qui scintille en l'alphabet de la Nuit va consentir à tracer le mot VIVIANE, enjôleurs nom de la fée et titre du poème, selon quelques coups d'épingle stellaires en une toile de fond bleue : car le corps de ballet, total ne figurera autour de *l'étoile* (la peut-on mieux nommer!) la danse idéale des constellations. Point! de là on partait, vous voyez dans quels mondes, droit à l'abîme d'art. La neige aussi dont chaque flocon ne revit pas au va-et-vient d'un blanc ballabile ou selon une valse, ni le jet vernal des floraisons : tout ce qui est, en effet, la Poésie, ou nature animée, sort du texte pour se figer en des manœuvres de carton et l'éblouissante stagnation des mousselines lie et feu. Aussi dans l'ordre de l'action, j'ai vu un cercle magique par autre chose dessiné que le tour continu ou les lacs de la fée même : etc. Mille détails piquants d'invention, sans qu'aucun atteigne à une importance de fonctionnement avéré et normal, dans le rendu. Quelqu'un jamais, notamment au cas sidéral précité, avec plus d'héroïsme passa-t-il outre la tentation de reconnaître en même temps que des analogies solennelles, cette loi, que le premier sujet, hors cadre, de la danse soit une synthèse mobile, en son incessante ubiquité, des attitudes de chaque groupe : comme elles ne la font que détailler, en tant que fractions, à l'infini. Telle, une réciprocité, dont résulte l'*in*-individuel, chez la coryphée et dans l'ensemble, de l'être dansant, jamais qu'emblème point quelqu'un..

Le jugement, ou l'axiome, à affirmer en fait de ballet !

A savoir que la danseuse *n'est pas une femme qui danse*, pour ces motifs juxtaposés qu'elle *n'est pas une femme*, mais une métaphore résumant un des aspects élémentaires de notre forme, glaive, coupe, fleur, etc., et *qu'elle ne danse pas*, suggérant, par le prodige de raccourcis ou d'élans, avec une écriture corporelle ce qu'il faudrait des para-

graphes en prose dialoguée autant que descrip-
tive, pour exprimer, dans la rédaction : poème
dégagé de tout appareil du scribe.


Après une légende, la Fable point comme l'en-
tendit le goût classique ou machinerie d'empyrée,
mais selon le sens restreint d'une transposition
de notre caractère, ainsi que de nos façons, au
type simple de l'animal. Un jeu aisé consistait à
*re*-traduire à l'aide de personnages, il est vrai,
plus instinctifs comme bondissants et muets que
ceux à qui un conscient langage permet de s'énon-
cer dans la comédie, les sentiments humains don-
nés par le fabuliste à d'énamourés volatiles. La
danse est ailes, il s'agit d'oiseaux et des départs
en l'à-jamais, des retours vibrants comme flèche :
à qui scrute la représentation des *Deux Pigeons*
apparaît par la vertu du sujet, cela, une obliga-
toire suite des motifs fondamentaux du Ballet.
L'effort d'imagination pour trouver ces simili-
tudes ne s'annonce pas ardu, mais c'est quelque
chose que d'apercevoir une parité médiocre même,
et le résultat intéresse, en art. Leurre! sauf dans le
premier acte, une jolie incarnation des ramiers en
l'humanité mimique ou dansante des protago-
nistes.

Deux pigeons s'aimaient d'amour tendre

deux ou plusieurs, par paire, sur un toit, ainsi
que la mer, vu en l'arceau d'une ferme thessa-

lienne, et vivants, ce qui est, mieux que peints, dans la profondeur et d'un juste goût. L'un des amants à l'autre les montre puis soi-même, langage initial, comparaison. Tant peu à peu les allures du couple acceptent de l'influence du pigeonnier becquètements ou sursauts, pâmoisons, que se voit cet envahissement d'aérienne lasciveté sur lui glisser, avec des ressemblances éperdues. Enfants, les voici oiseaux, ou le contraire, d'oiseaux enfants, selon qu'on veut comprendre l'échange dont toujours et dès lors, lui et elle, devraient exprimer le double jeu : peut-être, toute l'aventure de la différence sexuelle! Or je cesserai de m'élever à aucune considération, que suggère le Ballet, adjuvant et le paradis de toute spiritualité, parce qu'après cet ingénu prélude, rien n'a lieu, sauf la perfection des exécutants, qui vaille un instant d'arrière-exercice du regard, rien.. Fastidieux de mettre le doigt sur l'inanité quelconque issue d'un gracieux motif premier. Ici la fuite du vagabond, laquelle prêtait, du moins, à cette espèce d'extatique impuissance à disparaître qui délicieusement attache aux planchers la danseuse; puis quand viendra, dans le rappel du même site ou le foyer, l'heure poignante et adorée du rapatriement, avec intercalation d'une fête à quoi tout va tourner sous l'orage, et que les déchirés, pardonnante et fugitif, s'uniront : ce sera.. Vous concevez l'hymne de danse final et triomphal où diminue jusqu'à la source de leur joie ivre l'espace mis entre les fiancés par la nécessité du voyage! Ce sera.. comme si la chose se passait, madame ou monsieur, chez l'un de vous avec quelque baiser très indifférent en art, toute la Danse n'étant de cet acte que la mystérieuse interprétation

sacrée. Seulement, songer ainsi, c'est à se faire rappe-
ler par un trait de flûte le ridicule de son état vision-
naire quant au contemporain banal qu'il faut, après
tout, représenter, par condescendance pour le fau-
teuil d'Opéra.

A l'exception d'un rapport perçu avec netteté
entre l'allure habituelle du vol et maints effets
chorégraphiques, puis le transport au Ballet, non
sans tricherie, de la Fable, demeure quelque his-
toire d'amour : il faut que virtuose sans pair à l'in-
termède du divertissement (rien n'y est que mor-
ceaux et placage) l'émerveillante Mademoiselle
Mauri résume le sujet par sa divination mêlée
d'animalité trouble et pure à tous propos désignant
les allusions non mises au point, ainsi qu'avant un
pas elle invite, avec deux doigts, un pli frémissant
de sa jupe et simule une impatience de plumes vers
l'idée.

Un art tient la scène, historique avec le Drame;
avec le Ballet, autre, emblématique. Allier, mais
ne confondre; ce n'est point d'emblée et par trai-
tement commun qu'il faut joindre deux attitudes
jalouses de leur silence respectif, la mimique et la
danse, tout à coup hostiles si l'on en force le rap-
prochement. Exemple qui illustre ce propos :
a-t-on pas tout à l'heure, pour rendre une iden-
tique essence, celle de l'oiseau, chez deux inter-
prètes, imaginé d'élire une mime à côté d'une
danseuse, c'est confronter trop de différence!

l'autre, si l'une est colombe, devenant j'ignore
quoi, la brise par exemple. Au moins, très judi-
cieusement, à l'Éden, ou selon les deux modes
d'art exclusifs, un thème marqua l'antagonisme
que chez son héros participant du double monde,
homme déjà et enfant encore, installe la rivalité
de la femme qui *marche* (même à lui sur des tapis
de royauté) avec celle, non moins chère du fait
de sa voltige seule, la primitive et fée. Ce trait
distinct de chaque genre théâtral mis en contact ou
opposé se trouve commander l'œuvre qui emploie
la disparate à son architecture même : resterait à
trouver une communication. Le librettiste ignore
d'ordinaire que la danseuse, qui s'exprime par des
pas, ne comprend d'éloquence autre, même le geste.

A moins du génie disant : « La Danse figure le
caprice à l'essor rythmique — voici avec leur
nombre, les quelques équations sommaires de
toute fantaisie — or la forme humaine dans sa
plus excessive mobilité, ou vrai développement,
ne les peut transgresser, en tant, je le sais, qu'in-
corporation visuelle de l'idée » : cela, puis un coup
d'œil jeté sur un ensemble de chorégraphie! per-
sonne à qui ce moyen s'impose d'établir un ballet.
Connue la tournure d'esprit contemporaine, chez
ceux mêmes, aux facultés ayant pour fonction de se
produire miraculeuses : il y faudrait substituer
je ne sais quel impersonnel ou fulgurant regard
absolu, comme l'éclair qui enveloppe, depuis quel-
ques ans, la danseuse d'Édens, fondant une crudité
électrique à des blancheurs extra-charnelles de
fards, et en fait bien l'être prestigieux reculé au
delà de toute vie possible.

L'unique entraînement imaginatif consiste, aux heures ordinaires de fréquentation dans les lieux de Danse sans visée quelconque préalable, patiemment et passivement à se demander devant tout pas, chaque attitude si étranges, ces pointes et taquetés, allongés ou ballons. « Que peut signifier ceci » ou mieux, d'inspiration, le lire. A coup sûr on opérera en pleine rêverie, mais adéquate : vaporeuse, nette et ample, ou restreinte, telle seulement que l'enferme en ses circuits ou la transporte par une fugue la ballerine illettrée se livrant aux jeux de sa profession. Oui, celle-là (serais-tu perdu en une salle, spectateur très étranger, Ami) pour peu que tu déposes avec soumission à ses pieds d'inconsciente révélatrice ainsi que les roses qu'enlève et jette en la visibilité de régions supérieures un jeu de ses chaussons de satin pâle vertigineux, la Fleur d'abord *de ton poétique instinct*, n'attendant de rien autre la mise en évidence et sous le vrai jour des mille imaginations latentes : alors, par un commerce dont paraît son sourire verser le secret, sans tarder elle te livre à travers le voile dernier qui toujours reste, la nudité de tes concepts et silencieusement écrira ta vision à la façon d'un Signe, qu'elle est.

AUTRE ÉTUDE DE DANSE

## LES FONDS DANS LE BALLET

D'APRÈS UNE INDICATION RÉCENTE

Relativement à la Loïe Fuller en tant qu'elle se propage, alentour, de tissus ramenés à sa personne, par l'action d'une danse, tout a été dit, dans des articles quelques-uns des poèmes.

L'exercice, comme invention, sans l'emploi, comporte une ivresse d'art et, simultané un accomplissement industriel.

Au bain terrible des étoffes se pâme, radieuse, froide la figurante qui illustre maint thème giratoire où tend une trame loin épanouie, pétale et papillon géants, déferlement, tout d'ordre net et élémentaire. Sa fusion aux nuances véloces muant leur fantasmagorie oxyhydrique de crépuscule et de grotte, telles rapidités de passions, délice, deuil, colère : il faut pour les mouvoir, prismatiques, avec violence ou diluées, le vertige d'une âme comme mise à l'air par un artifice.

Qu'une femme associe l'envolée de vêtements à la danse puissante ou vaste au point de les soutenir, à l'infini, comme son expansion —

La leçon tient en cet effet spirituel —

Don avec ingénuité et certitude fait par l'étranger fantôme au Ballet ou la forme théâtrale de poésie par excellence : le reconnaître, entier, dans ses conséquences, tard, à la faveur du recul.

Toujours une banalité flotte entre le spectacle dansé et vous.

La défense que cet éblouissement satisfasse une pensive délicatesse comme y atteint par exemple le plaisir trouvé dans la lecture des vers, accuse la négligence de moyens subtils inclus en l'arcane de la Danse. Quelque esthétique restaurée outrepassera des notes à côté, où, du moins, je dénonce, à un point de vue proche, une erreur ordinaire à la mise en scène : aidé comme je suis, inespérément, soudain par la solution que déploie avec l'émoi seul de sa robe ma très peu consciente ou volontairement ici en cause inspiratrice.

Quand, au lever du rideau dans une salle de gala et tout local, apparaît ainsi qu'un flocon d'où soufflé ? furieux, la danseuse : le plancher évité par bonds ou dur aux pointes, acquiert une virginité de site pas songé, qu'isole, bâtira, fleurira la figure. Le décor gît, latent dans l'orchestre, trésor des imaginations; pour en sortir, par éclat, selon la vue que dispense la représentante çà et là de l'idée à la rampe. Or cette transition de sonorités aux tissus (y a-t-il, mieux, à une gaze ressemblant que la Musique!) est, uniquement, le sortilège qu'opère la Loïe

Fuller, par instinct, avec l'exagération, les retraits, de jupe ou d'aile, instituant un lieu. L'enchante-resse fait l'ambiance, la tire de soi et l'y rentre, par un silence palpité de crêpes de Chine. Tout à l'heure va disparaître comme dans ce cas une imbécillité, la traditionnelle plantation de décors permanents ou stables en opposition avec la mobilité chorégraphique. Châssis opaques, carton cette intrusion, au rancart! voici rendue au Ballet l'atmosphère ou rien, visions sitôt éparses que sues, leur évocation limpide. La scène libre, au gré de fictions, exhalée du jeu d'un voile avec attitudes et gestes, devient le très pur résultat.

Si tels changements, à un genre exempt de quelque accessoire sauf la présence humaine, importés par cette création : on rêve de scruter le principe.

Toute émotion sort de vous, élargit un milieu; ou sur vous fond et l'incorpore.

Ainsi ce dégagement multiple autour d'une nudité, grand des contradictoires vols où celle-ci l'ordonne, orageux, planant l'y magnifie jusqu'à la dissoudre : centrale, car tout obéit à une impulsion fugace en tourbillons, elle résume, par le vouloir aux extrémités éperdu de chaque aile et darde sa statuette, stricte, debout — morte de l'effort à condenser hors d'une libération presque d'elle des sursautements attardés décoratifs de cieux, de mer, de soirs, de parfum et d'écume.

Tacite tant! que proférer un mot à son sujet, durant qu'elle se manifeste, très bas et pour l'édification d'un voisinage, semble impossible, à cause que, d'abord, cela confond. Le souvenir peut-être ne sera pas éteint sous un peu de prose ici. A mon avis, importait, où que la mode disperse cette éclosion contemporaine, miraculeuse, d'extraire le sens sommaire et l'explication qui en émane et agit sur l'ensemble d'un art.

*\* \**

Le seul, il le fallait fluide comme l'enchanteur des *Vies Encloses* et aigu — qui, par exception, ait, naguères, traité de Danse, M. Rodenbach, écrit aisément des phrases absolues, sur ce sujet vierge comme les mousselines et même sa clairvoyance — à propos d'une statue exposant, déshabillée, une danseuse — les accumule, les allonge, les tend par vivants plis; puis constate le soin propre aux ballerines depuis les temps « de compliquer de toutes sortes d'atours vaporeux l'ensorcellement des danses, *où leur corps n'apparaît que comme le rythme d'où tout dépend mais qui le cache* ».

Lumineux à l'éblouissement.

Une armature, qui n'est d'aucune femme en particulier, d'où instable, à travers le voile de généralité, attire sur tel fragment révélé de la forme et y boit l'éclair qui le divinise ; ou exhale, de retour, par l'ondulation des tissus, flottante, palpitante, éparse cette extase. Oui, le suspens de la Danse, crainte contradictoire ou souhait de voir trop et pas assez, exige un prolongement transparent.

Le poète, par une page riche et subtile *, a, du coup, restitué à l'antique fonction son caractère, qu'elle s'étoffe ; et, sans retard, invoque la Loïe Fuller, fontaine intarissable d'elle-même — près le développement de qui ou les trames imaginatives versées comme atmosphère, les coryphées du Ballet, court-vêtues à l'excès, manquent d'ambiance sauf l'orchestre et n'était que le costume simplifié, à jamais, pour une spirituelle acrobatie ordonnant de suivre la moindre intention scripturale, existe, mais invisible, dans le mouvement pur et le silence déplacé par la voltige. La presque nudité, à part un rayonnement bref de jupe, soit pour amortir la chute ou, à l'inverse, hausser l'enlèvement des pointes, montre, pour tout, les jambes — sous quelque signification autre que personnelle, comme un instrument direct d'idée.

Toujours le théâtre altère à un point de vue spécial ou littéraire, les arts qu'il prend : musique n'y concourant pas sans perdre en profondeur et de l'ombre, ni le chant, de la foudre solitaire et, à proprement parler, pourrait-on ne reconnaître au Ballet le nom de Danse ; lequel est, si l'on veut, hiéroglyphe.

Ce me plaît, rattacher, l'une à l'autre, ces études, par une annotation : quand y invite un sagace

* *Figaro.* (5 mai 1896.)

confrère qui consentit à regarder le rendu plastique, sur la scène, de la poésie — d'autres évitent-ils de trahir, au public ou à soi, que jamais, avec la métamorphose adéquate d'images, ils ne disposent qu'un Ballet, représentable; quels élans et si plus spacieux, que multiplie à la vision leur strophe.

## MIMIQUE

Le silence, seul luxe après les rimes, un orchestre ne faisant avec son or, ses frôlements de pensée et de soir, qu'en détailler la signification à l'égal d'une ode tue et que c'est au poète, suscité par un défi, de traduire! le silence aux après-midi de musique; je le trouve, avec contentement, aussi, devant la réapparition toujours inédite de Pierrot ou du poignant et élégant mime Paul Margueritte.

Ainsi ce Pierrot Assassin de sa Femme composé et rédigé par lui-même, soliloque muet que, tout du long à son âme tient et du visage et des gestes le fantôme blanc comme une page pas encore écrite. Un tourbillon de raisons naïves ou neuves émane, qu'il plairait de saisir avec sûreté : l'esthétique du genre situé plus près de principes qu'aucun! rien en cette région du caprice ne contrariant l'instinct simplificateur direct.. Voici — « La scène n'illustre que l'idée, pas une action effective, dans un hymen (d'où procède le Rêve), vicieux mais sacré, entre le désir et l'accomplissement, la perpétration et son souvenir : ici devançant, là remémorant, au futur, au passé, *sous une apparence fausse de présent.* Tel opère le Mime, dont le jeu se borne à une allusion perpétuelle sans briser la glace : il installe, ainsi, un milieu, pur, de fiction. » Moins qu'un millier de lignes, le rôle, qui le lit, tout de suite comprend les règles comme placé devant un tréteau, leur dépositaire humble. Surprise, accompagnant l'artifice d'une notation de sentiments par phrases point proférées — que, dans le seul cas, peut-être, avec authenticité, entre les feuillets et le regard règne un silence encore, condition et délice de la lecture.

## LE GENRE OU DES MODERNES *

Ici, succincte, une parenthèse.

Le Théâtre est d'essence supérieure.

Autrement, évasif desservant du culte qu'il faut l'autorité d'un dieu ou un acquiescement entier de foule pour installer selon le principe, s'attarderait-on à lui dédier ces notes!

Nul poète jamais ne put à une telle objectivité des jeux de l'âme se croire étranger : admettant qu'une obligation traditionnelle, par temps, lui blasonnât le dos de la pourpre du fauteuil de critique, ou très

---

* Incomplet : sans Augier, Dumas, etc.

singulièrement sommé au fond d'un exil, inconti-
nent d'aller voir ce qui se passe chez lui, dans son
palais.

L'attitude, d'autrefois à cette heure, diffère.

Mis devant le triomphe immédiat et forcené du
monstre ou Médiocrité qui parada au lieu divin,
j'aime Gautier appliquant à son regard las la noire
jumelle comme une volontaire cécité et « *C'est un
art si grossier.. si abject,* » exprimait-il, devant le
rideau ; mais comme il ne lui appartenait point, à
cause d'un dégoût, d'annuler chez soi des préroga-
tives de voyant, ce fut encore, ironique, la sentence :
« *Il ne devrait y avoir qu'un vaudeville — on ferait
quelques changements de temps en temps.* » * Remplacez
Vaudeville par Mystère, soit une tétralogie multiple
elle-même se déployant parallèlement à un cycle
d'ans recommencé et tenez que le texte en soit
incorruptible comme la loi : voilà presque !

Maintenant que suprêmement on ouït craquer
jusque dans sa membrure définitive la menuiserie
et le cartonnage de la bête, il est vrai, fleurie, comme
en un dernier affolement, de l'éblouissant paradoxe
de la chair et du chant ; ou qu'imagination pire et
sournoise pour leur communiquer l'assurance que
rien n'existe qu'eux, demeurent sur la scène seule-
ment des gens pareils aux spectateurs : maintenant,
je crois qu'en évitant de traiter l'ennemi de face
vu sa feinte candeur et même de lui apprendre par
quoi ce devient plausible de le remplacer (car la
vision neuve de l'idée, il la vêtirait pour la nier,

* Lire le précieux *Journal des Goncourt*, tome Ier.

comme le tour perce déjà dans le Ballet), véritable-
ment on peut harceler la sottise de tout cela! avec
rien qu'un limpide coup d'œil sur tel point hasardeux
ou sur un autre. A plus vouloir, on perd sa force qui
gît dans l'obscur de considérants tus sitôt que divul-
gués à demi, où la pensée se réfugie, or décréter
abject un milieu de sublime nature, parce que l'épo-
que nous le montra dégradé : non, je m'y sentirais
trop riche en regrets de ce dont il restait beau et
point sacrilège de simplement suggérer la splendeur.

Notre seule magnificence, la scène, à qui le
concours d'arts divers scellés par la poésie attribue
selon moi quelque caractère religieux ou officiel, si
l'un de ces mots a un sens, je constate que le siècle
finissant n'en a cure, ainsi comprise; et que cet
assemblage miraculeux de tout ce qu'il faut pour
façonner de la divinité, sauf la clairvoyance de
l'homme, sera pour rien.

Au cours de la façon d'interrègne pour l'Art, ce
souverain, où s'attarde notre époque tandis que doit
le génie discerner mais quoi ? sinon l'afflux envahis-
seur et inexpliqué des forces théâtrales exactes,
mimique, jonglerie, danse et la simple acrobatie,
il ne se passe pas moins que des gens adviennent,
vivent, séjournent en la ville : phénomène qui ne
couvre, apparemment, qu'une intention d'aller
quelquefois au spectacle.

La scène est le foyer évident des plaisirs pris en
commun, aussi et tout bien réfléchi, la majestueuse
ouverture sur le mystère dont on est au monde
pour envisager la grandeur, cela même que le citoyen,

qui en aura idée, fonde le droit de réclamer à un État, comme compensation de l'amoindrissement social. Se figure-t-on l'entité gouvernante autrement que gênée (eux, les royaux pantins du passé, à leur insu répondaient par le muet boniment de ce qui crevait de rire en leur personnage enrubanné; mais de simples généraux maintenant) devant une prétention de malappris, à la pompe, au resplendissement, à quelque solennisation auguste du Dieu qu'il sait être! Après un coup d'œil regagne le chemin qui t'amena dans la cité médiocre et sans compter ta déception ni t'en prendre à personne, fais-toi, hôte présomptueux de l'heure, reverser par le train dans quelque coin de rêverie insolite; ou bien reste, nulle part ne seras-tu plus loin qu'ici : puis commence à toi seul, selon la somme amassée d'attente et de songes, ta nécessaire représentation. Satisfait d'être arrivé dans un temps où le devoir qui lie l'action multiple des hommes, existe mais à ton exclusion (ce pacte déchiré parce qu'il n'exhiba point de sceau).

Que firent les Messieurs et les Dames issus à leur façon pour assister, en l'absence de tout fonctionnement de majesté et d'extase selon leur unanime désir précis, à une pièce de théâtre : il leur fallait s'amuser nonobstant; ils auraient pu, tandis que riait en train de sourdre la Musique, y accorder quelque pas monotone de salons. Le jaloux orchestre ne se prête à rien d'autre que signifiances idéales exprimées par la scénique sylphide. Conscients d'être là pour regarder, sinon le prodige de Soi ou la Fête! du moins eux-mêmes ainsi qu'ils se connaissent dans la rue ou à la maison, voilà, au piteux lever d'aurorale toile peinte, qu'ils envahirent, les plus impatients, le proscénium, agréant de s'y comporter ainsi que quotidiennement et partout : ils salueraient, causeraient à voix superficielle de riens dont avec précaution est faite leur existence, durant quoi les autres demeurés en la salle se plairaient, détournant leur tête la minute de laisser scintiller des diamants d'oreilles qui babillent *Je suis pure de cela qui se passe ici* ou la barre de favoris couper d'ombre une joue comme par un *Ce n'est pas moi dont il est question*, conventionnellement et distraitement à sourire devant l'intrusion sur le plancher divin : lequel, lui, ne la pouvait endurer avec impunité, à cause d'un certain éclat subtil, extraordinaire et brutal de véracité que contiennent ses becs de gaz mal dissimulés et aussitôt illuminant, dans des attitudes générales de l'adultère ou du vol, les imprudents acteurs de ce banal sacrilège.

Je comprends.

La danse seule, du fait de ses évolutions, avec le mime me paraît nécessiter un espace réel, ou la scène.

A la rigueur un papier suffit pour évoquer toute pièce : aidé de sa personnalité multiple chacun pouvant se la jouer en dedans, ce qui n'est pas le cas quand il s'agit de pirouettes.

Ainsi je fais peu de différence, prenant un exemple insigne, entre l'admiration que garde ma mémoire d'une lecture de M. Becque, et le plaisir tiré de quelque reprise hier. Que le comédien réveille le beau texte ou si c'est ma vision de liseur à l'écart, voilà (comme les autres ouvrages de ce rare auteur) un chef-d'œuvre moderne dans le style de l'ancien théâtre. La phrase chante sur les voix si bien d'accord que sont celles du Théâtre-Français un motif amer et franc, je ne l'en perçois pas moins écrite, dans l'immortalité de la brochure : mais avec un délice d'amateur à constater que la notation de vérités ou de sentiments pratiquée avec une justesse presque abstraite, ou simplement littéraire dans le vieux sens du mot, trouve, à la rampe, vie.

Si ce tarde d'en venir à rassembler à propos de gestes et de pas, quelques traits d'esthétique nouveaux, je ne laisserai par exemple tel acte* parfait dans une manière, sans marquer qu'il a, comme le doit tout produit même exquisement moyen et de fiction plutôt terre à terre, par un coin, aussi sa puissante touche de poésie inévitable : dans l'instrumentale conduite des timbres du dialogue, interruptions, répétitions, toute une technique qui rappelle l'exécution en musique de chambre de quelque fin concert de tonalité un peu neutre ; et (je souris) du fait du symbole. Qu'est-ce, sinon une allégorie bourgeoise, délicieuse et vraie, prenez la pièce ou voyez-la ! que cette apparition à l'homme qui peut l'épouser, d'une jeune fille parée de beaux enfants d'autrui, hâtant le dénouement par un tableau de maternité future.

---

* *Les Honnêtes Femmes.*

A tout le théâtre faussé par une thèse ou aveuli jusqu'à des chromolithographies, le contraire, cet auteur dramatique par excellence (pour devancer la mention des bustes de foyer) oppose comme harmonie les types et l'action. Ainsi aux ameublements indiquant l'intimité de notre siècle, louches, quels, prétentieux! vient se substituer le ton bourgeois et pur du style dernier, le Louis XVI. Analogie qui me prend : à ne revoir rien de mieux et de contemporain que les soieries de robe aux bergères avec alignement d'acajou discret, cela noble, familier, où le regard jamais trompé par les similitudes de quelque allusion décorative aveuglante, ne risque d'accrocher à leur crudité, puis d'y confondre selon des torsions le bizarre luxe de sa propre chimère. Je sens une sympathie pour l'ouvrier d'un œuvre restreint et parfait, mais d'un œuvre parce qu'un art y tient, lequel me charme par une fidélité à tout ce qui fut une simple et superbe tradition, et ne gêne ni ne masque l'avenir.

Le malentendu qui toutefois peut s'installer entre la badauderie et le maître, si quelqu'un n'y coupe court en vertu d'une admiration, provient de ce que, dans un souhait trouble de nouveau, on attende cet art inventé de toutes pièces : tandis que voici un aboutissement imprévu, glorieux et neuf de l'ancien genre classique, en pleine modernité, avec notre expérience ou je ne sais quel désintéressement cruel qu'on n'a pas employé tout à nu, avant le siècle. Autre chose que la *Parisienne* notamment, c'est présumer mieux qu'un chef-d'œuvre, tant le savoir de l'écrivain brille en cette production de verte maturité; ou surpassera-t-il les *Corbeaux?*

je ne le désire, presque et me défierais. Une à une
reprenez sur quelque scène officielle et comme
exprès rétrospective les pièces qui, du premier soir,
furent évidentes, pour que le travailleur groupe à
l'entour maint exemplaire du genre dont il a, par un
fait historique très spécial, dégagé, sur le tard de
notre littérature, la vive ou sobre beauté. Ne pas
feindre l'impatience d'une surprise; quand le fait a
eu lieu, achevant ainsi avec un plus strict éclat qu'un
des génies antérieurs eût pu l'allumer, sa révélation
ou notre comédie de mœurs française.

Comme je goûte, encore et différemment, la
farce claire, autant que profonde sans prendre
jamais un ton soucieux vu que c'est trop si la vie
l'affecte envers nous, rien n'y valant que s'enfle
l'orchestration des colères, du blâme ou de la
plainte! partition ici tue selon un rythmique équi-
libre dans la structure, elle se répond, par opposi-
tion de scènes contrastées et retournées, d'un acte
à l'autre où c'est une voltige, allées, venues, en maint
sens, de la Fantaisie, qui efface d'un pincement de sa
jupe, ou montre, une transparence d'allusions à tout
ridicule; par exemple, avec M. Meilhac.

Quelques romans ont, de pensée qu'ils étaient,
en ces temps repris corps, voix et chair, et cédé leurs
fonds de coloris immatériel, à la toile, au gaz.

Le roman, je ne sais le considérer au pouvoir des maîtres ayant apporté à sa forme un changement si vaste (quand il s'agissait naguère d'en fixer l'esthétique), sans admirer qu'à lui seul il débarrasse la scène de l'intrusion du moderne, désastreux et nul comme se gardant d'agir plus que de tout.

Quoi! le parfait écrit récuse jusqu'à la moindre aventure, pour se complaire dans son évocation chaste, sur le tain de souvenirs, comme l'est telle extraordinaire figure, à la fois éternel fantôme et le souffle! quand il ne se passe rien d'immédiat et en dehors, dans un présent qui joue à l'effacé pour couvrir de plus hybrides dessous. Si notre extérieure agitation choque, en l'écran de feuillets imprimés, à plus forte raison sur les planches, matérialité dressée dans une obstruction gratuite. Oui, le Livre ou cette monographie qu'il devient d'un type (superposition des pages comme un coffret, défendant contre le brutal espace une délicatesse reployée infinie et intime de l'être en soi-même) suffit avec maints procédés si neufs analogues en raréfaction à ce qu'a de subtil la vie. Par une mentale opération et point d'autre, lecteur je m'adonne à abstraire la physionomie, sans le déplaisir d'un visage exact penché, hors la rampe, sur ma source ou âme. Ses traits réduits à des mots, un maintien le cédant à l'identique disposition de phrase, tout ce pur résultat atteint pour ma délectation noble, s'effarouche d'une interprète, qu'il sied d'aller voir en tant que public, quelque part, si l'on n'aime rouvrir, comme moi, chaque hiver, un des exquis et poignants ouvrages de MM. de Goncourt; car vous apprenez, quoique traîne et recule au plus loin de la cadence d'une phrase ma conclusion relative à l'un des princes des lettres contemporaines, tout cet artifice dilatoire de respect vise la si intéressante, habile et quasi originale adaptation qu'il fait lui-même du chef-d'œuvre. Au manque de goût, aisé de chuchoter des vérités que mieux trompette l'œuvre éclatant du romancier, cette atténuation : je réclame, point selon une vue théâtrale — pour l'intégrité du génie littéraire — à cause du milieu peut-être plus grossier encore, quand restitué, scéniquement, à l'existence d'où, auparavant, tiré par le stratagème délicieux, fuyant, de l'analyse.

Et.. et — je parle d'après quelque perception d'atmosphère chez un poète transposé dans le monde — répondez si demeure un rapport satisfaisant, ici, entre la façon de paraître ou de dire forcément soulignée des comédiens en exercice et le caractère tout insaisissable finesse de la vie. Conventions! et vous implanterez, au théâtre, avec plus de vraisemblance les paradis, qu'un salon.

M. Daudet, je crois, sans préconception, interroge à mesure que paraît l'éveil du roman à la scène, des dons, pour servir tel effet, dans le sens apparu et selon pas de loi qu'un impeccable tact. Art qui inquiète, séduit comme vrai derrière une ambiguïté entre l'écrit et le joué, des deux aucun; elle verse, le volume presque omis, le charme inhabituel à la rampe. Si le présent perfide et cher d'un asservissement à la pensée d'autrui, plus! à une écriture — que le talisman de la page; on ne se croit,

ici, d'autre part, captif du vieil enchantement redoré
d'une salle, le spectacle impliquant je ne sais quoi de
direct ou encore la qualité de provenir de chacun
à la façon d'une vision libre. L'acteur évite de
scander le pas à la ritournelle dramatique, mais
enjambe un silencieux tapis, sur le sonore trem-
plin rudimentaire de la marche et du bond. Mor-
cellement, infini, jusqu'au délice — de ce qu'il
faudrait, par contradiction avec une formule célè-
bre, appeler *la scène à ne pas faire* du moins à l'heure
actuelle où personne ne choie qu'une préoccupation,
rayant tous les codes passés, « jamais rien accomplir
où proférer qui puisse exactement se copier au théâ-
tre ». Le choc d'âme sans qu'on s'y abandonne comme
dans le seul poème, a lieu par brefs moyens, un cri, ce
sursaut la minute d'y faire allusion, avec une légè-
reté de touche autant que la clairvoyance d'un
homme qui a, exceptionnellement, dans le regard,
notre monde.

Nouveaux, concis, lumineux traits, que le Livre
dût-il y perdre, enseigne à un théâtre borné.

L'intention, quand on y pense, gisant aux som-
maires plis de la tragédie française ne fut pas l'anti-
quité ranimée dans sa cendre blanche mais de pro-
duire en un milieu nul ou à peu près les grandes
poses humaines et comme notre plastique morale.

Statuaire égale à l'interne opération par exemple
de Descartes et si le tréteau significatif d'alors
avec l'unité de personnage, n'en profita, joignant
les planches et la philosophie, il faut accuser le

goût notoirement érudit d'une époque retenue
d'inventer malgré sa nature prête, dissertatrice et
neutre, à vivifier le type abstrait. Une page à ces
grécisants, ou même latine, servait, dans le décalque.
La figure d'élan idéal ne dépouilla pas l'obsession
scolaire ni les modes du siècle.

Seul l'instinctif jet survit, qui a dressé une belle
musculature des fantômes.                     .

Si je précise le dessin contraire ou pareil de cet
homme de vue si simple, M. Zola, acceptant la
modernité pour l'ère définitive (au-dessus de quoi
s'envola, dans l'héroïque encore, le camaïeu
Louis XIV), il projette d'y établir comme sur
quelque terrain, général et stable, le drame sur
soi et hors d'aucune fable que les cas de notoriété.
Le moyen de sublimation de poètes nos prédéces-
seurs avec un vieux vice charmant, trop de facilité
à dégager la rythmique élégance d'une synthèse,
approchait la formule cherchée, qui diffère par une
brisure analytique, multipliant la vraisemblance
ou les heurts du hasard.

Vienne le dénouement d'un orage de vie, gens
de ce temps rappelons-nous avec quel souci de
parer jusqu'à une surprise de geste ou de cri déran-
geant notre sobriété nous nous asseyons pour un
entretien. Ainsi et selon cette tenue, commence en
laissant s'agiter chez le spectateur le sourd orchestre
d'en dessous et me subjugue sa Phèdre, *Renée*..
Chaque état sensitif à demi-mot, se résout posé-
ment par les personnages même su, le propre de

l'attitude maintenant, ou celle humaine suprême,
étant de ne parler jamais qu'après décision, loin de
fournir la primauté au motif sentimental même le
plus cher : alors, en nous l'impersonnalité des grandes
occasions.

Loi, exclusive de tout art traditionnel, non ! elle
dicta le théâtre classique à l'éloquent débat inin-
terrompu : aussi par ce rapport mieux que par les
analogies du sujet même avec un, dix-septième
siècle, le théâtre de mœurs récent confine à l'ancien !

Voyez que vous-même, après coup ou d'avance
mais sciemment, toujours traitez la situation : un
contemporain essaye de l'élucider par un appel pur
à son jugement, comme à propos de quelque autre
sans se mettre en jeu. Le triple combat entre Saccard
et le père de l'héroïne, puis Renée, résolvant en
affaire le sinistre préalable, illustre cela, au point
que ne m'apparaisse d'ouverture dramatique plus
strictement moderne, à cause d'une maîtrise pour
chacun anticipée et nette de soi.

Ce volontaire effacement extérieur qui particu-
larise notre façon, toutefois, ne peut sans des éclats
se prolonger et la succincte foudre qui servira de
détente à tant de contrainte et d'inutiles précautions
contre l'acte magnifique de vivre, marque d'un jour
violent le malheureux comme pris en faute dans une
telle interdiction de se montrer à même.

Voilà une théorie tragique actuelle ou, pour
mieux dire, la dernière : le drame, latent, ne se

manifeste que par une déchirure affirmant l'irré-
ductibilité de nos instincts.

L'adaptation, par le romancier, d'un tome de
son œuvre, cause, sur qui prend place très désin-
téressé, un effet de pièce succédant à celles fournies
par le théâtre dit de genre, sauf la splendeur à tout
coup de qualités élargies jusqu'à valoir un point de
vue : affinant la curiosité en intuition qu'existe de
cela aux choses quotidiennement jouées et pas
d'aspect autres, une différence —

Absolue..

Ce voile conventionnel qui, ton, concept, etc.,
erre dans toute salle, accrochant aux cristaux pers-
picaces eux-mêmes son tissu de fausseté et ne décou-
vre que banale la scène, il a comme flambé au gaz !
et ingénus, morbides, sournois, brutaux, avec une
nudité d'allure bien dans la franchise classique, se
montrent des caractères.

# PARENTHÈSE

Cependant non loin, le lavage à grande eau musical du Temple, qu'effectue devant ma stupeur, l'orchestre avec ses déluges de gloire ou de tristesse versés, ne l'entendez-vous pas ? dont la Danseuse restaurée mais encore invisible à de préparatoires cérémonies, semble la mouvante écume suprême.

Il fut un théâtre, le seul où j'allais de mon gré, l'Éden, significatif de l'état d'aujourd'hui, avec son apothéotique résurrection italienne de danses offerte à notre vulgaire plaisir, tandis que par derrière attendait le monotone promenoir. Une lueur de faux cieux électrique baigna la récente foule, en vestons, à sacoche ; puis à travers l'exaltation, par les sons, d'un imbécile or et de rires, arrêta sur la fulgurance des paillons ou de chairs l'irrémissible lassitude muette de ce qui n'est pas illuminé des feux d'abord de l'esprit. Parfois j'y considérai, au sursaut de l'archet, comme sur un coup de baguette légué de l'ancienne Féerie, quelque cohue multicolore et neutre en scène soudain se diaprer de graduels chatoiements ordonnée en un savant ballabile, effet rare véritablement et enchanté ; mais de tout cela et de l'éclaircie faite dans la manœuvre des masses selon de subtils premiers sujets ! le mot restait aux finales quêteuses mornes de là-haut entraînant la sottise polyglotte éblouie par l'exhibition des moyens de beauté et pressée de dégorger cet éclair, vers quelque reddition de comptes simplificatrice : car la prostitution en ce lieu, et c'était là un signe esthétique, devant la satiété de mousselines et de nu abjura jusqu'à l'extravagance puérile de plumes et de la traîne ou le fard, pour ne triompher, que du fait sournois et brutal de sa présence parmi d'incomprises merveilles. Oui, je me retournais à cause de ce cas flagrant qui occupa toute ma rêverie comme l'endroit; en vain! sans la musique telle que nous la savons égale des silences et le jet d'eau de la voix, ces revendicatrices d'une idéale fonction, la Zucchi, la Cornalba, la Laus avaient de la jambe écartant le banal conflit, neuves, enthousiastes, désigné avec un pied suprême au delà des vénalités de l'atmosphère, plus haut même que le plafond peint quelque astre.

Très instructive exploitation adieu.

A défaut du ballet y expirant dans une fatigue de luxe, voici que ce local singulier deux ans déjà par des vêpres dominicales de la symphonie purifié bientôt intronise, non pas le cher mélodrame français agrandi jusqu'à l'accord du vers et du tumulte instrumental ou leur lutte (prétention aux danses parallèle chez le poète); mais un art, le plus compréhensif de ce temps, tel que par l'omnipotence d'un total génie encore archaïque il échut et pour toujours aux commencements d'une race rivale de nous : avec *Lohengrin* de Richard Wagner.

O plaisir et d'entendre, là, dans un recueillement trouvé à l'autel de tout sens poétique, ce qui est, jusque maintenant, la vérité; puis, de pouvoir, à propos d'une expression même étrangère à nos propres espoirs, émettre, cependant et sans malentendu, des paroles.

Jamais soufflet tel à l'élite soucieuse de recueillement devant des splendeurs, que celui donné par la crapule exigeant la suppression, avec ou sans le gouvernement, du chef-d'œuvre affolé lui-même : ce genre de honte possible n'avait encore été envisagé par moi et acquis, au point que quelque tempête d'égout qui maintenant s'insurge contre de la supériorité et y crache, j'aurai vu pire, et rien ne produira qu'indifférence.

Certaine incurie des premières représentations pour ne pas dire un éloignement, peut-être, de leur solennité, où une présence avérée parmi tout l'éclat scénique commande, au lieu de ces légères Notes d'un coin prises par côté et n'importe quand à l'arrière vibration d'un soir, mon attention pleine et de face, orthodoxe, à des plaisirs que je sens médiocrement; aussi d'autres raisons diffuses, même en un cas exceptionnel me conduisirent à négliger les moyens d'être de ce lever angoissant du rideau français sur Wagner. Mal m'en a pris; on sait le reste et comment c'est en fuyant la patrie que dorénavant il faudra satisfaire de beau notre âme.

Voilà, c'est fini, pour des ans.

Que de sottise et notamment au sens politique envahissant tout, si bien que j'en parle! d'avoir perdu une occasion élémentaire, tombée des nuages et sur quoi s'abattre, nous, de manifester à une nation hostile la courtoisie qui déjoue le hargneux fait divers; quand il s'agissait d'en saluer le Génie dans son aveuglante gloire.

Tous, de nouveau nous voici, quiconque recherche le culte d'un art en rapport avec le temps (encore à mon avis que celui d'Allemagne accuse de la bâtardise pompeuse et neuve), obligés de prendre matériellement, le chemin de l'étranger non sans ce déplaisir subi, par l'instinct simple de l'artiste, à quitter le sol du pays; dès qu'il y a lieu de s'abreuver à un jaillissement voulu par sa soif.

## PLANCHES ET FEUILLETS

L'occasion depuis peu se présenta d'étudier, à la fois, une œuvre dramatique neuve et certaines dispositions secrètes à lui-même du public parisien : avec la proclamation de sentiments supérieurs, rien ne me captive tant que lire leur reflet en l'indéchiffrable visage nombreux formé par une assistance.

Je me reporte au récent gala littéraire donné

par M. Édouard Dujardin pour produire la *Fin
d'Antonia*.

L'auteur montre une des figures intéressantes
d'aujourd'hui. Celle du lettré, une flamme conti-
nue et pure le distingue (romancier avec *les Han-
tises*, *Les Lauriers sont coupés*, poète *A la Gloire
d'Antonia*, *Pour la Vierge du roc ardent* et dans *La
réponse de la Bergère au Berger*); mais pas profes-
sionnel, homme du monde, sportsman comme
naguère le fondateur et l'inspirateur des Revues
*Indépendante* et *Wagnérienne* : il gréerait demain
la voilure autrement qu'en vélin de quelque remar-
quable yacht. Je le veux voir, pour cette heure, cos-
tumé du soir, une pluie d'orchidées au revers de
l'habit — ombre de trois quarts selon la rampe
éteinte, avec une jolie inclinaison de toute l'attitude
— mystérieux, scrutant du monocle le manuscrit
de son prologue; whistlérien. Trois étés, consécutifs,
il invita Paris à connaître les diverses parties, ou,
chaque une tragédie moderne, de la *Légende d'An-
tonia*. Cette fois-ci spécialement et pour la conclu-
sion il usa de faste. La très courue, élégante salle du
Vaudeville louée exceptionnellement, les dégage-
ments plantés en serre et drapés de fête, vers la rue,
au point d'y retarder la circulation.. A mon sens,
une erreur! encore que je ne l'impute à de l'os-
tentation personnelle chez l'impresario, il me
frappe comme désintéressé de toute facile gloire,
ou crédule à la seule vertu de l'œuvre, candide-
ment : pour l'effusion de celle-ci et en faire, avec sin-
cérité, la preuve, il convoqua devant une vision de
primitif, lointaine et nue, outre des amateurs, le
boulevard.

L'aventure aurait pu tourner autrement qu'avec quelques rires épars mais exaltés jusqu'au malaise, interrompant la belle attention, respectueuse, probe décernée par une chambrée magnifique et ses francs applaudissements. De fait, on commence, à l'endroit de ces suprêmes ou intactes aristocraties que nous gardions, littérature et arts, la feinte d'un besoin presque un culte : on se détourne, esthétiquement, des jeux intermédiaires proposés au gros du public, vers l'exception et tel moindre indice, chacun se voulant dire à portée de comprendre quoi que ce soit de rare. J'y perçois le pire état; et la ruse propre à étouffer dès le futur la délicate idée (il ne restera plus rien de soustrait); enfin, je m'apitoie hypocritement, un danger, pour cette artificielle élite. La stupéfaction, aiguë autrement que l'ennui et laquelle tord les bouches sans même que le bâillement émane, car on sent qu'il n'y a pas lieu et que c'est délicieux, certes, mais au delà de soi, très loin. A ce nouveau supplice la détente viendrait de quelque possibilité de rire, abondamment, avec une salle entière, si un incident y aidait, par exemple le faux pas de l'actrice dans sa traîne ou une double entente tutélaire d'un mot. J'ai pu, concurremment à l'intelligence prompte de la majorité, noter l'instauration, en plusieurs, de ce phénomène cruel contemporain, *être quelque part où l'on veut et s'y sentir étranger :* je l'indique à la psychologie.

Un argument ou programme d'avance en main, la coutume dans les concerts, le spectateur n'allait-il pas reconnaître comme une musicale célébration et figuration aussi de la vie, confiant le mystère au langage seul et à l'évolution mimique ?

Transcrire le feuillet :

Dans la première partie de la légende, l'amante s'est rencontrée avec l'amant; l'amant est mort; et, dans la seconde partie *(Le Chevalier du passé)*, l'amante est devenue la courtisane; mais, au milieu de son triomphe, le passé est réapparu et lui a appris la vanité de sa gloire; et elle est partie.

« Maintenant, c'est une mendiante. Elle a renoncé les anciens désirs; elle ne veut plus rien que le silence et la solitude de la retraite; une vie spirituelle en dehors du monde et au-dessus de la nature (comme autrefois la vie religieuse) est la fin qu'elle a crue possible. Ainsi son orgueil d'ascète a accepté d'être la mendiante qui tend la main pour le pain quotidien. »

Je ne saurais dire mieux des personnages sinon qu'ils dessinent les uns relativement aux autres, à leur insu, en une sorte de danse, le pas où se compose la marche de l'œuvre. Très mélodiquement, en toute suavité; mus par l'orchestre intime de leur diction. La modernité s'accommode de ces lacs et tours un peu abstraits, vraiment d'une façon inattendue si déjà on ne savait ce que de général et de neutre prévaut, ou d'apte à exprimer le style, dans notre vêtement même la redingote, comme il parut aux deux représentations d'ans préalables : la troisième ne requit pas cette réflexion.

Ici l'accord d'un art naïf s'établira, selon le site et le costume devenus agrestes, sans peine avec des émotions et des vérités amples, graves, primordiales.

Cette parenthèse —

Je ne me refuse par goût à aucune simplification et en souhaite, à l'égal de complexités parallèles : mais le théâtre institue des personnages agissant et en relief précisément pour qu'ils négligent la métaphysique, comme l'acteur omet la présence du lustre; ils ne prieront, vers rien; hors d'eux, que par le cri élémentaire et obscur de la passion. Sans cette règle, on arriverait, au travers d'éclairs de la scolastique ou par l'analyse, à dénommer l'absolu : l'invocation, que lui adressent, en la finale, des bûcherons, me paraît à cet égard procéder trop directement. La cime d'un saint mont appuyé en fond, elle-même aux frises coupée par une bande de ciel, indéniablement pour suggérer un au-delà, suffisait, invisible; et rabattue en la pureté d'âmes, elle en pouvait jaillir, comme hymne inconscient au jour qui se délivre.. A quoi bon le décor, s'il ne maintient l'image : le traducteur humain n'a, poétiquement, qu'à subir et à rendre cette hantise.

L'attrait majeur qu'exerce sur moi la tentative de M. Dujardin vient incontestablement de son vers. Je veux garder, à un emploi extraordinaire de la parole qui, pour une ouïe inexperte, se diluerait, quelquefois, en prose, cette appellation. Le vers, où sera-t-il ? pas en rapport toujours avec l'artifice des blancs ou comme marque le livret : tout tronçon n'en procure un, par lui-même; et, dans la

multiple répétition de son jeu seulement, je saisis
l'ensemble métrique nécessaire. Ce tissu transfor-
mable et ondoyant pour que, sur tel point, afflue le
luxe essentiel à la versification où, par places, il s'es-
pace et se dissémine, précieusement convient à l'ex-
pression verbale en scène : un bonheur, davantage;
je touche à quelque instinct. Voici les rimes dardées
sur de brèves tiges, accourir, se répondre, tourbil-
lonner, coup sur coup, en commandant par une
insistance à part et exclusive l'attention à tel motif
de sentiment, qui devient nœud capital. Les moyens
traditionnels notoires se précipitent ici, là, évanouis
par nappes, afin de se résumer, en un jet, d'altitude
extrême. Aisément, on parlera d'un recours à la fac-
ture wagnérienne; plutôt tout peut se limiter chez
nous. Dans l'intervalle que traverse la poésie fran-
çaise, attendu que c'était l'heure, certes et tout au
moins, de lui accorder ce loisir, il me semble jusqu'à
l'évidence que les effets anciens et parfaits, pièce
à pièce par M. Dujardin, comme par aucun, démon-
tés et rangés selon l'ordre, se soient, chez lui, très
spontanément retrempés en vertu de leurs sympa-
thies d'origine, pour y improviser quelque état
ingénu; et je me plais à rester sur cette explication
qui désigne un cas rythmique mémorable.

Tout, la polyphonie magnifique instrumentale,
le vivant geste ou les voix des personnages et de
dieux, au surplus un excès apporté à la décora-
tion matérielle, nous le considérons, dans le triom-
phe du génie, avec Wagner, éblouis par une telle
cohésion, ou un art, qui aujourd'hui devient la

poésie : or va-t-il se faire que le traditionnel écrivain
de vers, celui qui s'en tient aux artifices humbles et
sacrés de la parole, tente, selon sa ressource unique
subtilement élue, de rivaliser ! Oui, en tant qu'un
opéra sans accompagnement ni chant, mais parlé ;
maintenant le livre essaiera de suffire, pour entr'ou-
vrir la scène intérieure et en chuchoter les échos. Un
ensemble versifié convie à une idéale représen-
tation : des motifs d'exaltation ou de songe s'y
nouent entre eux et se détachent, par une ordon-
nance et leur individualité. Telle portion incline
dans un rythme ou mouvement de pensée, à quoi
s'oppose tel contradictoire dessin : l'un et l'autre,
pour aboutir et cessant, où interviendrait plus qu'à
demi comme sirènes confondues par la croupe avec
le feuillage et les rinceaux d'une arabesque, la
figure, que demeure l'idée. Un théâtre, inhérent à
l'esprit, quiconque d'un œil certain regarda la nature
le porte avec soi, résumé de types et d'accords ;
ainsi que les confronte le volume ouvrant des pages
parallèles. Le précaire recueil d'inspiration diverse,
c'en est fait ; ou du hasard, qui ne doit, et pour sous-
entendre le parti pris, jamais qu'être simulé. Symé-
trie, comme elle règne en tout édifice, le plus vapo-
reux, de vision et de songes. La jouissance vaine
cherchée par feu le Rêveur-roi de Bavière dans une
solitaire présence aux déploiements scéniques, la
voici, à l'écart de la foule baroque moins que sa
vacance aux gradins, atteinte par le moyen ou restau-
rer le texte, nu, du spectacle. Avec deux pages et leurs
vers, je supplée, puis l'accompagnement de tout moi-
même, au monde ! ou j'y perçois, discret, le drame.

Cette moderne tendance soustraire à toutes
contingences de la représentation, grossières ou
même exquises jusqu'à présent, l'œuvre par excel-
lence ou poésie, régit de très strictes intelligences,
celle, en premier lieu, de M. de Régnier ainsi que
le suggère une vue de ses *Poèmes*. Installer, par la
convergence de fragments harmoniques à un centre,
là même, une source de drame latente qui reflue
à travers le poème, désigne la manière et j'admire,
pas moins, le jeu où insista M. Ferdinand Herold,
il octroie l'action ouvertement et sans réticence :
acteurs le port noté par la déclamation, ou le site,
des chants, toute une multiple partition avec l'in-
tègre discours.

Autre, l'art de M. Maeterlinck qui, aussi, inséra
le théâtre au livre !

Non cela symphoniquement comme il vient d'être
dit, mais avec une expresse succession de scènes,
à la Shakespeare ; il y a lieu, en conséquence, de pro-
noncer ce nom quoique ne se montre avec le dieu
aucun rapport, sauf de nécessaires. M. Octave Mir-
beau qui sauvegarde certainement l'honneur de la
presse en faisant que toujours y ait été parlé ne fût-ce
qu'une fois, par lui, avec quel feu, de chaque œuvre
d'exception, voulant éveiller les milliers d'yeux
soudain, eut raison, à l'apparition d'invoquer Sha-
kespeare, comme un péremptoire signe littéraire,
énorme ; puis il nuança son dire de sens délicats.

Lear, Hamlet lui-même et Cordélie, Ophélie,
je cite des héros reculés très avant dans la légende

ou leur lointain spécial, agissent en toute vie, tan-
gibles, intenses : lus, ils froissent la page, pour
surgir, corporels. Différente j'envisageai la *Prin-
cesse Maleine*, une après-midi de lecture restée l'in-
génue et étrange que je sache ; où domina l'abandon,
au contraire, d'un milieu à quoi, pour une cause, rien
de simplement humain ne convenait. Les murs, un
massif arrêt de toute réalité, ténèbres, basalte,
en le vide d'une salle — les murs, plutôt de quel-
que épaisseur isolées les tentures, vieillies en la
raréfaction locale ; pour que leurs hôtes déteints
avant d'y devenir les trous, étirant, une tragique fois,
quelque membre de douleur habituel, et même
souriant, balbutiassent ou radotassent, seuls, la
phrase de leur destin. Tandis qu'au serment du spec-
tateur vulgaire, il n'aurait existé personne ni rien
ne se serait passé, sur ces dalles. Bruges, Gand, ter-
roir de primitifs, désuétude.. on est loin, par ces fan-
tômes, de Shakespeare.

*Pelléas et Mélisande* sur une scène exhale, de feuil-
lets, le délice. Préciser ? Ces tableaux, brefs, suprê-
mes : quoi que ce soit a été rejeté de préparatoire
et machinal, en vue que paraisse, extrait, ce qui
chez un spectateur se dégage de la représentation,
l'essentiel. Il semble que soit jouée une variation
supérieure sur l'admirable vieux mélodrame. Silen-
cieusement presque et abstraitement au point que
dans cet art, où tout devient musique dans le sens
propre, la partie d'un instrument même pensif, vio-
lon, nuirait, par inutilité. Peut-être que si tacite atmo-
sphère inspire à l'angoisse qu'en ressent l'auteur
ce besoin souvent de proférer deux fois les choses,

pour une certitude qu'elles l'aient été et leur assu-
rer, à défaut de tout, la conscience de l'écho. Sorti-
lège fréquent, autrement inexplicable, entre cent ;
qu'on nommerait à tort procédé.


Le Poète, je reviens au motif, hors d'occasions
prodigieuses comme un Wagner, éveille, par l'écrit,
l'ordonnateur de fêtes en chacun ; ou, convoque-t-il
le public, une authenticité de son intime munifi-
cence éclate avec charme.


## SOLENNITÉ


Mais où point, je l'exhibe avec dandysme, mon
incompétence, sur autre chose que l'absolu, c'est le
doute qui d'abord abominer, un intrus, apportant
sa marchandise différente de l'extase et du faste
ou le prêtre vain qui endosse un néant d'insignes
pour, cependant, officier.


Avec l'impudence de faits divers en trompe-
l'œil emplir le théâtre et exclure la Poésie, ses jeux
sublimités (espoir toujours chez un spectateur)
ne me semble besogne pire que la montrer en tant
que je ne sais quoi de spécial au bâillement ; ou

instaurer cette déité dans tel appareil balourd et vul-
gaire est peut-être méritoire à l'égal de l'omettre.

La chicane, la seule que j'oppose à tout faux
temple, vainement s'appelât-il Odéon, n'est pas
qu'il tienne pour une alternative plutôt que l'autre,
la sienne va à ses pseudo-attributions et dépend
d'une architecture : mais fronton d'un culte factice,
entretenant une vestale pour alimenter sur un
trépied à pharmaceutique flamme *le grand art quand
même !* de recourir méticuleusement et sans se trom-
per à la mixture conservant l'inscription quelconque
*Ponsard* comme à quelque chose de fondamental
et de vrai. Un déni de justice à l'an qui part ou com-
mence, ici s'affirme, en tant que la constatation, où je
ne vois sans déplaisir mettre un cachet national, que
le présent soit infécond en produits identiques,
comme portée et vertu par exemple, c'est-à-dire
à combler avec ce qui simule exister le vide de
ce qu'il n'y a pas. Au contraire, en mes Notes d'abord,
nous sommes aux grisailles et vous n'aviez, prê-
tresse d'une crypte froide, pas à mettre la main sur
une des fioles avisées qui se parent en naissant, une
fois pour toutes par économie, de la poussière de
leur éternité. Ce Ponsard, plus qu'aucun, n'agite
mon fiel, si ce n'est que, sa gloire vient de là, il paya
d'effronterie inouïe, hasardée, extravagante et pres-
que belle en persuadant à une clique, qu'il repré-
sentait, dans le manque de tout éclat, au théâtre
la Poésie, quand en resplendissait le dieu. Je
l'admire pour cela, avoir sous-entendu Hugo,
dont il dut, certes, s'apercevoir, à ce point que
né humble, infirme et sans ressources, il joua l'obli-
gation de frénétiquement surgir faute de quel-

qu'un ; et se contraignit après tout à des efforts qui
sont d'un vigoureux carton. Malice un peu ample,
et drôle ! dont nous sommes plusieurs nous souve-
nant ; mais en commémoration de quoi il n'importe
de tout à coup sommer la génération nouvelle.
Combien, à part moi au contraire ayant l'âme naïve
et juste, je nourris de prédilection, sans désirer qu'on
les ravive au détriment d'aucun contemporain, pour
les remplaçants authentiques du Poète qui encou-
rent notre sourire, ou le leur peut-être s'ils en
feignent un, à seule fin pudiquement de nier, au
laps d'extinction totale du lyrisme, — comme les
Luce de Lancival, Campistron ou d'autres ombres
— cette vacance néfaste : ils ont, à ce qu'était leur
âme, ajusté pour vêtement une guenille usée jus-
qu'aux procédés et à la ficelle plutôt que d'avouer
le voile de la Déesse en allé dans une déchirure
immense ou le deuil. Ces larves demeureront
touchantes et je m'apitoie à l'égal sur leur des-
cendance pareille à des gens qui garderaient l'hon-
neur d'autels résumés en le désespoir de leurs
poings fermés aussi par somnolence. Tous, instructifs
avant que grotesques, imitateurs ou devanciers, d'un
siècle ils reçoivent, en manière de sacré dépôt et le
transmettent à un autre, ce qui précisément n'est pas,
ou, si c'était, mieux vaudrait ne pas le savoir ! un
résidu de l'art, axiomes, formule, rien.

Un soir vide de magnificence ou de joie j'ou-
vrais, en quête de compensation, le radieux écrit
*Le Forgeron* pour y apprendre de solitaires vérités.

Que tout poème composé autrement qu'en vue
d'obéir au vieux génie du vers, n'en est pas un..
On a pu, antérieurement à l'invitation de la rime
ici extraordinaire parce qu'elle ne fait qu'un avec
l'alexandrin qui, dans ses poses et la multiplicité
de son jeu, semble par elle dévoré tout entier
comme si cette fulgurante cause de délice y triom-
phait jusqu'à l'initiale syllabe; avant le heurt d'aile
brusque et l'emportement, on a pu, cela est même
l'occupation de chaque jour, posséder et établir
une notion du concept à traiter, mais indéniable-
ment pour l'oublier dans sa façon ordinaire et se
livrer ensuite à la seule dialectique du Vers. Lui en
rival jaloux, auquel le songeur cède la maîtrise, il
ressuscite au degré glorieux ce qui, tout sûr, philo-
sophique, imaginatif et éclatant que ce fût, comme
dans le cas présent, une vision céleste de l'huma-
nité! ne resterait, à son défaut que les plus beaux
discours émanés de quelque bouche. A travers un
nouvel état, sublime, il y a recommencement des
conditions ainsi que des matériaux de la pensée sis
naturellement pour un devoir de prose : comme des
vocables, eux-mêmes, après cette différence et
l'essor au delà, atteignant leur vertu.

Personne, ostensiblement, depuis qu'étonna le
phénomène poétique, ne le résume avec auda-
cieuse candeur que peut-être cet esprit immédiat
ou originel, Théodore de Banville et l'épuration,
par les ans, de son individualité en le vers, le dési-
gne aujourd'hui un être à part, supérieur et buvant
tout seul à une source occulte et éternelle; car

rajeuni dans le sens admirable par quoi l'enfant est
plus près de rien et limpide, autre chose d'abord que
l'enthousiasme le lève à des ascensions continues ou
que le délire commun aux lyriques : hors de tout
souffle perçu grossier, virtuellement la juxtaposition
entre eux des mots appareillés d'après une métri-
que absolue et réclamant de quelqu'un, le poète
dissimulé ou chaque lecteur, la voix modifiée
suivant une qualité de douceur ou d'éclat, pour
chanter.

Ainsi lancé de soi le principe qui n'est — que
le Vers ! attire non moins que dégage pour son
épanouissement (l'instant qu'ils y brillent et meu-
rent dans une fleur rapide, sur quelque transpa-
rence comme d'éther) les mille éléments de beauté
pressés d'accourir et de s'ordonner dans leur valeur
essentielle. Signe ! au gouffre central d'une spirituelle
impossibilité que rien soit exclusivement à tout, le
numérateur divin de notre apothéose, quelque
suprême moule n'ayant pas lieu en tant que d'aucun
objet qui existe : mais il emprunte, pour y aviver
un sceau tous gisements épars, ignorés et flot-
tants selon quelque richesse, et les forger.

Voilà, constatation à quoi je glisse, comment,
dans notre langue, les vers ne vont que par deux
ou à plusieurs, en raison de leur accord final, soit la
loi mystérieuse de la Rime, qui se révèle avec la fonc-
tion de gardienne et d'empêcher qu'entre tous, un
usurpe, ou ne demeure péremptoirement : en quelle
pensée fabriqué celui-là ! peu m'importe, attendu que
sa matière discutable aussitôt, gratuite, ne produirait

de preuve à se tenir dans un équilibre momentané
et double à la façon du vol, identité de deux frag-
ments constitutifs remémorée extérieurement par
une parité dans la consonance *.

Chaque page de la brochure annonce et jette
haut comme des traits d'or vibratoire ces saintes
règles du premier et dernier des Arts. Spectacle
intellectuel qui me passionne : l'autre, tiré de
l'affabulation ou le prétexte, lui est comparable.

Vénus, du sang de l'Amour issue, aussitôt convoitée
par les Olympiens et Jupiter : sur l'ordre de qui,
vierge ni à tous, afin de réduire ses ravages elle subira
la chaîne de l'hymen avec Vulcain, ouvrier latent
des chefs-d'œuvre, que la femme ou beauté humaine,
les synthétisant, récompense par son choix (il faut
en le moins de mots à côté, vu que les mots sont la
substance même employée ici à l'œuvre d'art, en
dire l'argument).

Quelle représentation! le monde y tient; un
livre, dans notre main, s'il énonce quelque idée
auguste, supplée à tous les théâtres, non par l'oubli
qu'il en cause mais les rappelant impérieusement,
au contraire. Le ciel métaphorique qui se propage
à l'entour de la foudre du vers, artifice par excellence
au point de simuler peu à peu et d'incarner les héros

---

* Là est la suprématie de modernes vers sur ceux antiques formant
un tout et ne rimant pas; qu'emplissait une bonne fois le métal
employé à les faire, au lieu qu'ils le prennent, le rejettent, deviennent,
procèdent musicalement : en tant que stance, ou le Distique.

(juste dans ce qu'il faut apercevoir pour n'être pas gêné de leur présence, un trait); ce spirituellement et magnifiquement illuminé fond d'extase, c'est bien le pur de nous-mêmes par nous porté, toujours, prêt à jaillir à l'occasion qui dans l'existence ou hors l'art fait toujours défaut. Musique, certes, que l'instrumentation d'un orchestre tend à reproduire seulement et à feindre. Admirez dans sa toute-puissante simplicité ou foi en le moyen vulgaire et supérieur, l'élocution, puis la métrique qui l'affine à une expression dernière, comme quoi un esprit, réfugié au nombre de plusieurs feuillets, défie la civilisation négligeant de construire à son rêve, afin qu'elles aient lieu, la Salle prodigieuse et la Scène. Le mime absent et finales ou préludes aussi par les bois, les cuivres et les cordes, cet esprit, placé au delà des circonstances, attend l'accompagnement obligatoire d'arts ou s'en passe. Seul venu à l'heure parce que l'heure est sans cesse aussi bien que jamais, à la façon d'un messager, du geste il apporte le livre ou sur ses lèvres, avant que de s'effacer; et celui qui retint l'éblouissement général, le multiplie chez tous, du fait de la communication.

La merveille d'un haut poème comme ici me semble que, naissent des conditions pour en autoriser le déploiement visible et l'interprétation, d'abord il s'y prêtera et ingénument au besoin ne remplace tout que faute de tout. J'imagine que la cause de s'assembler, dorénavant, en vue de fêtes inscrites au programme humain, ne sera pas le théâtre, borné ou incapable tout seul de répondre à de très subtils instincts, ni la musique du reste trop fuyante pour ne pas décevoir la foule : mais à soi fondant ce que ces deux isolent de vague et de brutal, l'Ode, dramatisée ou coupée savamment; ces scènes héroïques une ode à plusieurs voix.

Oui, le culte promis à des cérémonials, songez quel il peut être, réfléchissez! simplement l'ancien ou de tous temps, que l'afflux, par exemple, de la symphonie récente des concerts a cru mettre dans l'ombre, au lieu que l'affranchir, installé mal sur les planches et l'y faire régner.

Chez Wagner, même, qu'un poète, le plus superbement français, console de n'invoquer au long ici, je ne perçois, dans l'acception stricte, le théâtre (sans conteste on retrouvera plus, au point de vue dramatique, dans la Grèce ou Shakespeare), mais la vision légendaire qui suffit sous le voile des sonorités et s'y mêle; ni sa partition du reste, comparée à du Beethoven ou du Bach, n'est, seulement, la musique. Quelque chose de spécial et complexe résulte : aux convergences des autres arts située, issue d'eux et les gouvernant, la Fiction ou Poésie.

Une œuvre du genre de celle qu'octroie en pleine sagesse et vigueur notre Théodore de Banville est littéraire dans l'essence, mais ne se replie pas toute au jeu du mental instrument par excellence, le livre! Que l'acteur insinué dans l'évidence des attitudes prosodiques y adapte son verbe, et vienne parmi les repos de la somptuosité orchestrale qui traduirait les rares lignes en prose précédant de

pierreries et de tissus, étalés mieux qu'au regard,
chaque scène comme un décor ou un site certaine-
ment idéals, cela pour diviniser son approche de
personnage appelé à ne déjà que transparaître à
travers le recul fait par l'amplitude ou la majesté du
lieu! j'affirme que, sujet le plus fier et comme un
aboutissement à l'ère moderne, esthétique et indus-
trielle, de tout le jet forcément par la Renaissance
limité à la trouvaille technique; et clair développe-
ment grandiose et persuasif! cette récitation, car il faut
bien en revenir au terme quand il s'agit de vers,
charmera, instruira, malgré l'origine classique mais
envolée en leur type des dieux (en sommes-nous plus
loin, maintenant, en fait d'invention mythique?)
et par-dessus tout émerveillera le Peuple; en tous
cas rien de ce que l'on sait ne présente autant le
caractère de texte pour des réjouissances ou fastes
officiels dans le vieux goût et contemporain : comme
l'Ouverture d'un Jubilé, notamment de celui au sens
figuratif qui, pour conclure un cycle de l'Histoire,
me semble exiger le ministère du Poète.

# CRISE DE VERS

Tout à l'heure, en abandon de geste, avec la lassitude que cause le mauvais temps désespérant une après l'autre après-midi, je fis retomber, sans une curiosité mais ce lui semble avoir lu tout voici vingt ans, l'effilé de multicolores perles qui plaque la pluie, encore, au chatoiement des brochures dans la bibliothèque. Maint ouvrage, sous la verroterie du rideau, alignera sa propre scintillation : j'aime comme en le ciel mûr, contre la vitre, à suivre des lueurs d'orage.

Notre phase, récente, sinon se ferme, prend arrêt ou peut-être conscience : certaine attention dégage la créatrice et relativement sûre volonté.

Même la presse, dont l'information veut les vingt ans, s'occupe du sujet, tout à coup, à date exacte.

La littérature ici subit une exquise crise, fondamentale.

Qui accorde à cette fonction une place ou la première, reconnaît, là, le fait d'actualité : on assiste, comme finale d'un siècle, pas ainsi que ce fut dans le dernier, à des bouleversements; mais, hors de la place publique, à une inquiétude du voile dans le temple avec des plis significatifs et un peu sa déchirure.

Un lecteur français, ses habitudes interrompues à la mort de Victor Hugo, ne peut que se déconcerter. Hugo, dans sa tâche mystérieuse, rabattit toute la prose, philosophie, éloquence, histoire au vers, et, comme il était le vers personnellement, il confisqua chez qui pense, discourt ou narre, presque le droit à s'énoncer. Monument en ce désert, avec le silence loin; dans une crypte, la divinité ainsi d'une majestueuse idée inconsciente, à savoir que la forme appelée vers est simplement elle-même la littérature; que vers il y a sitôt que s'accentue la diction, rythme dès que style. Le vers, je crois, avec respect attendit que le géant qui l'identifiait à sa main tenace et plus ferme toujours de forgeron, vînt à manquer; pour, lui, se rompre. Toute la langue, ajustée à la métrique, y recouvrant ses coupes vitales, s'évade, selon une libre disjonction aux mille éléments simples; et, je l'indiquerai, pas sans similitude avec la multiplicité des cris d'une orchestration, qui reste verbale.

La variation date de là : quoique en dessous et d'avance inopinément préparée par Verlaine, si fluide, revenu à de primitives épellations.

Témoin de cette aventure, où l'on me voulut un rôle plus efficace quoiqu'il ne convient à personne, j'y dirigeai, au moins, mon fervent intérêt; et il se fait temps d'en parler, préférablement à distance ainsi que ce fut presque anonyme.

Accordez que la poésie française, en raison de la primauté dans l'enchantement donnée à la rime, pendant l'évolution jusqu'à nous, s'atteste inter-mittente : elle brille un laps; l'épuise et attend. Extinction, plutôt usure à montrer la trame, redites. Le besoin de poétiser, par opposition à des circons-tances variées, fait, maintenant, après un des orgia-ques excès périodiques de presque un siècle compa-rable à l'unique Renaissance, ou le tour s'imposant de l'ombre et du refroidissement, pas du tout! que l'éclat diffère, continue : la retrempe, d'ordinaire cachée, s'exerce publiquement, par le recours à de délicieux à-peu-près.

Je crois départager, sous un aspect triple, le traitement apporté au canon hiératique du vers; en graduant.

Cette prosodie, règles si brèves, intraitable d'autant : elle notifie tel acte de prudence, dont l'hémistiche, et statue du moindre effort pour

simuler la versification, à la manière des codes selon
quoi s'abstenir de voler est la condition par exemple
de droiture. Juste ce qu'il n'importe d'apprendre;
comme ne pas l'avoir deviné par soi et d'abord,
établit l'inutilité de s'y contraindre.

Les fidèles à l'alexandrin, notre hexamètre,
desserrent intérieurement ce mécanisme rigide et
puéril de sa mesure; l'oreille, affranchie d'un comp-
teur factice, connaît une jouissance à discerner, seule,
toutes les combinaisons possibles, entre eux, de
douze timbres.

Jugez le goût très moderne.

Un cas, aucunement le moins curieux, inter-
médiaire; — que le suivant.

Le poète d'un tact aigu qui considère cet alexan-
drin toujours comme le joyau définitif, mais à ne
sortir, épée, fleur, que peu et selon quelque motif
prémédité, y touche comme pudiquement ou se
joue à l'entour, il en octroie de voisins accords,
avant de le donner superbe et nu : laissant son
doigté défaillir contre la onzième syllabe ou se
propager jusqu'à une treizième maintes fois. M. Henri
de Régnier excelle à ces accompagnements, de son
invention, je sais, discrète et fière comme le génie
qu'il instaura et révélatrice du trouble transitoire
chez les exécutants devant l'instrument héréditaire.
Autre chose ou simplement le contraire, se décèle
une mutinerie, exprès, en la vacance du vieux moule
fatigué, quand Jules Laforgue, pour le début, nous
initia au charme certain du vers faux.

Jusqu'à présent, ou dans l'un et l'autre des modèles précités, rien, que réserve et abandon, à cause de la lassitude par abus de la cadence nationale; dont l'emploi, ainsi que celui du drapeau, doit demeurer exceptionnel. Avec cette particularité toutefois amusante que des infractions volontaires ou de savantes dissonances en appellent à notre délicatesse, au lieu que se fût, il y a quinze ans à peine, le pédant, que nous demeurions, exaspéré, comme devant quelque sacrilège ignare! Je dirai que la réminiscence du vers strict hante ces jeux à côté et leur confère un profit.

Toute la nouveauté s'installe, relativement au vers libre, pas tel que le XVIIᵉ siècle l'attribua à la fable ou l'opéra (ce n'était qu'un agencement, sans la strophe, de mètres divers notoires) mais, nommons-le, comme il sied, « polymorphe » : et envisageons la dissolution maintenant du nombre officiel, en ce qu'on veut, à l'infini, pourvu qu'un plaisir s'y réitère. Tantôt une euphonie fragmentée selon l'assentiment du lecteur intuitif, avec une ingénue et précieuse justesse — naguère M. Moréas; ou bien un geste, alangui, de songerie, sursautant, de passion, qui scande — M. Vielé-Griffin; préalablement M. Kahn avec une très savante notation de la valeur tonale des mots. Je ne donne de noms, il en est d'autres typiques, ceux de MM. Charles Morice, Verhaeren, Dujardin, Mockel et tous, que comme preuve à mes dires; afin qu'on se reporte aux publications.

Le remarquable est que, pour la première fois, au cours de l'histoire littéraire d'aucun peuple, concurremment aux grandes orgues générales et séculaires, où s'exalte, d'après un latent clavier, l'orthodoxie, quiconque avec son jeu et son ouïe individuels se peut composer un instrument, dès qu'il souffle, le frôle ou frappe avec science; en user à part et le dédier aussi à la Langue.

Une haute liberté d'acquise, la plus neuve : je ne vois, et ce reste mon intense opinion, effacement de rien qui ait été beau dans le passé, je demeure convaincu que dans les occasions amples on obéira toujours à la tradition solennelle, dont la prépondérance relève du génie classique : seulement, quand n'y aura pas lieu, à cause d'une sentimentale bouffée ou pour un récit, de déranger les échos vénérables, on regardera à le faire. Toute âme est une mélodie, qu'il s'agit de renouer; et pour cela, sont la flûte ou la viole de chacun.

Selon moi jaillit tard une condition vraie ou la possibilité, de s'exprimer non seulement, mais de se moduler, à son gré.

Les langues imparfaites en cela que plusieurs, manque la suprême : penser étant écrire sans accessoires, ni chuchotement mais tacite encore l'immortelle parole, la diversité, sur terre, des idiomes empêche personne de proférer les mots qui, sinon se trouveraient, par une frappe unique, elle-même matériellement la vérité. Cette prohibition sévit expresse, dans la nature (on s'y bute avec un sourire)

que ne vaille de raison pour se considérer Dieu;
mais, sur l'heure, tourné à de l'esthétique, mon sens
regrette que le discours défaille à exprimer les
objets par des touches y répondant en coloris ou
en allure, lesquelles existent dans l'instrument de
la voix, parmi les langages et quelquefois chez
un. A côté d'*ombre*, opaque, *ténèbres* se fonce peu;
quelle déception, devant la perversité conférant à
*jour* comme à *nuit*, contradictoirement, des timbres
obscur ici, là clair. Le souhait d'un terme de splen-
deur brillant, ou qu'il s'éteigne, inverse; quant à
des alternatives lumineuses simples — *Seulement*,
sachons *n'existerait pas le vers* : lui, philosophique-
ment rémunère le défaut des langues, complément
supérieur.

Arcane étrange; et, d'intentions pas moindres, a
jailli la métrique aux temps incubatoires.

Qu'une moyenne étendue de mots, sous la
compréhension du regard, se range en traits défi-
nitifs, avec quoi le silence.

Si, au cas français, invention privée ne surpasse
le legs prosodique, le déplaisir éclaterait, cepen-
dant, qu'un chanteur ne sût à l'écart et au gré
de pas dans l'infinité des fleurettes, partout où
sa voix rencontre une notation, cueillir.. La ten-
tative, tout à l'heure, eut lieu et, à part des recher-
ches érudites en tel sens encore, accentuation, etc.,
annoncées, je connais qu'un jeu, séduisant, se
mène avec les fragments de l'ancien vers reconnais-
sables, à l'éluder ou le découvrir, plutôt qu'une
subite trouvaille, du tout au tout, étrangère. Le temps

qu'on desserre les contraintes et rabatte le zèle, où
se faussa l'école. Très précieusement : mais, de cette
libération à supputer davantage ou, pour de bon,
que tout individu apporte une prosodie, neuve,
participant de son souffle — aussi, certes, quelque
orthographe — la plaisanterie rit haut ou inspire le
tréteau des préfaciers. Similitude entre les vers,
et vieilles proportions, une régularité durera parce
que l'acte poétique consiste à voir soudain qu'une
idée se fractionne en un nombre de motifs égaux
par valeur et à les grouper; ils riment : pour sceau
extérieur, leur commune mesure qu'apparente le
coup final.

Au traitement, si intéressant, par la versifica-
tion subi, de repos et d'interrègne, gît, moins
que dans nos circonstances mentales vierges, la crise.

Ouïr l'indiscutable rayon — comme des traits
dorent et déchirent un méandre de mélodies : ou
la Musique rejoint le Vers pour former, depuis
Wagner, la Poésie.

Pas que l'un ou l'autre élément ne s'écarte,
avec avantage, vers une intégrité à part triom-
phant, en tant que concert muet s'il n'articule et
le poème, énonciateur : de leurs communauté et
retrempe, éclaire l'instrumentation jusqu'à l'évidence

sous le voile, comme l'élocution descend au soir
des sonorités. Le moderne des météores, la sym-
phonie, au gré ou à l'insu du musicien, approche la
pensée; qui ne se réclame plus seulement de l'expres-
sion courante.

Quelque explosion du Mystère à tous les cieux
de son impersonnelle magnificence, où l'orchestre
ne devait pas ne pas influencer l'antique effort
qui le prétendit longtemps traduire par la bouche
seule de la race.

Indice double conséquent —

Décadente, Mystique, les Écoles se déclarant ou
étiquetées en hâte par notre presse d'information,
adoptent, comme rencontre, le point d'un Idéalisme
qui (pareillement aux fugues, aux sonates) refuse
les matériaux naturels et, comme brutale, une
pensée exacte les ordonnant; pour ne garder de rien
que la suggestion. Instituer une relation entre les
images exacte, et que s'en détache un tiers aspect
fusible et clair présenté à la divination.. Abolie, la
prétention, esthétiquement une erreur, quoiqu'elle
régît les chefs-d'œuvre, d'inclure au papier subtil du
volume autre chose que par exemple l'horreur de
la forêt, ou le tonnerre muet épars au feuillage; non
le bois intrinsèque et dense des arbres. Quelques jets
de l'intime orgueil véridiquement trompetés éveillent
l'architecture du palais, le seul habitable; hors de
toute pierre, sur quoi les pages se refermeraient mal.

« Les monuments, la mer, la face humaine,
dans leur plénitude, natifs, conservant une vertu
autrement attrayante que ne les voilera une des-
cription, évocation dites, *allusion* je sais, *suggestion* :
cette terminologie quelque peu de hasard atteste la
tendance, une très décisive, peut-être, qu'ait subie
l'art littéraire, elle le borne et l'éxempte. Son sorti-
lège, à lui, si ce n'est libérer, hors d'une poignée de
poussière ou réalité sans l'enclore, au livre, même
comme texte, la dispersion volatile soit l'esprit, qui
n'a que faire de rien outre la musicalité de tout *. »

Parler n'a trait à la réalité des choses que commer-
cialement : en littérature, cela se contente d'y faire
une allusion ou de distraire leur qualité qu'incor-
porera quelque idée.

A cette condition s'élance le chant, qu'une joie
allégée.

Cette visée, je la dis Transposition — Structure,
une autre.

L'œuvre pure implique la disparition élocutoire
du poète, qui cède l'initiative aux mots, par le
heurt de leur inégalité mobilisés; ils s'allument
de reflets réciproques comme une virtuelle traînée

---

* *La Musique et les Lettres*, extrait.

de feux sur des pierreries, remplaçant la respiration perceptible en l'ancien souffle lyrique ou la direction personnelle enthousiaste de la phrase.

Une ordonnance du livre de vers point innée ou partout, élimine le hasard; encore la faut-il, pour omettre l'auteur : or, un sujet, fatal, implique, parmi les morceaux ensemble, tel accord quant à la place, dans le volume, qui correspond. Susceptibilité en raison que le cri possède un écho — des motifs de même jeu s'équilibreront, balancés, à distance, ni le sublime incohérent de la mise en page romantique ni cette unité artificielle, jadis, mesurée en bloc au livre. Tout devient suspens, disposition fragmentaire avec alternance et vis-à-vis, concourant au rythme total, lequel serait le poème tu, aux blancs; seulement traduit, en une manière, par chaque pendentif. Instinct, je veux, entrevu à des publications et, si le type supposé, ne reste pas exclusif de complémentaires, la jeunesse, pour cette fois, en poésie où s'impose une foudroyante et harmonieuse plénitude, bégaya le magique concept de l'Œuvre. Quelque symétrie, parallèlement, qui, de la situation des vers en la pièce se lie à l'authenticité de la pièce dans le volume, vole, outre le volume, à plusieurs inscrivant, eux, sur l'espace spirituel, le paraphe amplifié du génie, anonyme et parfait comme une existence d'art.

Chimère, y avoir pensé atteste, au reflet de ses squames, combien le cycle présent, ou quart dernier de siècle, subit quelque éclair absolu — dont l'éche-

vèlement d'ondée à mes carreaux essuie le trouble
ruisselant, jusqu'à illuminer ceci — que, plus ou
moins, tous les livres, contiennent la fusion de quel-
ques redites comptées : même il n'en serait qu'un —
au monde, sa loi — bible comme la simulent des
nations. La différence, d'un ouvrage à l'autre,
offrant autant de leçons proposées dans un immense
concours pour le texte véridique, entre les âges dits
civilisés ou — lettrés.

Certainement, je ne m'assieds jamais aux gradins
des concerts, sans percevoir parmi l'obscure subli-
mité telle ébauche de quelqu'un des poèmes imma-
nents à l'humanité ou leur originel état, d'autant plus
compréhensible que tu et que pour en déterminer
la vaste ligne le compositeur éprouva cette facilité
de suspendre jusqu'à la tentation de s'expliquer. Je
me figure par un indéracinable sans doute préjugé
d'écrivain, que rien ne demeurera sans être proféré;
que nous en sommes là, précisément, à rechercher,
devant une brisure des grands rythmes littéraires
(il en a été question plus haut) et leur éparpillement
en frissons articulés proches de l'instrumentation,
un art d'achever la transposition, au Livre, de la
symphonie ou uniment de reprendre notre bien :
car, ce n'est pas de sonorités élémentaires par les
cuivres, les cordes, les bois, indéniablement mais
de l'intellectuelle parole à son apogée que doit avec
plénitude et évidence, résulter, en tant que l'ensem-
ble des rapports existant dans tout, la Musique.

Un désir indéniable à mon temps est de séparer comme en vue d'attributions différentes le double état de la parole, brut ou immédiat ici, là essentiel.

Narrer, enseigner, même décrire, cela va et encore qu'à chacun suffirait peut-être pour échanger la pensée humaine, de prendre ou de mettre dans la main d'autrui en silence une pièce de monnaie, l'emploi élémentaire du discours dessert l'universel *reportage* dont, la littérature exceptée, participe tout entre les genres d'écrits contemporains.

A quoi bon la merveille de transposer un fait de nature en sa presque disparition vibratoire selon le jeu de la parole, cependant; si ce n'est pour qu'en émane, sans la gêne d'un proche ou concret rappel, la notion pure.

Je dis : une fleur! et, hors de l'oubli où ma voix relègue aucun contour, en tant que quelque chose d'autre que les calices sus, musicalement se lève, idée même et suave, l'absente de tous bouquets.

Au contraire d'une fonction de numéraire facile et représentatif, comme le traite d'abord la foule, le dire, avant tout, rêve et chant, retrouve chez le Poëte, par nécessité constitutive d'un art consacré aux fictions, sa virtualité.

Le vers qui de plusieurs vocables refait un mot total, neuf, étranger à la langue et comme incantatoire, achève cet isolement de la parole : niant, d'un trait souverain, le hasard demeuré aux termes malgré l'artifice de leur retrempe alternée en le sens et la sonorité, et vous cause cette surprise de n'avoir ouï jamais tel fragment ordinaire d'élocution, en même temps que la réminiscence de l'objet nommé baigne dans une neuve atmosphère.

# QUANT AU LIVRE

## L'ACTION RESTREINTE

Plusieurs fois vint un Camarade, le même, cet autre, me confier le besoin d'agir : que visait-il — comme la démarche à mon endroit annonça de sa part, aussi, à lui jeune, l'occupation de créer, qui paraît suprême et réussir avec des mots ; j'insiste, qu'entendait-il expressément ?

Se détendre les poings, en rupture de songe sédentaire, pour un trépignant vis-à-vis avec l'idée, ainsi qu'une envie prend ou bouger : mais la génération semble peu agitée, outre le désintéressement politique, du souci d'extravaguer du corps. Excepté la monotonie, certes, d'enrouler, entre les jarrets, sur la chaussée, selon l'instrument en faveur, la fiction d'un éblouissant rail continu.

Agir, sans ceci et pour qui n'en fait commencer l'exercice à fumer, signifia, visiteur, je te comprends, philosophiquement, produire sur beaucoup un mouvement qui te donne en retour l'émoi que tu en fus le principe, donc existes : dont aucun ne se croit, au préalable, sûr. Cette pratique entend deux façons ; ou, par une volonté,

à l'insu, qui dure une vie, jusqu'à l'éclat multiple —
penser, cela : sinon, les déversoirs à portée mainte-
nant dans une prévoyance, journaux et leur tour-
billon, y déterminer une force en un sens, quelconque
de divers contrariée, avec l'immunité du résultat nul.

Au gré, selon la disposition, plénitude, hâte.

Ton acte toujours s'applique à du papier; car
méditer, sans traces, devient évanescent, ni que
s'exalte l'instinct en quelque geste véhément et
perdu que tu cherchas.

Écrire —

L'encrier, cristal comme une conscience, avec
sa goutte, au fond, de ténèbres relative à ce que
quelque chose soit : puis, écarte la lampe.

Tu remarquas, on n'écrit pas, lumineusement,
sur champ obscur, l'alphabet des astres, seul,
ainsi s'indique, ébauché ou interrompu; l'homme
poursuit noir sur blanc.

Ce pli de sombre dentelle, qui retient l'infini
tissé par mille, chacun selon le fil ou prolonge-
ment ignoré son secret, assemble des entrelacs
distants où dort un luxe à inventorier, stryge,
nœud, feuillages et présenter.

Avec le rien de mystère, indispensable, qui
demeure, exprimé, quelque peu.

Je ne sais pas si l'Hôte perspicacement circonscrit son domaine d'effort : ce me plaira de le marquer, aussi certaines conditions. Le droit à rien accomplir d'exceptionnel ou manquant aux agissements vulgaires, se paie, chez quiconque, de l'omission de lui et on dirait de sa mort comme un tel. Exploits, il les commet dans le rêve, pour ne gêner personne; mais encore, le programme en reste-t-il affiché à ceux qui n'ont cure.

L'écrivain, de ses maux, dragons qu'il a choyés, ou d'une allégresse, doit s'instituer, au texte, le spirituel histrion.

Plancher, lustre, obnubilation des tissus et liquéfaction de miroirs, en l'ordre réel, jusqu'aux bonds excessifs de notre forme gazée autour d'un arrêt, sur pied, de la virile stature, un Lieu se présente, scène, majoration devant tous du spectacle de Soi; là, en raison des intermédiaires de la lumière, de la chair et des rires le sacrifice qu'y fait, relativement à sa personnalité, l'inspirateur, aboutit complet ou c'est, dans une résurrection étrangère, fini de celui-ci : de qui le verbe répercuté et vain désormais s'exhale par la chimère orchestrale.

Une salle, il se célèbre, anonyme, dans le héros.

Tout, comme fonctionnement de fêtes : un peuple témoigne de sa transfiguration en vérité.

Honneur.

Cherchez, où c'est, quelque chose de pareil —

Le reconnaîtra-t-on dans ces immeubles suspects se détachant, par une surcharge en le banal, du commun alignement, avec prétention à synthétiser les faits divers d'un quartier ; ou, si quelque fronton, d'après le goût divinatoire français, isole, sur une place, son spectre, je salue. Indifférent à ce qui, ici et là, se débite comme le long de tuyaux, la flamme aux langues réduites.

Ainsi l'Action, en le mode convenu, littéraire, ne transgresse pas le Théâtre ; s'y limite, à la représentation — immédiat évanouissement de l'écrit. Finisse, dans la rue, autre part, cela, le masque choit, je n'ai pas à faire au poète : parjure ton vers, il n'est doué que de faible pouvoir dehors, tu préféras alimenter le reliquat d'intrigues commises à l'individu. A quoi sert de te préciser, enfant le sachant, comme moi, qui n'en conservai notion que par une qualité ou un défaut d'enfance exclusifs, ce point, que tout, véhicule ou placement, maintenant offert à l'idéal, y est contraire — presque une spéculation, sur ta pudeur, pour ton silence — ou défectueux, pas direct et légitime dans le sens que tout à l'heure voulut un élan et vicié. Comme jamais malaise ne suffit, j'éclairerai, assurément, de digressions prochaines en le nombre qu'il faudra, cette réciproque contamination de l'œuvre et des moyens : mais auparavant ne convint-il spacieusement de s'exprimer, ainsi que d'un cigare, par jeux circonvolutoires, dont le vague, à tout le moins, se traçât sur le jour électrique et cru ?

Un délicat a, je l'espère, pâti —

Extérieurement, comme le cri de l'étendue, le voyageur perçoit la détresse du sifflet. « Sans doute » il se convainc : « on traverse un tunnel — *l'époque* — celui, long le dernier, rampant sous la cité avant la gare toute puissante du virginal palais central, qui couronne. » Le souterrain durera, ô impatient, ton recueillement à préparer l'édifice de haut verre essuyé d'un vol de la Justice.

Le suicide ou abstention, ne rien faire, pourquoi ? — Unique fois au monde, parce qu'en raison d'un événement toujours que j'expliquerai, il n'est pas de Présent, non — un présent n'existe pas.. Faute que se déclare la Foule, faute — de tout. Mal informé celui qui se crierait son propre contemporain, désertant, usurpant, avec impudence égale, quand du passé cessa et que tarde un futur ou que les deux se remmêlent perplexement en vue de masquer l'écart. Hors des premier-Paris chargés de divulguer une foi en le quotidien néant et inexperts si le fléau mesure sa période à un fragment, important ou pas, de siècle.

Aussi garde-toi et sois là.

La poésie, sacre; qui essaie, en de chastes crises isolément, pendant l'autre gestation en train.

Publie.

Le Livre, où vit l'esprit satisfait, en cas de malentendu, un obligé par quelque pureté d'ébat à secouer le gros du moment. Impersonnifié, le volume, autant qu'on s'en sépare comme auteur, ne réclame approche de lecteur. Tel, sache, entre les accessoires humains, il a lieu tout seul : fait, étant. Le sens enseveli se meut et dispose, en chœur, des feuillets.

Loin, la superbe de mettre en interdit, même quant aux fastes, l'instant : on constate qu'un hasard y dénie les matériaux de confrontation à quelques rêves; ou aide une attitude spéciale.

Toi, Ami, qu'il ne faut frustrer d'années à cause que parallèles au sourd labeur général, le cas est étrange : je te demande, sans jugement, par manque de considérants soudains, que tu traites mon indication comme une folie je ne le défends, rare. Cependant la tempère déjà cette sagesse, ou discernement, s'il ne vaut pas mieux — que de risquer sur un état à tout le moins incomplet environnant, certaines conclusions d'art extrêmes qui peuvent éclater, diamantairement, dans ce temps à jamais, en l'intégrité du Livre — les jouer, mais et par un triomphal renversement, avec l'injonction tacite que rien, palpitant en le flanc inscient de l'heure, aux pages montré, clair, évident, ne la trouve prête; encore que n'en soit peut-être une autre où ce doive illuminer.

# ÉTALAGES

Ainsi pas même ; ce ne fut : naïf, je commençais à m'y complaire. Un semestre a passé l'oubli ; et abonde, fleurit, se répand notre production littéraire, comme généralement.

Une nouvelle courut, avec le vent d'automne, le marché et s'en revint aux arbres effeuillés seuls : en tirez-vous un rétrospectif rire, égal au mien ; il s'agissait de désastre dans la librairie, on remémora le terme de « krach » ? Les volumes jonchaient le sol, que ne disait-on, invendus ; à cause du public se déshabituant de lire probablement pour contempler à même, sans intermédiaire, les couchers du soleil familiers à la saison et beaux. Triomphe, désespoir, comme à ces ras de ciel, de pair, chez le haut commerce de Lettres ; tant que je soupçonne une réclame jointe à l'effarement, en raison de ceci et je ne saurais pourquoi sinon, que le roman, produit agréé courant, se réclama de l'intérêt comme atteint par la calamité.

Personne ne fit d'allusion aux vers.

Rien omis en cette farce (importance, consultations et gestes) de ce qui signifiait qu'on allait donc être, à la faveur de l'idéal, assimilé aux banquiers déçus, avoir une situation, sujette aux baisses et aux revirements, sur la place : y prendre un pied, presque en le levant.

Non : ce semble que non, vantardise; il faut en rabattre.

La mentale denrée, comme une autre, indispensable, garde son cours et je rentre d'une matinée, au dehors, de printemps, charmé ainsi que tout citadin par le peu d'ivresse de la rue; n'ayant, en le trajet, éprouvé, que devant les modernes épiceries ou les cordonneries du livre, un souci mais aigu et que proclame l'architecture demandée, par ces bazars, à la construction de piles ou de colonnades avec leur marchandise.

Le lançage ou la diffusion annuels de la lecture, jadis l'hiver, avance maintenant jusqu'au seuil d'été : comme la vitre qui mettait, sur l'acquisition, un froid, a cessé; et l'édition en plein air crève ses ballots vers la main pour le lointain gantée, de l'acheteuse prompte à choisir une brochure, afin de la placer entre ses yeux et la mer.

Interception, notez —

Ce que pour l'extrême-orient, l'Espagne et de délicieux illettrés, l'éventail à la différence près que cette autre aile de papier plus vive : infiniment et sommaire en son déploiement, cache le site pour rapporter contre les lèvres une muette fleur peinte comme le mot intact et nul de la songerie par les battements approché.

Aussi je crois, poète, à mon dommage, qu'y inscrire un distique est de trop.

Cet isolateur, avec pour vertu, mobile, de renouveler l'inconscience du délice sans cause.

Le volume, je désigne celui de récits ou le genre, procède à l'inverse : contradictoirement il évite la lassitude donnée par une fréquentation directe d'autrui et multiplie le soin qu'on ne se trouve vis-à-vis ou près de soi-même : attentif au danger double. Expressément, ne nous dégage, ne nous confond et, par oscillation adroite entre cette promiscuité et du vide, fournit notre vraisemblance. Artifice, tel roman, comme quoi toute circonstance où se ruent de fictifs contemporains, pour extrême celle-ci ne présente rien, quant au lecteur, d'étranger; mais recourt à l'uniforme vie. Ou, l'on ne possède que des semblables, aussi parmi les êtres qu'il y a lieu, en lisant, d'imaginer. Avec les caractères initiaux de l'alphabet, dont chaque comme touche subtile correspond à une attitude de Mystère, la rusée pratique évoquera certes des gens, toujours : sans la compensation qu'en les faisant tels ou empruntés aux moyens méditatifs de l'esprit, ils n'importunent. Ces fâcheux (à qui, la porte tantôt du réduit cher, nous ne l'ouvririons) par le fait de feuillets

entre-bâillés pénètrent, émanent, s'insinuent; *et
nous comprenons que c'est nous.*

Voilà ce que, précisément, exige un moderne :
se mirer, quelconque — servi par son obséquieux
fantôme tramé de la parole prête aux occasions.

Tandis qu'il y avait, le langage régnant, d'abord
à l'accorder selon son origine, pour qu'un sens
auguste se produisît : en le Vers, dispensateur,
ordonnateur du jeu des pages, maître du livre. Visi-
blement soit qu'apparaisse son intégralité, parmi
les marges et du blanc; ou qu'il se dissimule, nom-
mez le Prose, néanmoins c'est lui si demeure quel-
que secrète poursuite de musique, dans la réserve du
Discours.

Or je n'interromprai un dessein, de discerner,
en le volume, dont la consommation s'impose au
public, le motif de son usage. Qui est (sans le souci
que la littérature vaille à cet effet, mais pour l'opposé)
incontinent de réduire l'horizon et le spectacle à une
moyenne bouffée de banalité, scripturale, essentielle :
proportionnée au bâillement humain incapable,
seul, d'en puiser le principe, pour l'émettre. Le vague
ou le commun et le fruste, plutôt que les bannir,
occupation! se les appliquer en tant qu'un état :
du moment que la très simple chose appelée âme
ne consent pas fidèlement à scander son vol d'après
un ébat inné ou selon la récitation de quelques vers,
nouveaux ou toujours les mêmes, sus.

Un commerce, résumé d'intérêts énormes et
élémentaires, ceux du nombre, emploie l'imprimerie,
pour la propagande d'opinions, le narré du fait
divers et cela devient plausible, dans la Presse,
limitée à la publicité, il semble, omettant un art.
Je ne désapprouve que le retour de quelque trivialité
au livre primitif qui partagea, en faveur du journal,
le monopole de l'outillage intellectuel, peut-être
pour s'y décharger. Plutôt la Presse, chez nous seuls,
a voulu une place aux écrits — son traditionnel
feuilleton en rez-de-chaussée longtemps soutint
la masse du format entier : ainsi qu'aux avenues,
sur le fragile magasin éblouissant, glaces à scintilla-
tion de bijoux ou par la nuance de tissus baignées,
sûrement pose un immeuble lourd d'étages nom-
breux. Mieux, la fiction proprement dite ou le récit,
imaginatif, s'ébat au travers de « quotidiens » acha-
landés, triomphant à des lieux principaux, jusqu'au
sommet; en déloge l'article de fonds, ou d'actua-
lité, apparu secondaire. Suggestion et même leçon
de quelque beauté : qu'aujourd'hui n'est seulement
le remplaçant d'hier, présageant demain, mais sort
du temps, comme général, avec une intégrité lavée
ou neuve. Le vulgaire placard crié comme il s'impose,
tout ouvert, dans le carrefour, subit ce reflet, ainsi,
de quel ciel émané sur la poussière, du texte politi-
que. Telle aventure laisse indifférents certains parce
qu'imaginent-ils, à un peu plus ou moins de rareté
et de sublime près dans le plaisir goûté par les gens,
la situation se maintient quant à ce qui, seul, est
précieux et haut, immesurablement et connu du
nom de Poésie : elle, toujours restera exclue et son
frémissement de vols autre part qu'aux pages est

parodié, pas plus, par l'envergure, en nos mains,
de la feuille hâtive ou vaste du journal. A jauger
l'extraordinaire surproduction actuelle, où la Presse
cède son moyen intelligemment, la notion prévaut,
cependant, de quelque chose de très décisif, qui
s'élabore : comme avant une ère, un concours pour
la fondation du Poème populaire moderne, tout au
moins de *Mille et Une Nuits* innombrables : dont
une majorité lisante soudain inventée s'émerveillera.
Comme à une fête assistez, vous, de maintenant, aux
hasards de ce foudroyant accomplissement! Sinon
l'intensité de la chauffe notoirement dépasse une
consommation au jour le jour.

Tout bonnement s'achève une promenade par
cette divagation sans objet, que déterminer un
sentiment ténu mais exact, chez plusieurs, entre
ceux du présent; à qui j'en ai, du reste, avec pré-
caution, référé. Leur malaise, c'est beaucoup! de
la gêne — les ferait, ces lettrés, plus qu'au cri de
journaux, hâter le pas ou détourner la vue devant
un encanaillement du format sacré, le volume, à
notre gaz; qui en paraît la langue à nu, vulgaire,
dardée sur le carrefour.

La boutique accroît, aussi, l'hésitation à user,
avec le même contentement que naguères, de pri-
vilèges, pourtant à eux, ou publier.

Rien ensuite; et comme cela ne tire pas à consé-
quence!

Le personnage, de qui l'on a souci (du moins on
exige qu'il soit quelque part, loin et ne l'entendît-
on pas immédiatement) se fait deviner : il ne recher-
che de facilité ordinaire ou à la portée, son nom
tourbillonne ou s'élève par une force propre jamais
en rapport avec les combinaisons mercantiles.

Une époque sait, d'office, l'existence du Poète.

Afin de compter, par leurs visages, ses invités,
lui ne présenterait qu'intimement le manuscrit,
il est célèbre! Feuillets de hollande ancien ou en
japon, ornement de consoles, en l'ombre; ni quoi
que ce soit, décidant l'essor extraordinaire en
l'abstention d'aucune annonce, le fait a lieu, ou le
miracle. Pas de jeune ami, jusqu'au recul de la pro-
vince, à l'heure — qui, silencieusement, ne s'en
instruise. A rêver, ce l'est, à croire, le temps juste
de le réfuter, que le réseau des communications
omettant quelques renseignements les mêmes jour-
naliers, ait activé, spontanément, ses fils, vers ce
résultat.

Tenez! ou pour retomber dans mon début, en
menant à ses confins une idée y dût-elle éclater en
façon de paradoxe.

Le discrédit, où se place la librairie, a trait, moins à un arrêt de ses opérations, je ne le découvre; qu'à sa notoire impuissance envers l'œuvre exceptionnelle.

L'auteur, la chance au mieux ou un médiocre éblouissement monétaire, ce serait, pour lui, de même; en effet : parce que n'existe devant les écrits achalandés, de gain littéraire colossal. La métallurgie l'emporte à cet égard. Mis sur le pied de l'ingénieur, je deviens, aussitôt, secondaire : si préférable était une situation à part. A quoi bon trafiquer de ce qui, peut-être, ne se doit vendre, surtout quand cela ne se vend pas.

Comme le Poète a sa divulgation, de même il vit; hors et à l'insu de l'affichage, du comptoir affaissé sous les exemplaires ou de placiers exaspérés : antérieurement selon un pacte avec la Beauté qu'il se chargea d'apercevoir de son nécessaire et compréhensif regard, et dont il connaît les transformations.

## LE LIVRE, INSTRUMENT SPIRITUEL

Une proposition qui émane de moi — si, diversement, citée à mon éloge ou par blâme — je la revendique avec celles qui se presseront ici —

sommaire veut, que tout, au monde, existe pour aboutir à un livre.

Les qualités, requises en cet ouvrage, à coup sûr le génie, m'épouvantent un parmi les dénués : ne s'y arrêter et, admis le volume ne comporter aucun signataire, quel est-il : l'hymne, harmonie et joie, comme pur ensemble groupé dans quelque circonstance fulgurante, des relations entre tout. L'homme chargé de voir divinement, en raison que le lien, à volonté, limpide, n'a d'expression qu'au parallélisme, devant son regard, de feuillets.

Sur un banc de jardin, où telle publication neuve, je me réjouis si l'air, en passant, entr'ouvre et, au hasard, anime, d'aspects, l'extérieur du livre : plusieurs — à quoi, tant l'aperçu jaillit, personne depuis qu'on lut, peut-être n'a pensé. Occasion de le faire, quand, libéré, le journal domine, le mien, même, que j'écartai, s'envole près de roses, jaloux de couvrir leur ardent et orgueilleux conciliabule : développé parmi le massif, je le laisserai, aussi les paroles fleurs à leur mutisme et, techniquement, propose, de noter comment ce lambeau diffère du livre, lui suprême. Un journal reste le point de départ ; la littérature s'y décharge à souhait.

Or —

Le pliage est, vis-à-vis de la feuille imprimée grande, un indice, quasi religieux ; qui ne frappe pas autant que son tassement, en épaisseur, offrant le minuscule tombeau, certes, de l'âme.

Tout ce que trouva l'imprimerie se résume,
sous le nom de Presse, jusqu'ici, élémentairement
dans le journal : la feuille à même, comme elle a
reçu empreinte, montrant, au premier degré, brut,
la coulée d'un texte. Cet emploi, immédiat ou anté-
rieur à la production close, certes, apporte des
commodités à l'écrivain, placards joints bout à
bout, épreuves, qui rendent l'improvisation. Ainsi,
strictement, un « quotidien » avant qu'à la vision,
peu à peu, mais de qui ? paraisse un sens, dans l'or-
donnance, voire un charme, je dirai de féerie popu-
laire. Suivez — le faîte ou premier-Paris, dégage-
ment, supérieur, à travers mille obstacles, atteint au
désintéressement et, de la situation, précipite et
refoule, comme par un feu électrique, loin, après
les articles émergés à sa suite, la servitude originelle,
l'annonce, en quatrième page, entre une incohérence
de cris inarticulés. Spectacle, certainement, moral —
que manque-t-il, avec l'exploit, au journal, pour
effacer le livre : quoique, visiblement encore, d'en
bas ou, plutôt, à la base, l'y rattache une pagination,
par le feuilleton, commandant la généralité des
colonnes : rien, ou presque — si le livre tarde tel
qu'il est, un déversoir, indifférent, où se vide
l'autre.. Jusqu'au format, oiseux : et vainement,
concourt cette extraordinaire, comme un vol recueilli
mais prêt à s'élargir, intervention du pliage ou le
rythme, initiale cause qu'une feuille fermée, con-
tienne un secret, le silence y demeure, précieux et
des signes évocatoires succèdent, pour l'esprit, à
tout littérairement aboli.

Oui, sans le reploiement du papier et les dessous qu'il installe, l'ombre éparse en noirs caractères, ne présenterait une raison de se répandre comme un bris de mystère, à la surface, dans l'écartement levé par le doigt.


Journal, la feuille étalée, pleine, emprunte à l'impression un résultat indu, de simple macula- ture : nul doute que l'éclatant et vulgaire avantage soit, au vu de tous, la multiplication de l'exem- plaire et, gise dans le tirage. Un miracle prime ce bienfait, au sens haut où les mots, originelle- ment, se réduisent à l'emploi, doué d'infinité jusqu'à sacrer une langue, des quelque vingt lettres — leur devenir, tout y rentre pour tantôt sourdre, principe — approchant d'un rite la composition typographique.


Le livre, expansion totale de la lettre, doit d'elle tirer, directement, une mobilité et spacieux, par correspondances, instituer un jeu, on ne sait, qui confirme la fiction.


Rien de fortuit, là, où semble un hasard capter l'idée, l'appareil est l'égal : ne juger, en conséquence, ces propos — industriels ou ayant trait à une maté- rialité : la fabrication du livre, en l'ensemble qui s'épanouira, commence, dès une phrase. Immémo- rialement le poète sut la place de ce vers, dans le sonnet qui s'inscrit pour l'esprit ou sur espace pur. A mon tour, je méconnais le volume et une merveille

qu'intime sa structure, si je ne puis, sciemment,
imaginer tel motif en vue d'un endroit spécial,
page et la hauteur, à l'orientation de jour la sienne
ou quant à l'œuvre. Plus le va-et-vient successif
incessant du regard, une ligne finie, à la suivante,
pour recommencer : pareille pratique ne représente
le délice, ayant immortellement, rompu, une heure,
avec tout, de traduire sa chimère. Autrement ou
sauf exécution, comme de morceaux sur un clavier,
active, mesurée par les feuillets — que ne ferme-t-on
les yeux à rêver ? Cette présomption ni asservisse-
ment fastidieux : mais l'initiative, dont l'éclair
est chez quiconque, raccorde la notation fragmentée.

Un solitaire tacite concert se donne, par la lecture,
à l'esprit qui regagne, sur une sonorité moindre,
la signification : aucun moyen mental exaltant la
symphonie, ne manquera, raréfié et c'est tout —
du fait de la pensée. La Poésie, proche l'idée, est
Musique, par excellence — ne consent pas d'infé-
riorité.

Voici, dans le cas réel, que pour ma part, cepen-
dant, au sujet de brochures à lire d'après l'usage
courant, je brandis un couteau, comme le cuisinier
égorgeur de volailles.

Le reploiement vierge du livre, encore, prête
à un sacrifice dont saigna la tranche rouge des anciens
tomes; l'introduction d'une arme, ou coupe-papier,
pour établir la prise de possession. Combien per-

sonnelle plus avant, la conscience, sans ce simulacre
barbare : quand elle se fera participation, au livre
pris d'ici, de là, varié en airs, deviné comme une
énigme — presque refait par soi. Les plis perpé-
tueront une marque, intacte, conviant à ouvrir,
fermer la feuille, selon le maître. Si aveugle et peu
un procédé, l'attentat qui se consomme, dans la
destruction d'une frêle inviolabilité. La sympathie
irait au journal placé à l'abri de ce traitement :
son influence, néanmoins, est fâcheuse, imposant
à l'organisme, complexe, requis par la littérature,
au divin bouquin, une monotonie — toujours
l'insupportable colonne qu'on s'y contente de dis-
tribuer, en dimensions de page, cent et cent fois.

*Mais..*

— J'entends, *peut-il cesser d'en être ainsi ;* et vais,
dans une échappée, car l'œuvre, seule ou préfé-
rablement, doit exemple, satisfaire au détail de
la curiosité. Pourquoi — un jet de grandeur, de
pensée ou d'émoi, considérable, phrase poursuivie,
en gros caractère, une ligne par page à emplacement
gradué, ne maintiendrait-il le lecteur en haleine,
la durée du livre, avec appel à sa puissance d'enthou-
siasme : autour, menus, des groupes, secondairement
d'après leur importance, explicatifs ou dérivés —
un semis de fioritures.

Affectation, de surprendre par énoncé, lointain,
la badauderie ; j'acquiesce, si plusieurs, que je cultive,
ne remarquent, en l'instinct venu d'autre part
qui les fit disposer leurs écrits de façon inusitée,

décorativement, entre la phrase et le vers, certains
traits pareils à ceci, or, le veut-on isolé, soit, pour le
renom de clairvoyance réclamé de l'époque, où
tout paraît. Un divulgue son intuition, théorique-
ment et, peut-être bien, à vide, comme date : il
sait, de telles suggestions, qui atteignent l'art litté-
raire, ont à se livrer ferme. L'hésitation, pourtant,
de tout découvrir brusquement ce qui n'est pas
encore, tisse, par pudeur, avec la surprise générale,
un voile.


Attribuons à des songes, avant la lecture, dans
un parterre, l'attention que sollicite quelque papil-
lon blanc, celui-ci à la fois partout, nulle part, il
s'évanouit; pas sans qu'un rien d'aigu et d'in-
génu, où je réduisis le sujet, tout à l'heure ait
passé et repassé, avec insistance, devant l'étonne-
ment.

# LE MYSTÈRE
# DANS LES LETTRES

De pures prérogatives seraient, cette fois, à la merci des bas farceurs.

Tout écrit, extérieurement à son trésor, doit, par égard envers ceux dont il emprunte, après tout, pour un objet autre, le langage, présenter, avec les mots, un sens même indifférent : on gagne de détourner l'oisif, charmé que rien ne l'y concerne, à première vue.

Salut, exact, de part et d'autre —

Si, tout de même, n'inquiétait je ne sais quel miroitement, en dessous, peu séparable de la surface concédée à la rétine — il attire le soupçon : les malins, entre le public, réclamant de couper court, opinent, avec sérieux, que, juste, la teneur est inintelligible.

Malheur ridiculement à qui tombe sous le coup, il est enveloppé dans une plaisanterie immense et médiocre : ainsi toujours — pas tant, peut-être, que ne sévit avec ensemble et excès, maintenant, le fléau.

Il doit y avoir quelque chose d'occulte au fond de tous, je crois décidément à quelque chose d'abscons, signifiant fermé et caché, qui habite le commun : car, sitôt cette masse jetée vers quelque trace que c'est une réalité, existant, par exemple, sur une feuille de papier, dans tel écrit — pas en soi — cela qui est obscur : elle s'agite, ouragan jaloux d'attribuer les ténèbres à quoi que ce soit, profusément, flagramment.

Sa crédulité vis-à-vis de plusieurs qui la soulagent, en faisant affaire, bondit à l'excès : et le suppôt d'Ombre, d'eux désigné, ne placera un mot, dorénavant, qu'avec un secouement que ç'ait été elle, l'énigme, elle ne tranche, par un coup d'éventail de ses jupes : « Comprends pas! » — l'innocent annonçât-il se moucher.

Or, suivant l'instinct de rythmes qui l'élit, le poète ne se défend de voir un manque de proportion entre le moyen déchaîné et le résultat.

Les individus, à son avis, ont tort, dans leur dessein avéré propre — parce qu'ils puisent à quelque encrier sans Nuit la vaine couche suffisante d'intelligibilité que lui s'oblige, aussi, à observer, mais pas seule — ils agissent peu délicatement, en précipitant à pareil accès la Foule (où inclus

le Génie) que de déverser, en un chahut, la vaste
incompréhension humaine.

A propos de ce qui n'importait pas.

— Jouant la partie, gratuitement soit pour
un intérêt mineur : exposant notre Dame et Patronne
à montrer sa déhiscence ou sa lacune, à l'égard
de quelques rêves, comme la mesure à quoi tout
se réduit.

Je sais, de fait, qu'ils se poussent en scène et
assument, à la parade, eux, la posture humiliante;
puisque arguer d'obscurité — ou, nul ne saisira
s'ils ne saisissent et ils ne saisissent pas — implique
un renoncement antérieur à juger.

Le scandale quoique représentatif, s'ensuit, hors
rapport —

Quant à une entreprise, qui ne compte pas litté-
rairement —

La leur —

D'exhiber les choses à un imperturbable pre-
mier plan, en camelots, activés par la pression de
l'instant, d'accord — écrire, dans le cas, pourquoi,
indûment, sauf pour étaler la banalité; plutôt que
tendre le nuage, précieux, flottant sur l'intime
gouffre de chaque pensée, vu que vulgaire l'est ce
à quoi on décerne, pas plus, un caractère immédiat.
Si crûment — qu'en place du labyrinthe illuminé
par des fleurs, où convie le loisir, ces ressasseurs,

malgré que je me gare d'image pour les mettre,
en personne « au pied du mur », imitent, sur une
route migraineuse, la résurrection en plâtras,
debout, de l'interminable aveuglement, sans jet
d'eau à l'abri ni verdures pointant par dessus,
que les culs de bouteille et les tessons ingrats.

Même la réclame hésite à s'y inscrire.

— Dites, comme si une clarté, à jet continu;
ou qu'elle ne tire d'interruptions le caractère,
momentané, de délivrance.

La Musique, à sa date, est venue balayer cela —

Au cours, seulement, du morceau, à travers
des voiles feints, ceux encore quant à nous-mêmes,
un sujet se dégage de leur successive stagnance
amassée et dissoute avec art —

Disposition l'habituelle.

On peut, du reste, commencer d'un éclat triom-
phal trop brusque pour durer; invitant que se groupe,
en retards, libérés par l'écho, la surprise.

L'inverse : sont, en un reploiement noir soucieux d'attester l'état d'esprit sur un point, foulés et épaissis des doutes pour que sorte une splendeur définitive simple.

Ce procédé, jumeau, intellectuel, notable dans les symphonies, qui le trouvèrent au répertoire de la nature et du ciel.

— Je sais, on veut à la Musique, limiter le Mystère; quand l'écrit y prétend.

Les déchirures suprêmes instrumentales, conséquence d'enroulements transitoires, éclatent plus véridiques, à même, en argumentation de lumière, qu'aucun raisonnement tenu jamais; on s'interroge, par quels termes du vocabulaire sinon dans l'idée, écoutant, les traduire, à cause de cette vertu incomparable. Une directe adaptation avec je ne sais, dans le contact, le sentiment glissé qu'un mot détonnerait, par intrusion.

L'écrit, envol tacite d'abstraction, reprend ses droits en face de la chute des sons nus : tous deux, Musique et lui, intimant une préalable disjonction, celle de la parole, certainement par effroi de fournir au bavardage.

Même aventure contradictoire, où ceci descend; dont s'évade cela : mais non sans traîner les gazes d'origine.

Tout, à part, bas ou pour me recueillir. Je partis d'intentions, comme on demande du style — neutre l'imagine-t-on — que son expression ne se fonce par le plongeon ni ne ruisselle d'éclaboussures jaillies : fermé à l'alternative qui est la loi.

Quel pivot, j'entends, dans ces contrastes, à l'intelligibilité ? il faut une garantie —

La Syntaxe —

Pas ses tours primesautiers, seuls, inclus aux facilités de la conversation; quoique l'artifice excelle pour convaincre. Un parler, le français, retient une élégance à paraître en négligé et le passé témoigne de cette qualité, qui s'établit d'abord, comme don de race foncièrement exquis : mais notre littérature dépasse le « genre », correspondance ou mémoires. Les abrupts, hauts jeux d'aile, se mireront, aussi : qui les mène, perçoit une extraordinaire appropriation de la structure, limpide, aux primitives foudres de la logique. Un balbutiement, que semble la phrase, ici refoulé dans l'emploi d'incidentes multiple, se compose et s'enlève en quelque équilibre supérieur, à balancement prévu d'inversions.

S'il plaît à un, que surprend l'envergure, d'incriminer.. ce sera la Langue, dont voici l'ébat.

— Les mots, d'eux-mêmes, s'exaltent à mainte facette reconnue la plus rare ou valant pour l'esprit,

centre de suspens vibratoire; qui les perçoit indé-
pendamment de la suite ordinaire, projetés, en parois
de grotte, tant que dure leur mobilité ou principe,
étant ce qui ne se dit pas du discours : prompts
tous, avant extinction, à une réciprocité de feux
distante ou présentée de biais comme contingence.

Le débat — que l'évidence moyenne nécessaire
dévie en un détail, reste de grammairiens. Même
un infortuné se trompât-il à chaque occasion,
la différence avec le gâchis en faveur couramment
ne marque tant, qu'un besoin naisse de le distinguer
de dénonciateurs : il récuse l'injure d'obscurité
— pourquoi pas, parmi le fonds commun, d'autres
d'incohérence, de rabâchage, de plagiat, sans recou-
rir à quelque blâme spécial et préventif — ou encore
une, de platitude; mais, celle-ci, personnelle aux
gens qui, pour décharger le public de comprendre,
les premiers simulent l'embarras.

Je préfère, devant l'agression, rétorquer que des
contemporains ne savent pas lire —

Sinon dans le journal; il dispense, certes, l'avan-
tage de n'interrompre le chœur de préoccupations.

Lire —

Cette pratique —

Appuyer, selon la page, au blanc, qui l'inaugure
son ingénuité, à soi, oublieuse même du titre qui

parlerait trop haut : et, quand s'aligna, dans une brisure, la moindre, disséminée, le hasard vaincu mot par mot, indéfectiblement le blanc revient, tout à l'heure gratuit, certain maintenant, pour conclure que rien au delà et authentiquer le silence —

Virginité qui solitairement, devant une transparence du regard adéquat, elle-même s'est comme divisée en ses fragments de candeur, l'un et l'autre, preuves nuptiales de l'Idée.

L'air ou chant sous le texte, conduisant la divination d'ici là, y applique son motif en fleuron et cul-de-lampe invisibles.

# OFFICES

## PLAISIR SACRÉ

La note maintenant d'une rentrée de capitale est donnée par l'ouverture des concerts.

Même spectacle chaque saison : une assistance — et le dos d'un homme qui tire, je crois, il paraît le faire, les prestiges de leur invisibilité.

Un vent ou peur de manquer à quelque chose exigeant le retour, chasse, de l'horizon à la ville, les gens, quand le rideau va se lever sur la magnificence déserte de l'automne. Le proche éparpillement du doigté lumineux, que suspend le feuillage, se mire, alors, au bassin de l'orchestre prêt.

Le bâton directeur attend pour un signal.

Jamais ne tomberait l'archet souverain battant la première mesure, s'il fallait qu'à cet instant spécial de l'année, le lustre, dans la salle, représentât, par ses multiples facettes, une lucidité chez le public, relativement à ce qu'on vient faire. Élite — artistes habitués, intellectuels mondains et tant de sincères petites places. Le mélomane quoique chez lui, s'efface, il ne s'agit d'esthétique, mais de religiosité.

Ma tentation sera de comprendre pourquoi ce qui préluda comme l'effusion d'un art, acquiert, depuis, par quelle sourde puissance, un motif autre. Attendu, effectivement, que les célébrations officielles à part, la Musique s'annonce le dernier et plénier culte humain.

J'y suis allé, par badauderie, aimant à flairer l'occasion d'avance. Soit que je reconnusse ce chant, qui aujourd'hui influence tout travail, même peint, de l'impressionnisme à la fresque, et le soulè-vement de vie dans le grain du marbre. Voire le chuchotement entendu de la raison ou un discours au Parlement, rien ne vaut que comme air tenu longtemps et selon le ton qui plaît. Le poète, verbal, se défie, il persiste, dans une prévention jolie, pas étroitesse, mais sa suprématie au nom du moyen, le plus humble conséquemment essentiel, la parole : or, à quelle hauteur qu'exultent des cordes et des cuivres, un vers, du fait de l'approche immédiate de l'âme, y atteint. Je suis allé, avec beaucoup et, intrus familier, subitement, me sens pris d'un doute, un seul, à vrai dire, extraordinaire.

Cette multitude satisfaite par le menu jeu de l'existence, agrandi jusqu'à la politique, tel que journellement le désigne la presse ; comment se fait-il — est-ce vrai — cela repose-t-il sur un instinct que, franchissant les intervalles littéraires, elle ait besoin tout à coup de se trouver face à face avec l'Indicible ou le Pur, la poésie sans les mots!

Question — où, mieux que dans le volume, seuil et niveau moyens, posée et de plain-pied, directement..

Quel rapport existe entre une assemblée contenue, sobre et des exaltations tout à l'heure jaillissant, avec orgie, d'immémorialité, de soirs et de gloire; ou autres bouffées infinies : sinon, se prête-t-on, en raison du caractère disproportionné quant à soi de tels éclats, à une mystification —

L'idée hante, pareillement à un cas de reportage énorme et supérieur : vérifier à quel point, le dimanche, un auditoire assiste au plaisir qu'il élit — oui, si cet office, le concert, a lieu, pour quelqu'un — si ce n'est pas un déversement par exemple d'inanité dans de l'absence.

Voici des yeux, perdus, extatiquement, hors de leur curiosité! Non que refléter sur le visage une suavité innée ne suffise : à l'intérieur s'empreint un peu du sentiment même incompris à quoi l'on accorde ses traits. Maintien honorable, c'est prendre part, selon le prétexte convenu, à la figuration du divin.

Sérieusement.

La foule qui commence à tant nous surprendre comme élément vierge, ou nous-mêmes, remplit envers les sons, sa fonction par excellence de gardienne du mystère! Le sien! elle confronte son riche mutisme à l'orchestre, où gît la collective grandeur. Prix, à notre insu, ici de quelque extérieur médiocre subi présentement et accepté par l'individu.

Ah! le bien dire : du moins, le Français, utilisateur et social, plutôt que dilettante, fit cela de la symphonie.

Une initiation en dessous illumine, ainsi que le lavage dominical de la banalité.

Parure — si la foule est femme, tenez, les mille têtes. Une conscience partielle de l'éblouissement se propage, au hasard de la tenue de ville usitée dans les auditions d'après-midi : pose, comme le bruit déjà de cymbales tombé, au filigrane d'or de minuscules capotes, miroite en le jais; mainte aigrette luit divinatoire. L'impérieux velours d'une attitude coupera l'ombre avec un pli s'attribuant la coloration fournie par tel instrument. Aux épaules, la guipure, entrelacs de la mélodie.

Une présence de chef d'orchestre détaille et contient la chimère, en la limite de son geste, qui va redescendre.

# CATHOLICISME

Présomption, on imagine, par suite de silence extérieur, que cela, mainte vibration de certitude et de ténèbres jointe en un méditatif unisson, a cessé —

Ainsi —

Simplement, dans l'inaptitude de gens à percevoir leur néant sinon comme la faim, misère profane, hors l'accompagnement du tonnerre d'orgues absolu de la Mort.

Une race, la nôtre, à qui cet honneur de prêter des entrailles à la peur qu'a d'elle-même, autrement que comme conscience humaine, la métaphysique et claustrale éternité, échut, puis d'expirer le gouffre en quelque ferme aboi dans les âges, serait, non, j'en ris, malgré ce traitement céleste, comme si de rien, ordinaire, indemne, vague; parce qu'il ne reste trace, à une minute de postérité — quand ne fleurit même pas la vie reconquise et native.

Tout au moins, pareil effacement sans que la volonté du début, après les temps, appelât, intimement comme elle frappe une solitude, l'esprit à résumer la sombre merveille —

Lequel préfère, en dédain des synthèses, égarer une recherche — vide s'il ne convient que l'ahurie, la banale et vaste place publique cède, aussi, à des injonctions de salut. Les plus directes peut-être ayant visité l'inconscience, les plus élémentaires : sommairement il s'agit, la Divinité, qui jamais n'est que Soi, où montèrent avec l'ignorance du secret précieuse pour en mesurer l'arc, des élans abattus de prières — au ras, de la reprendre, en tant que point de départ, humbles fondations de la cité, foi en chacun. Ce tracé par assises et une hauteur comme de trottoir, y descend la lueur, à portée, quotidienne du réverbère.

Culte inscient et le commun fonctionnement, quant à des vertus, présenté par une nation : avant tout, que le terre-plein ait lieu, harangue-t-on, selon la piété mutuelle — de là, libre à l'âme de s'exiler très haut. Jaillissement le reste, à puiser en l'individu comportant des matériaux subtils pas moins que la flèche, en pierre, de dentelles.

Avec sa contraire précaution, la Mère qui nous pense et nous conçoit, toujours, ces exaltations dussent-elles avorter comme trésor enfoui — que ce sera, tard, opportun de renier, veut que l'on commence par les zèles ardus et la sublimité.

A l'ordre, nous ne manquâmes, en le cas.

Le moyen âge, à jamais, reste l'incubation ainsi que commencement de monde, moderne : au seuil d'une ère dispensatrice, je veux, du bienfait terrestre ou d'aisance plénière — tout, par souci que la projection de sainteté ne suffît pas et manquât court, se ramassa au noir de nous pour filer véritablement si c'est possible, en joie, quelque chose comme durant les siècles des siècles, oh! que ce soit.

Une prétention, qui se targue de laïcité sans que ce mot invite un sens, liée au refus d'inspirations supérieures, soit, tirons-les de notre fonds, imite, à présent, dans l'habitude, ce qu'intellectuellement la discipline de la science omettait, au risque de choir ou de les prouver, dogmes et philosophie.

Seul intérêt qui poigne à raison de rêves —

Quand même survivrait, acceptation courante d'une entre les Chimères, la religion, en cette épreuve liminaire, la Justice —

Un rite s'extériorisera-t-il de la pratique quotidienne, comme pompes et sceau : ou, en est-ce fait d'un genre grandiose de distraction.

Question, enchevêtrée en son éploi, peu en rapport, je sais, avec ce qui se traite : il faut lecture de soirs comme une dont je sors, le livre exceptionnel d'Huysmans, pour intimer, avec espoir de se défendre contre la superbe influence, mon adaptation ou le transport à telle manie —

L'intrusion dans les fêtes futures.

Que doivent-elles être : tributaires, d'abord, du loisir dominical —

Nul, à moins de suspendre, comme sa vision, le lourd lustre, évocateur multiple de motifs, n'éclairerait ici ; mais on peut déduire, pourtant, des moyens et des nécessités en cause.

A quelque amphithéâtre, comme une aile d'infinité humaine, bifurque la multitude, effarouchée devant le brusque abîme fait par le dieu, l'homme — ou Type.

Représentation avec concert.

Le miracle de la musique est cette pénétration, en réciprocité, du mythe et de la salle, par quoi se comble jusqu'à étinceler des arabesques et d'ors en traçant l'arrêt à la boîte sonore, l'espace vacant, face à la scène : absence d'aucun, où s'écarte l'assistance et que ne franchit le personnage.

L'orchestre flotte, remplit et l'action, en cours, ne s'isole étrangère et nous ne demeurons des témoins : mais, de chaque place, à travers les affres et l'éclat, tour à tour, sommes circulairement le héros — douloureux de n'atteindre à lui-même que par des orages de sons et d'émotions déplacés sur son geste ou notre afflux invisible. Personne n'est-il, selon le bruissant, diaphane rideau de symboles, de rythmes, qu'il ouvre sur sa statue, à tous.

Mystère, autre que représentatif et que, je dirai, grec. Pièce, office. Vous sentez comme plus « objectif », détaché, illusoire, aux jeux antiques, Prométhée même, Oreste, il convenait d'envelopper les gradins de légende, dont le frisson restât, certes, aux robes spectatrices mais, sans la terreur en ce pli, que telle vicissitude grandiloque affectât quiconque la contemple, en tant que protagoniste à son insu. Ici, reconnaissez, désormais, dans le drame, la Passion, pour élargir l'acception canoniale ou, comme ce fut l'esthétique fastueuse de l'Église, avec le feu tournant d'hymnes, une assimilation humaine à la tétralogie de l'An.

Sa hantise, au théâtre que l'esprit porte, grandira, en majesté de temple.

Notre communion ou part d'un à tous et de tous à un, ainsi, soustraite au mets barbare que désigne le sacrement — en la consécration de l'hostie, néanmoins, s'affirme, prototype de cérémonials, malgré la différence avec une tradition d'art, la Messe. L'amateur que l'on est, maintenant, de quelque chose qui, au fond, soit ne saurait plus assister, comme passant, à la tragédie, comprît-elle un retour, allégorique, vers lui ; et, tout de près, exige un fait — du moins la crédulité à ce fait au nom de résultats. « Présence réelle » : ou, que le dieu soit là, diffus, total, mimé de loin par l'acteur

effacé, par nous su tremblants, en raison de toute
gloire, latente si telle indue, qu'il assuma, puis rend,
frappée à l'authenticité des mots et lumière, triom-
phale de Patrie, ou d'Honneur, de Paix.


Sans une pensée d'éblouir le vitrage de coupole
constatant élévation et transparence à ce que la
rumeur dénomme édifice social, importerait peu
quelque pas en avant; sauf, ainsi, pour entrer,
inaugurer et saluer une arrière-ressemblance avec
des gravités du passé, assombries en la mémoire
ou qu'instaure la foule.

Je ne crois, du tout, rêver —

Une parité, des réminiscences liturgiques exclu-
sivement notre bien propre ou originel, inscrites
au seuil et de certains apparats, profanes, avoués,
s'impose : cependant n'allez mal, conformément à
une erreur chez des prédicants, élaver en je sais
quelle dilution couleur électricité et peuple, l'archaï-
que outremer de ciels. Tout s'interrompt, effectif,
dans l'histoire, peu de transfusion : ou le rapport
consiste en ceci que les deux états auront existé,
séparément, pour une confrontation par l'esprit.
L'éternel, ce qui le parut, ne rajeunit, enfonce
aux cavernes et se tasse : ni rien dorénavant, neuf,
ne naîtra que de source.

Oublions —

Une magnificence se déploiera, quelconque, analogue à l'Ombre de jadis.

Alors s'en apercevra-t-on ou, du moins, y gardera-t-on la sympathie, qui m'angoisse : peut-être, pas; et j'ai voulu, d'ici, quand ce n'est prêt, accouder le Songe à l'autel contre le tombeau retrouvé — pieux ses pieds à de la cendre. Le nuage autour exprès : que préciser.. Plus, serait entonner le rituel et trahir, avec rutilance, le lever de soleil d'une chape d'officiant, en place que le desservant enguirlande d'encens, pour la masquer, une nudité de lieu.

## DE MÊME

Une belle réjouissance d'à présent, due aux sortilèges divers de la Poésie, ne vaut que mêlée à un fonctionnement de capitale et en résulte comme apothéose. L'État, en raison de sacrifices inexpliqués et conséquemment relevant d'une foi, exigés de l'individu, ou notre insignifiance, doit un apparat : cela improbable, en effet, que nous soyons, vis-à-vis de l'absolu, les messieurs qu'ordinairement nous paraissons. Quelque royauté environnée de prestige militaire, suffisant naguère publiquement, a cessé : et l'orthodoxie de nos élans secrets, qui se perpétue, remise au clergé, souffre d'étiolement. Néanmoins pénétrons en l'église, avec l'art : et

si, le sait-on! la fulguration de chants antiques
jaillis consumait l'ombre et illuminait telle divination
longtemps voilée, lucide tout à coup et en rapport
avec une joie à instaurer.

Toujours que, dans le lieu, se donne un mystère :
à quel degré en reste-t-on spectateur, ou présume-
t-on y avoir un rôle ? Je néglige tout aplanissement
chuchoté par la doctrine et me tiens aux solutions
que proclame l'éclat liturgique : non que j'écoute
en amateur, peut-être soigneux, excepté pour admirer
comment, dans la succession de ces antiennes,
proses ou motets, la voix, celle de l'enfant et de
l'homme, disjointe, mariée, nue ou exempte d'accom-
pagnement autre qu'une touche au clavier posant
l'intonation, évoque, à l'âme, l'existence d'une
personnalité multiple et une, mystérieuse et rien
que pure. Quelque chose comme le Génie, écho
de soi, sans commencement ni chute, simultané,
en le délire de son intuition supérieure : il se sert
des exécutants, par quatuor, duo, etc., ainsi que des
puissances d'un instrument unique, jouant la virtua-
lité — à l'opposé d'usages d'opéra, où tout afin
de rompre la céleste liberté de la mélodie, seule
condition et l'entraver par la vraisemblance du
développement régulier humain.

Une assimilation m'obsède, parmi le plaisir,
d'effets extraordinaires retrouvés ici et de certain
sens, pour nos fastes futurs, attribuable peut-être
au théâtre, comme fut, au sanctuaire un agencement
dramatique rare : séance ne le montra autre part,
constituée pour l'objet.

Suivez, trois éléments, ils se commandent.

La nef avec un peuple je ne parle d'assistants,
bien d'élus : quiconque y peut de la source la plus
humble d'un gosier jeter aux voûtes le répons en
latin incompris, mais exultant, participe entre
tous et lui-même de la sublimité se reployant vers
le chœur : car voici le miracle de chanter, on se
projette, haut comme va le cri. Dites si artifice,
préparé mieux et à beaucoup, égalitaire, que cette
communion, d'abord esthétique, en le héros du
Drame divin. Quoique le prêtre céans n'ait qualité
d'acteur, mais officie — désigne et recule la présence
mythique avec qui on vient se confondre; loin de
l'obstruer du même intermédiaire que le comédien,
qui arrête la pensée à son encombrant personnage.
Je finirai par l'orgue, relégué aux portes, il exprime le
dehors, un balbutiement de ténèbres énorme,
ou leur exclusion du refuge, avant de s'y déverser
extasiées et pacifiées, l'approfondissant ainsi de
l'univers entier et causant aux hôtes une plénitude
de fierté et de sécurité. Telle, en l'authenticité de
fragments distincts, la mise en scène de la religion
d'état, par nul cadre encore dépassée et qui, selon
une œuvre triple, invitation directe à l'essence
du type (ici le Christ), puis invisibilité de celui-là,
enfin élargissement du lieu par vibrations jusqu'à
l'infini, satisfait étrangement un souhait moderne
philosophique et d'art. Et, j'oubliais la tout aimable
gratuité de l'entrée.

La première salle que possède la Foule, au Palais
du Trocadéro, prématurée, mais intéressante avec
sa scène réduite au plancher de l'estrade (tréteau

et devant de chœur), son considérable buffet d'orgues
et le public jubilant d'être là, indéniablement en
un édifice voué aux fêtes, implique une vision d'ave-
nir; or, on a repris à l'église plusieurs traits, insciem-
ment. La représentation, ou l'office, manque :
deux termes, entre quoi, à distance voulue, hésitera
la pompe. Quand le vieux vice religieux, si glorieux,
qui fut de dévier vers l'incompréhensible les senti-
ments naturels, pour leur conférer une grandeur
sombre, se sera dilué aux ondes de l'évidence et
du jour, cela ne demeurera pas moins, que le dévoue-
ment à la Patrie, par exemple, s'il doit trouver une
sanction autre qu'en le champ de bataille, dans
quelque allégresse, requiert un culte : étant de
piété. Considérons aussi que rien, en dépit de
l'insipide tendance, ne se montrera exclusivement
laïque, parce que ce mot n'élit pas précisément
de sens.

Solitaire autant que générale en surprises pour
le Poète même, cette songerie restreinte par hasard,
à quelques piliers de paroisse perd de l'insolite,
après un moment; la conclusion prévaut : en effet,
c'était impossible que dans une religion, encore
qu'à l'abandon depuis, la race n'eût pas mis son
secret intime ignoré. L'heure convient, avec le
détachement nécessaire, d'y pratiquer les fouilles,
pour exhumer d'anciennes et magnifiques intentions.

# GRANDS FAITS DIVERS

## OR

La très vaine divinité universelle sans extérieur ni pompes —

Ce refus à trahir quelque éclat doit peut-être cesser, dans le désespoir et si la lumière se fait de dehors : alors les somptuosités pareilles au vaisseau qui enfonce, ne se rend et fête ciel et eau de son incendie.

Pas, l'instant venu ostentatoire —

Qu'une Banque s'abatte, du vague, du médiocre, du gris.

Le numéraire, engin de terrible précision, net aux consciences, perd jusqu'à un sens.

Aux fantasmagoriques couchers du soleil quand croulent seuls des nuages, en l'abandon que l'homme leur fait du rêve, une liquéfaction de trésor rampe, rutile à l'horizon : j'y ai la notion de ce que peuvent être des sommes, par cent et au delà, égales à celles dont l'énoncé, dans le réquisitoire, pendant un pro-

cès financier, laisse, quant à leurs existences, froid.
L'incapacité des chiffres, grandiloquents, à traduire,
ici relève d'un cas; on cherche, avec cet indice que,
si un nombre se majore et recule, vers l'improbable;
il inscrit plus de zéros : signifiant que son total
équivaut spirituellement à rien, presque.

Fumée le milliard, hors le temps d'y faire main
basse : ou, le manque d'éblouissement voire d'intérêt
accuse qu'élire un dieu n'est pas pour le confiner à
l'ombre des coffres en fer et des poches.

Aucune plainte de ma badauderie déçue par
l'effacement de l'or dans les circonstances théâ-
trales de paraître aveuglant, clair, cynique : à part
moi songeant que, sans doute, en raison du défaut
de la monnaie à briller abstraitement, le don se pro-
duit, chez l'écrivain, d'amonceler la clarté radieuse
avec des mots qu'il profère comme ceux de Vérité
et de Beauté.

## ACCUSATION

L'injure bégaie, en des journaux, faute de har-
diessè : un soupçon prêt à poindre, pourquoi la
réticence? Les engins, dont le bris illumine les
parlements d'une lueur sommaire, mais estropie
à faire grand'pitié, des badauds, je m'y intéresse-
rais, en raison de la lueur — sans la brièveté de son
enseignement qui permet au législateur d'alléguer

une définitive incompréhension; je récuse l'adjonction de balles à tir et de clous. Tel un avis; et, incriminer de tout dommage ceci uniquement qu'il y ait des écrivains à l'écart tenant, ou pas, pour le vers libre, captive, surtout par de l'ingéniosité. Près, eux, se réservent, ou loin, comme pour une occasion, ils offensent le fait divers : que dérobent-ils, toujours jettent-ils ainsi du discrédit, moins qu'une bombe, sur ce que de mieux, indisputablement et à grands frais, fournit une capitale comme rédaction courante de ses apothéoses : à condition qu'elle ne le décrète pas dernier mot, ni le premier, relativement à certains éblouissements, aussi, que peut d'elle-même tirer la pensée. Je souhaiterais qu'on poussât un avis jusqu'à délaisser l'insinuation; proclamant, salutaire, la retraite chaste de plusieurs. Il importe que dans tout concours de la multitude quelque part vers l'intérêt, l'amusement, ou la commodité, de rares amateurs, respectueux du motif commun en tant que façon d'y montrer de l'indifférence, instituent par cet air à côté, une minorité; attendu, quelle divergence que creuse le conflit furieux des citoyens, tous, au regard souverain, font une unanimité — d'accord, au moins, que ce à propos de quoi on s'entre-dévore, compte : or, posé le besoin d'exception, comme de sel! la vraie qui, indéfectiblement, fonctionne, gît dans ce séjour de quelques esprits, je ne sais, à leur éloge, comment les désigner, gratuits, étrangers, peut-être vains — ou littéraires.

# CLOÎTRES

Comme ce devient difficile au Français, perplexe en son cas, de juger les choses à l'étranger! Un tel vague, sans même la brume, je le rapporterais d'Angleterre. Invité à « lecturer » devant Oxford et Cambridge et, la politesse rendue en visites aux merveilles présentées par ces très particuliers séjours — l'un imposant peut-être, intime l'autre, entre qui pas de choix — reste à extraire une conclusion ayant cours.

La promenade connue cesse au pénétrant, enveloppant Londres, définitif. Son brouillard monumental — il ne faudra le séparer de la ville, en esprit; pas plus que la lumière et le vent ne le roulent et le lèvent des assises de matériaux bruts jusque pardessus les édifices, sauf pour le laisser retomber closement, immensément, superbement : la vapeur semble, liquéfiée, couler peu loin avec la Tamise.

Une heure et quart, de trains, vers les cités savantes; j'avais une raison.

Rapprochez, par ouï-dire, des collèges de tout style en une telle communion, l'étude, qu'à leur milieu rien de discordant, moyen âge, Tudorien, aéré de prairies à vaches et à cerfs, avec eaux vives, propres à l'entraînement : la Grande-Bretagne s'adonne à l'élevage athlétique de ses générations.

L'Université lie ces couvents ou clubs, legs princiers, libéralités.

Tout — que la jeunesse abrite sa croissance dans l'architecture de pensifs locaux, serait simple, avec même la côtoyant, en aînés, une présence d'hommes, uniques par l'Europe et au monde, qui, à mon sens, domine la pierre historiée comme je fus surtout étonné d'eux. Aujourd'hui, choisissant, à parfaire, une impression de beauté, véritablement la fleur et le résultat ce sont les *Fellows*.

Chaque logis collégial séculairement isole un groupe de ces amateurs qui se succèdent, s'élisant. Une vacance : « un tel (conviennent-ils) à Londres, quelque part, pourrait être des nôtres », vote, on l'appelle. Cette condition, l'élu, universitairement gradué. Il n'aura, la vie durant, qu'à toucher sa prébende. Invariablement. Préfère-t-il, lui — à la méditation contre une quotidienne vitre, quelque paysage britannique; ainsi qu'à compulser, dans le fauteuil convenu, un des tomes épaississant sa muraille, puis hanter au réfectoire ample comme une cathédrale, bâtie sur une inestimable cave : il le peut ou même trouvera sa pension, voyageur, en quelle banque d'Italie ou du globe. La plupart séjournent, respectant la clause de ne vivre mariés à l'intérieur de monastères de science. Mieux qu'ailleurs se mène l'expérience ou la découverte; j'y sais le prosateur ouvragé par excellence de ce temps.

Sans marché passé voire tacitement, en toute liberté.

Çe trait le capital.

Un renoncement, facultatif, à l'époque, accompagne la sinécure : nommé en tant que quelqu'un, la seule loi, qu'on persiste, les moyens offerts excepté l'adversité. Luxe, d'exalter chez autrui la conscience de précieux semblables, pas tout à fait inutile.

Nous crierons au scandale.

Pour que cette exception, dont me suit le charme, fonctionne, ordinaire, élégante, hautaine, se doit un sol traditionnel introublé : le même, où halètent des provinces de fer et de poussier populeuses, supporte la jumelle floraison, en marbres, de cités, construites pour penser.

Notre échafaudage semble agencé provisoirement en vue que rien, analogue à ces recueillements privilégiés, ne verse l'ombre doctorale, comme une robe, autour de la marche de quelques messieurs délicieux.

Un motif convient, pour se priver ainsi : défiance, où point un instinct de claire justice. La conception anglaise atteste une générosité sociale différente.

L'Académie, ici, ne se compare; ses desseins, statuts.


Si près de la dispersion et de l'été, j'aime, ces refuges que je dois oublier, les fixer (d'accord, ils

ne sont pas à notre gré) : et que ne se fasse, sans
une équivalence pour quelques-uns et moi, le mental
adieu.

Du passé, cela enrichi, vis-je au départ, d'un
recommencement, avec la saison, de prochains
couchers — perpétuel : comme le concept de
Cloîtres. Répugnance chez la démocratie : dans le
cas, nous abolissons, nions, jetons bas. J'insiste
sur le mot *du passé* — il aide à se dégager, avec
soupir, d'une leçon, majestueuse comme un chœur;
qui ne se taira — ni l'intonation d'un Fellow disert
toujours, avec aptitude, sur des sujets français, fins,
littéraires pour peu qu'il en reste — indéniablement,
à cette date du printemps en cent ans, et plus!
Alors je me demande si de pareilles institutions,
neutres à la brutalité qui en battrait le mur, ne
*demeurent* d'autre part comme qui dirait *en avance* :
certes si, élan d'un gothique perpendiculaire, la
basilique là-bas du « Jesus » ou cette vigilante tour
de « Magdalen », hors de jadis ne surgissent — quant à
un spectateur impartial — très droit délibérément
en du futur.

Moi-même y contredis, en ce qui est de chez
nous, imbu de je ne sais quelle hostilité contre des
états de rareté sanctionnés par le dehors, ou qui
purement ne sont l'acte d'écrire : je rentre les aspi-
rations à la solitude nécessaire quand ce ne serait
que pour paraître songer. Il faut cette fuite, en soi;
on put encore — mais, soi, déjà ne devient-il pas
loin, pour se retirer ?

# MAGIE

Huysmans se plut, dans une œuvre de portée infiniment autre que fournir des documents même extraordinaires (comparaison entre la magnificence en le mal, d'âmes, au XVe siècle, et nous) à dénoncer le bizarre attardement, au Paris actuel, de la démonialité. Le moyen âge, incubatoire : tout depuis, alliage, avec l'antique, pour composer cette vaine, perplexe, nous échappant, modernité — outre la législation pétrifiée romaine stagne une religion, celle des cathédrales, parallèlement. Fermer les yeux, ne peut ne voir, régentant la cité comme au temps défunt, l'accroupie en le dégagement mystérieux de ses ailes, ombre de Notre-Dame.

Le sabbat, dessous, conduit par la bande restaurée des gargouilles et des figures infâmes, refuse de choir.

Un public, soustrait au recensement, éprouve du goût pour des pratiques, ici, que le maintien, à la cour papale, d'une charge en vue de les confondre, désigne comme vivaces. Hébétude fouettée de blasphème, cette messe-noire mondaine se propage, certes, à la littérature, un objet d'étude ou critique.

Quelque déférence, mieux, envers le laboratoire éteint du grand œuvre, consisterait à reprendre, sans fourneau, les manipulations, poisons, refroidis autrement qu'en pierreries, pour continuer par la simple intelligence. Comme il n'existe d'ouvert à la recherche mentale que deux voies, en tout, où bifurque notre besoin, à savoir l'esthétique d'une part et aussi l'économie politique : c'est, de cette visée dernière, principalement, que l'alchimie fut le glorieux, hâtif et trouble précurseur. Tout ce qui à même, pur, comme faute d'un sens, avant l'apparition, maintenant de la foule, doit être restitué au domaine social. La pierre nulle, qui rêve l'or, dite philosophale : mais elle annonce, dans la finance, le futur crédit, précédant le capital ou le réduisant à l'humilité de monnaie! Avec quel désordre se cherche cela, autour de nous et que peu compris! Il me gêne presque de proférer ces vérités impliquant de nets, prodigieux transferts de songe, ainsi, cursivement et à perte.

Neuve, presque involontaire une piété de la science ne néglige rien qui hanta son commencement grandiose et puéril : cet appareil de chimère signifiant pour le littérateur des titres solitaires innés, vaut, comme musée; mais ramener son âme à la virginité de la feuille de papier, n'y installe de blason. Je dis qu'existe entre les vieux procédés et le sortilège, que restera la poésie, une parité secrète; je l'énonce ici et peut-être personnellement me suis-je complu à le marquer, par des essais, dans une mesure qui a outrepassé l'aptitude à en jouir consen-

tie par mes contemporains. Évoquer, dans une
ombre exprès, l'objet tu, par des mots allusifs,
jamais directs, se réduisant à du silence égal, com-
porte tentative proche de créer : vraisemblable
dans la limite de l'idée uniquement mise en jeu
par l'enchanteur de lettres jusqu'à ce que, certes,
scintille, quelque illusion égale au regard. Le vers,
trait incantatoire ! et, on ne déniera au cercle que
perpétuellement ferme, ouvre la rime une similitude
avec les ronds, parmi l'herbe, de la fée ou du magi-
cien. Notre occupation le dosage subtil d'essences,
délétères ou bonnes, les sentiments. Rien autrefois
sorti, pour les illettrés, de l'artifice humain, seul,
résumé en le livre ou qui flotterait imprudemment
dehors au risque d'y volatiliser un semblant, aujour-
d'hui ne veut disparaître, du tout : mais regagnera
les feuillets, par excellence suggestifs et dispensa-
teurs du charme.

Coupable qui, sur cet art, avec cécité opérera un
dédoublement : ou en sépare, pour les réaliser dans
une magie à côté, les délicieuses, pudiques — pour-
tant exprimables, métaphores.

## BUCOLIQUE

Le Monsieur, plutôt commode, que certains
observent la coutume d'accueillir par mon nom,
à moi esprit, là-haut, aux espaces miroitant, force

l'égard durant l'audition de doléances. Quel cas
étrange n'alignerait-il pas si on consentait à écouter,
comme ceci touchant une question, singulièrement,
de séjour par le vénéneux printemps introduite
des crépuscules à la vitre. Transcrire le propos, que
porter en public est trop; l'énonciateur, apparu le
quelqu'un hantant, par ma fréquentation, avec peu.

Quelque aspiration d'écrivain aux champs va,
Juin s'exhale, dicter, sur le ton modéré, un *O rus
quando te..* récent.

Silence au raisonneur —

Il profère, pour marquer ses griefs pas sans dépré-
cation —

Que l'artiste et lettré, qui se range sous l'unique
vocable de poète, n'a lui, à faire dans un lieu adonné
à la foule ou hasard; serviteur, par avance, de
rythmes —

Que, cependant, nécessaire d'y être venu et
même d'avoir tenu bon; pour s'en retourner, docte
et, n'importe où, enfouir comme inutile, précieux
son tribut, avec la certitude d'aucun emploi.

Souriant à juger l'aventure profitable, contradic-
toirement : en raison qu'agglomération de vague
devra, chez tels sujets, déterminer un éclat révulsif et
furieux d'intelligence.

Ce qui consiste à mal parler de la Ville —

De la Ville bien entendu sinon j'interrompais,
à l'état actuel, en expectative, ayant le tort de pré-
tendre, tout de même, fonctionner, à cause du tour-
billon de vie lancée, nonobstant le défaut de sociales
bases et d'un couronnement par l'art.

Longs faubourgs prolongés par la monotonie
de voies jusqu'au central rien qui soit extraordinaire,
divin ou totalement jailli du sol factice en échange
des lieues d'asphalte, de nouveau, à piétiner, pour
fuir.

Toujours sans excuses que j'occupe la scène,
intellectuellement le ferai-je et de mémoire, témoi-
gnez comme la destinée, chez plusieurs confondue
avec leur rêverie, me choya. Le double adjuvant
aux Lettres, extériorité et moyen ont, envers un,
dans l'ordre absolu, gradué leur influence.

La Nature —

La Musique —

Termes en leur acception courante de feuillage
et de sons.

Repuiser, simplement, au destin.

La première en date, la nature, Idée tangible pour intimer quelque réalité aux sens frustes et, par compensation, directe, communiquait à ma jeunesse une ferveur que je dis passion comme, son bûcher, les jours évaporés en majestueux suspens, elle l'allume avec le virginal espoir d'en défendre l'interprétation au lecteur d'horizons. Toute clairvoyance, que, dans ce suicide, le secret ne reste pas incompatible avec l'homme, éloigne les vapeurs de la désuétude, l'existence, la rue. Aussi, quand mené par je comprends quel instinct, un soir d'âge, à la musique, irrésistiblement au foyer subtil, je reconnus, sans douter, l'arrière mais renaissante flamme, où se sacrifièrent les bosquets et les cieux; là, en public, éventée par le manque du rêve qu'elle consume, pour en épandre les ténèbres comme plafond de temple.

Esthétiquement la succession de deux états sacrés, ainsi m'invitèrent-ils — primitif, l'un ou foncier, dense des matériaux encore (nul scandale que l'industrie l'en émonde ou le purifie) : l'autre, ardent, volatil dépouillement en traits qui se correspondent, maintenant proches la pensée, en plus que l'abolition de texte, lui soustrayant l'image. La merveille, selon une chronologie, d'avoir étagé la concordance; et que, si c'est soi, un tel, poursuivi aux forêts, épars, jusqu'à une source, un concert aussi d'instrument n'exclue la notion : ce fantôme, tout de suite, avec répercussion de clartés, le même, au cours de la transformation naturelle en musicale identifié.

A quoi bon tarder aux palais — ce dont, aujourd'hui faute d'histoire, ils peuvent disposer est un

orchestre; j'ai, pour mon usage individuel, confronté
à sa chimère le délice. Y penser ou invinciblement
chanter, au gré d'un bondissement allègre intérieur,
quoique bas, en vers : on constate que le commun
des murs réverbère l'écho par des inscriptions qui
ne sont pas en rapport, proclamant l'annonce d'us-
tensiles, de vêtements, avec les prix.

L'endroit n'est conséquemment pas ici.

Paris avance dans l'été sa saison comme Londres
parce que chaque accessoire, carrosserie ou les toi-
lettes, étincelle et écume luxueusement, dehors; une
poussière dissipa tout aux plages.

La mer dont mieux vaudrait se taire que l'inscrire
dans une parenthèse si, avec, n'y entre le firmament
— de même se disjoint, proprement, de la nature.
Quelque drame d'exception, entre eux, sévit qui a sa
raison sans personne.

Mon théâtre, de plain-pied et le fouler, acteur
même : pourquoi pas, sous l'inspiration du décor,
me représenter par fragments, à titre d'expérience,
hors la vue et dans un congé de tous.

Une sécurité nommée la paix des champs, à
l'encontre des dissipations ou verbiages, amasse,

de silence, assez pour faire transparaître en ce qu'il
s'agit de ne pas dire, la grandeur.

Perdre du temps, conseille quelque voix — pas
de remords ou, pire, le dégoût sitôt que face à face
avec du loisir, comme dans l'appartement : ici inter-
vient l'illusion spacieuse. Les regards se satisfont
à mi-hauteur de futaies et, mainte journée enfonce
à l'étang, légendaire de trésor.

Comme il suffit de s'en aller, à une heure et demie,
seulement que l'obsession qui continue, par le
vacarme du train, finisse, près : et accourt, avec une
épaisseur, ou la parité de végétations ultérieures,
tel bois. Aspect, volontiers, d'environs, les blés,
sur une grande étendue, célèbrent par leur assurance
lumineuse le centre de population, en qui veille la
cité. Toute fuite plus avant, revient en tant que
fleuve.

Telle page rurale, accompagnement à l'autre,
oiseux, jamais disparate — ce site, habituel, sous
un reflet de nuage classique et lieu commun :
arrivât-elle, l'écriture, raréfiée naguères par la
symphonie, à se limiter dans plusieurs signes
d'abréviation mentale, d'autant eux monteront vers
l'irréductibilité ou impossibilité au delà — sur le
sol où je mets le pied, plus évidemment leur mirage,
ordinaire, demeure. Rien ne transgresse les figures
du val, du pré, de l'arbre.

A demander, jamais, reviendra-t-on sur les pas, cette saison pleine encore ; mais quand doit l'Automne arborer de la gloire, s'il ne faut lui rester, la bonne fois, décidément plutôt que quérir de semblables, incompétents, une prérogative solitaire.

L'expérience conclut tôt à cette stupeur —

Combien, véritablement, une capitale, où s'exaspère le présent, restreint, dehors, la portée de ce miasme.. il ne traverse pas l'atmosphère de quinze lieues, au-dessus d'herbes et de feuilles.. nul intérêt ne rappellerait sur le coup — combien de la forteresse construite, par les gens, exprès, contre leur magnificence comme la répand la nature, sauf un recours à la musique dont le haut fourneau transmutatoire chôme, ces mois — je dis combien, sur les remparts, tonne, peu loin, le canon de l'actualité : que le bruit puisse cesser à une si faible distance pour qui coupe, en imagination, une flûte où nouer sa joie selon divers motifs celui, surtout, de se percevoir, simple, infiniment sur la terre.

## SOLITUDE

L'existence littéraire, hors une, vraie, qui se passe à réveiller la présence, au dedans, des accords et significations, a-t-elle lieu, avec le monde; que comme inconvénient —

Certainement je vise le Poète ne possédant pas d'intérêts quelque part, gratuité du produit ou dédain commercial; les deux, par un nœud simple. Le miracle assuré de ses jours ou un compromis selon de l'amertume, puisque tout devrait jaillir de l'assentiment et certifier, en durant, le luxe d'esprit contemporain, cela n'éclate que du manquement à la destinée, au moins, social; tirât-on, enfin, des subsides d'un hasard de fortune.

Ni le personnage n'éprouve grand goût pour les honneurs institués et spéciaux aux lettres.

La familiarité de confrères, mène à constater qu'il en est — personne, dans une situation qui relève du génie, plus que partout et à meilleur droit, ne néglige de se croire l'exemplaire. Ridicule fondamental; aussi, latente évidence. Même entendre autrui, les devants pris, sommairement réduire l'art à sa conformation et à des dons, où exulte toute dissertation, entre plusieurs, technique, vaut-il de fréquenter, sinon par envie subite d'insinuer qu'il n'y a que soi et jouir du retrait poli de dénégations voilant leur stupide désespoir. Ce soin, alterné, reste le prétexte à société et échanges d'opinion : car je n'augure pas, non plus, qu'on se plaise inconsidérément et pour le bavardage, à livrer l'acquis particulier de combien d'échecs contre une réussite, elle suffit, c'est vrai, à l'armure debout de notre énigme : ni expliquer ou répandre des moyens, en vue d'une gloire moindre jamais que le mystère.

Si bizarre initiative ne visite l'écrivain, qu'en un cas — où, par sa distraction poussée loin, écartez le jeu qu'il la compose, l'imprévoyant se soit laissé péremptoirement reconnaître de l'appellation de Maître puis sortirait de rêves, en l'estimant murmurée avec sérieux devant lui et, élargissez le rire à crever cette farce, peut-être, une fois, ici — que ce touche un homme ponctuel et scrupuleux, obligé par convenances intérieures, plutôt que s'en dédire, de répondre avec l'énonciation, en effet, des quelques aperçus généraux, propres à des disciples. Comme si quiconque jeune, vis-à-vis d'un prédécesseur encore, ne gardait la fleur d'indépendance : une approche contient l'hommage; et la sécurité de hanter même région naît de mots évasifs dans une promenade à pas égal que persiste, entre ans différents, l'abord. Vieillard presque ou adolescent, on gagne, en réserve, ou respecte la saute inverse d'une époque à la suivante, comme marche le temps. L'enseignement contraint qui le donne, qui l'accepte, sauf une œuvre; acte toujours intime. Ah! la fête par exemple, rien ne la célèbre, en dehors et cette ivresse, la fusion de récents avec la lumière aînée — pas de devoir que produire un livre favo-

rable à ces noces d'esprit, ou camarade acquiesce-
ment de poignées de main pensantes. Si l'immorta-
lité présente la survie mais dans mille, le Poète,
avec un délice de chanter, précisément ou d'élever
la voix, en pureté, par-dessus les conversations
directes applicables à un sujet : écoute-t-il de lui
quelque écho, ne l'anticipe autre part que dans la
crise subie, un laps, au commencement tout à fait
de la jeunesse, par chaque génération — quand
l'enfant près de finir jette un éblouissement et
s'institue la vierge de l'un ou l'autre sexe. Hors les
collèges, les murs, les formulaires et tout ce qui de
parfait, officiellement servira : dans un cloître,
mental, aux arceaux d'âge en âge, qu'illumine l'ins-
tant fugitif d'élus. Aujourd'hui avec ceux, déjà,
le futur, arguer d'expérience par éclats doctoraux;
vanité ou si quelqu'un poussé à la circonstance, il
montre le mépris d'une règle, souveraine — qu'on
ne doit s'attarder même à l'éternel plus que l'occa-
sion d'y puiser; mais, je précise, atteindre tel style
propre, autant qu'il faut pour illustrer un des aspects
et ce filon de la langue : sitôt recommencer, autre-
ment, en écolier quand le risque gagnait d'un pédant
— ainsi déconcertant au haussement d'épaules la
génuflexion par certains essayée et se sauvegardant
multiple, impersonnel pourquoi pas anonyme, devant
le geste de bras levés stupéfaits.

A moins, échappât-on à l'embûche d'école, que
ne reste, pour amplifier toute joie, la presse, entre

tel krach et des scandales d'ordre privé, ivre de
curiosité qui — elle ne saurait attendre à demain
— Quoi ? — Ce que vous pensez.. — dépêche un
messager tirer d'ici un oracle. — Justement je ne
pense rien, jamais et si j'y cède, unis cette médita-
tion à ma fumée au point de les suivre, satisfait,
diminuer ensemble avant que m'asseoir à un poème,
où cela reparaîtra, peut-être, sous le voile — et
tendant au visiteur le cigare, exclusif, qui défraiera
tous interviews. « .. Ce que vous pensez de la Ponc-
tuation. » — « Monsieur » avec gravité « aucun
sujet certainement n'est plus imposant. L'emploi
ou le rejet de signes convenus indique la prose ou
lès vers, nommément tout notre art : ceux-ci s'en
passent par le privilège d'offrir, sans cet artifice de
typographie, le repos vocal qui mesure l'élan ;
au contraire, chez celle-là, nécessité, tant, que je
préfère selon mon goût, sur page blanche, un dessin
espacé de virgules ou de points et leurs combinai-
sons secondaires, imitant, nue, la mélodie — au
texte, suggéré avantageusement si, même sublime,
il n'était pas ponctué. » Ou autre verbiage devenu
tel pour peu qu'on l'expose, de persuasif, songeur
et vrai quand on se le confie bas. Très bien, ainsi,
voilà ce qu'il voulait savoir, le confrère emporte
l'arrêt, sans permettre de l'avertir que, l'heure où
son journal voudra traiter la question extensivement,
je suis prêt à le faire en dix articles, au prix de
— comme je n'en ai, du reste, aucune envie. Il a
mis le pied dans l'antre, extrait la dépouille subtile.
« Une phrase » requérait son irruption tout de suite,
ainsi que la cueillant puis la brandissant « qui résume
le point de vue ». Exempte, il sait ce qu'il fait, malin,
de toute fioriture ; coût et apprêt.. — « Serait-ce

une phrase ? » ou « Attendez, par pudeur » il s'éloigne
« que j'y ajoute, du moins, un peu d'obscurité. »

Intermède pour dériver la plaisanterie, très
loin, du sentiment qui porte le débutant à se serrer
contre ceux, férus de l'endoctriner. La rare pratique
marquant l'existence littéraire ou capable de la
simuler, s'atteste, là, d'une réciprocité funeste.
Même stagnance apportée par l'un à l'autre groupe ;
que le départ en soit dans le conseil ou l'admira-
tion. Les gens d'idéal doivent très peu, excepté
aux primes années de surprise, entre adeptes décou-
vrant même rite, causer : libres ensuite pour une
volte.. sauf celle d'usurper, parallèlement à maintes
besognes ordinaires renoncées comme avisa la voca-
tion et en cette absence, plus tard, des charges,
vagues, sans rapport à un maintien secret. Neutre,
le nôtre, qui, l'oubli de débouchés, quels qu'ils
soient, frelatés et criards, se mène à l'ombre de
feuillages étendant une forêt, ou sur l'asphalte
indifférent pourvu qu'on porte la solitude.

Spécieusement alors, pourquoi, si ce n'est en
vue d'ouvrager, comme disait l'autre, tout à l'heure
intrus, qui m'en priait, quelque phrase, par excep-
tion, venue heureusement, soit qu'en dissertant
de thèmes essentiels le rythme a chance de contours
et lignes purs — je disais : pourquoi, quant à moi
avec présomption, mes amis, entonner ce qui ne

rend de charme que tu en accompagnement à de la
distraction. La menace de dissiper, en y touchant
à même ou à part, des vérités, qui le sont à l'état
de gammes, accords posés préludant au concert :
tout silence, mieux, envers un art lui-même de
paroles — hors les prestiges et l'inspiration. Quand
un parleur affirme, en un sens plutôt qu'à l'opposé,
une opinion esthétique, généralement outre l'élo-
quence, qui séduit, s'en défalque une sottise parce
que l'idée aux coups de croupe sinueux et contra-
dictoires ne se déplaît, du tout, à finir en queue
de poisson ; seulement refuse qu'on déroule celle-ci
et l'étale jusqu'au bout comme un phénomène
public.

J'attribue à la conscience de ce cas, dans un
temps que deux hommes ne se sont, peut-être,
malgré la grimace à le faire, entretenus, plusieurs
mots durant, du même objet exactement, la restric-
tion qui garde des interlocuteurs de rien livrer à
fond et de prêter souci ; mais les persuade, par ruse
mutuelle avec de la bravade, reliquat des surannés
combats d'esprit généreux et baroques ou confor-
mément au monde dont les lettres sont le direct
affinement — de soustraire autant que révéler sa
pensée, le premier ; le second, de saisir, obstinément,
autre chose — pour réserver leur intégrité, quand
un besoin cordial les leurre à se rencontrer.

# CONFRONTATION

Le matin, las d'été, avant que tout éblouisse, mène dans les prés y perdre l'insomnie. La journée, pour chacun, commença, vers ces meules, le bois, un rùisseau; la promenade se barre invariablement de travail et la sueur survit à la rosée. Même œillade du même homme chétif ou musculeux, cassé sur la besogne; questionneuse *Toi que viens-tu faire ici?* Un mauvais vouloir et dédain, justes chez qui peine, envers une oisive approche, je les invite à rétablir, sous le ciel, l'équité — véridiquement embarrassé de paraître sur une éminence, auprès du trou par quelqu'un creusé depuis l'aube.

Vite opposer une formule, rien que de proche et de bref, à cette interrogation visuelle comme elle se fixe sur moi ou que le tâcheron ne puisse, si nous débattions, nier. « Il extrait une brouettée de terrain, pour la vider peu loin, il a produit et refaire l'inverse implique besogne nouvelle, payée. »

La terre, dans le pacte, a prévu que nulle force fournie, même en acquiescement à un contre-ordre, ne fût vaine.

Celui-là, où que s'ouvre sa fosse présente, en renaît —

Béni par la sécurité de l'effort.

Un autre, que je veux incarner, serait, dont le labeur ne vaut pas au détail parce que, peut-être, acceptant l'hésitation. La page, écrite tantôt, va s'évanouir, selon — n'envie pas, camarade — qu'en moi un patron refuse l'ouvrage, quand la clientèle n'y voit de tare.

Anéantir un jour de la vie ou mourir un peu, le sachant, quels cris jetterais-tu : quoique une divination pareille, au nom de quelque supériorité, t'interrompe, souvent, de la tâche, ivre-mort.

Vestige de sacrifice, le risque suffit au désintéressement.

Péremptoire, certain et immédiat, cela — éclairant aussi mon cas : les inspirés, nous courons trop à quelques dons, que le temps dure de maîtriser, primitivement pour connaître le principe, social, d'une vocation. Tout à coup on surprend, remise à la maturité, cette compréhension du monsieur qu'il faut indiquer par l'extérieur.

L'or frappe, maintenant, d'aplomb la race; ou, comme si son lever ancien avait refoulé le doute, chez les hommes, d'un pouvoir impersonnel suprême, plutôt leur aveugle moyenne, il décrit sa trajectoire vers l'omnipotence — éclat, l'unique, attardé pour un midi imperturbable.

Ajoutez — il paie comptant, loyalement, qui, en raison de la brutale clarté vaincu aussitôt, se déclare sujet.

Comme s'impose en vue d'un autre genre d'honneur, dont la lumière jetée par le métal soit, bien, l'effulgence — du moins, qu'un personnage, isolément, discute, demande les raisons; fuie, à la limite de portée, pour savoir si le rayon l'accompagne. L'expérimentateur à son péril, alors, installe l'authenticité : que faire, en l'occasion ou supprimant une foule intermédiaire, directement de soi au dieu, que le forcer de reconnaître la pensée, essence, par le résidu, monnaie — tous, ensuite, agiront, sans honte, sous la loi visée d'un paraphe privé.

Cette fonction —

A qui —

Sauf que la découvre, la fonde et l'usurpe un citoyen, **reculant l'épreuve jusqu'à sa faim éventuelle.**

Le Poète, ou littérateur pur, talent à part, tient l'emploi.

Matinée favorable — malgré la nuit sans disparition ni un raccord au latent compagnon qui, en moi, accomplit d'exister, ici le manœuvre mi-enfoui le montre : l'abandonnerai-je à la salutation machinale infligée par l'élan et le heurt de l'outil, incessamment, vers la Somme dont brille l'horizon ?

Mon regard sur le sien limpidement appuyé, confirme, pour l'humble croyant en cette richesse, une déférence, oh! qu'un serrement de main s'y devine muet — puisque le meilleur qui se passe entre deux gens, toujours, leur échappe, en tant qu'interlocuteurs.

L'expression, probablement, concerne la littérature —

Pourquoi ne la rédiger, au retour, cursive preuve ultérieurement qu'un jour de grand soleil, peut-être, j'ai perçu, dans la différence qui le sépare du travailleur, l'attitude, exceptionnelle, commise au lettré.

Une élégance, la dernière, elle se renforce de la seule bravoure encore, ou devant le numéraire, persiste, ainsi que la fleur d'à-présent humaine : qui porte quelques privilèges, anonymement, de royauté.

Ne pas se récrier, témoignant le contraire.

Si votre méprise se bornait à convertir en procédés journaliers un artifice qui, tiré de la parole, enfin, la peut reléguer au courant; voilà, apparemment, la presse, intéressante —

Tandis que je soupire, pas davantage, exhalant comme dans une cure, au loin, de silence, ma stupeur que l'usage ramène à un niveau d'affaire, sûre, la situation préparée, expressément, pour tout jouer. Singularité, quoi, se tromper là, justement, où —

intuition moindre, certes, que le déploiement du
faste d'esprit, préservait de le faire. Une carrière ne
se propose aux lettres, mais on use du mot à la façon
de lyriques célébrant le parcours de l'astre jusqu'à
sa hauteur accoutumée — que, tout à l'heure, il va
toucher — ascension pas avancement. Ce métier
manque, pour des motifs, dont un, la rareté du génie
à travers l'existence et, par suite, telle obligation au
remplissage y suppléant, comme tire à la ligne un
feuilleton. Qui songe a les mains simples et le com-
promis acceptable partout, ici capter l'éloge, pré-
cieux inopinément — en termes nets se faire faire
de la réclame ou qu'on brigue un insigne, contre
quoi est joli de se défendre, sollicitant sa décoration,
ces riens, même imposer à son industrie un rende-
ment surfait, pour un héros qu'il faut être et quand
le cas comporte du défi, prennent un aspect, tout de
suite, inconsistant et faux. Surtout qu'on se voua
originellement à un miracle préludant avec l'inspi-
ration, achevé par la formation, alentour, d'une
élite —

Nulle vente ni qu'homme trafique, avec l'âme
ou, sinon, il ne comprend pas.

La poignée indispensable du métal commun lui
sert, professionnellement, avant qu'il ne pense
d'en vivre, à accomplir son tour, jongleur sacré, ou
éprouver l'intelligence de l'or.

Aucun sens, conséquemment, de tricher et intro-
duire le coup de pouce qui, plutôt, reste la caresse
statuaire créatrice à l'idée.

## LA COUR

Quel nom, d'arrière-exploits mémorable, vaudra le paraphe, entre des appels de splendeur, que signe avec son motif ondoyant telle grande symphonie de concerts —

Une noblesse, désormais, se passera du nom.

Concurremment ainsi à l'éclat dégagé par le rêve, impersonnel sentiment de gloire; et, pour un parrainage contemporain, où le prendre qu'au creux de l'urne électorale pas sonore —

Rien de la fortune.

Une seigneurie que dise la richesse, même répondant, chez quelqu'un, à cette infatuation d'en régenter la fête et de la distribuer, aux autres de qui on a la part, d'après soi-même, parce qu'ils ignoreraient.. Se démunir, par contre, du moyen général et le mettre en doute, annonce, dans la pauvreté un goût solitaire et de race. Toute sélection, en haut, soit : elle peut se réfléchir, inverse, au bas; et le fondement moderne consiste en cette équivalence pour peu qu'indicatrice encore où est le haut, le bas, parcimonie, opulence, tout ambigu.

Le talon pécuniaire est omis, péremptoirement : la tentative d'une supériorité s'inaugure par étendre, sur des distinctions vulgaires, en les effaçant, aile égale. —

Quant à quoi —

Essentiellement l'œuvre d'art; ce suffit, à l'opposé des ambitions et d'intérêts.

Tel que se tourne aux faits le souci proposé par un essai, ici, de reportage spacieux, aérant, de laps, l'actualité, je ne traiterais un retour de la noblesse, pour continuer avec le mot — Ah! vraiment — On dirait qu'il en faut une — Paraît-il — Certains s'y mettent — Le besoin se fait sentir — indomptablement sans la croire, à un degré subtil, profond, elle, nécessaire. Quand aussi ce serait pour balayer, avec une indication, l'ignominieuse erreur qui obstrue, en dégel, la voirie du siècle —

Issue, j'atteste, du goût erroné le plus pur ou d'équité —

Si pareille méprise pouvait tout de bon se produire! ou que l'exagération du principe ne fût flagrante afin de le fausser, avec ruse.

Aidons l'hydre à vider son brouillard —

On a dit, par vocifération et le silence, à des masses « Tout appartient — en le domaine — se doit à votre admiration » et, faute de quelque chose à désigner, on les lâcha sur l'art. Non, qui trafique,

non, qui pioche, combien cette journée fut lourde
à la gent, elle dormira ouïe au sac où le métal, inté-
rieurement, sert de rêve : sans, au reste, s'inscrire
à l'immortalité de chaque jour qu'éclaire la soirée..
Ou, du moins, repose, toi, dans ta simplicité bénie
de tâche assurant ce qui est aussi, le pain, dont toute
trompette de clartés répercute, avec magnificence,
la gerbe juste initiale.

Oh, qui leurra vers ici une émeute affamée ?

Avec des proportions de multitude, surgisse le
simulacre en torchis et dorure, fallacieux, pour
arrêter l'irruption nouvelle, devant le voile de
mensonge : tous n'y ressentiraient qu'ennui ; car au
fond de chacun s'éteint un lampion que si c'était
cela, la merveille — plutôt pas.. Le pis — on leur
jura, mais on ne les trompa tout à fait — que notoi-
rement se réclame de l'unique jeu qui n'y prête en
tant que restreint par nature et strict, une satisfac-
tion foraine, certes, à chercher, dans la parade
publique manquant peu à la badauderie. Jaunes
effondrements de banques aux squames de pus et
le candide camelot apportant à la rue une réforme
qui lui éclate en la main, ce répertoire — à défaut, le
piétinement de Chambres où le vent-coulis se dis-
trait à des crises ministérielles — compose, hors de
leur drame propre à quoi les humains sont aveugles,
le spectacle quotidien.

Avec commodité, pour chacun, à sa portée selon
une envergure de journal éployé.

Autrement je soupçonne le mystérieux ordre poussant la gratuite cohue aux faux-semblants, de prétendre, par obstruction, empêcher, en cas qu'il s'avance, l'Élu, quiconque veut. Toi ou moi — le seul au nom de qui des changements sociaux, la révolution, s'accomplirent pour que surgi il se présentât, librement, sans encombre, vît et sût : témoignant du chef-d'œuvre, en raison d'une dignité, comme preuve. La constatation ne s'en déférerait à la foule. Il prévient, résume. Un temple même bâti par quartier en la ville, pour immense, ne contiendra la totalité populaire. A quelque loi importe qu'un, représentatif, puisse arriver le plus humble, invité, comme en pèlerinage, du fond d'un destin soucieux. Le dernier, moralement tous : ce point, assez — pour que la justice, se plaisant, exulte, avec lueur sur le bel objet visité qui y concorde. J'entends — d'où cette volonté! — de ce qu'il faut que ce soit — pourquoi à lui mieux qu'à cet autre! — lequel, en l'occurrence, serait lui. Tous les deux et beaucoup aussi, je réclame. L'élection, vous la prônez, le vote aux doigts, assimilée au travail de l'usine; attendu que vous craignez particulièrement, je le sais, une ingérence de mystère, ou le ciel, dans tel choix.

Aristocratie, pourquoi n'énoncer le terme — en face du tant vagi de démocratie : réciprocité d'états indispensable au conflit, national, par quoi quelque chose tient debout, ils se heurtent, se pénètrent, sans vertu si l'un fait défaut.

La pièce de monnaie, exhumée aux arènes, présente, face, une figure sereine et, pile, le chiffre brutal universel.

Seules plusieurs conditions changeront — et un vent, pour ne parler histoire, sacré culbute, plaque, disperse ici; là, suspend une poussière précieuse. Ce caractère, nulle fixité, dans la composition d'une élite, officiellement et traditionnellement ne marque personne. Millier le même ou à peu près, en auditoires, mobile à l'annonce, quelque part, de beau : le chef-d'œuvre convoque. Loin de prétendre, dans l'assemblée, à une place, comme de fondation ou corporative, pour le producteur : il paraîtra, se montrant en l'anonymat et le dos convenables, je compare, à un chef d'orchestre — sans interception, devant le jaillissement de génie possible — ou, il rentre, selon son gré, à l'hémicycle assister, dans les rangs.

La Cour, je dirais — mais qui ne voltige, maintenant, autour de l'individu royal le fût-il, authentiquement, par dons spirituels.

Un sot parle de *snobs*, détournant l'argot étranger; qualificatif vain, préférable à son foncier état de blague. L'avis, qui est le mien, avec de l'arbitraire, borne, au livre, l'action, pour un temps disponible; mais je n'accueille pas moins, de spontanéité et grâce, prêt, auparavant, un éveil à ce qui aimera se hâter d'immédiat. Quelque fidélité suppléant ce qu'on appela, ordinairement, le public.

L'initiative me semble au devant de la religion neuve, qui la groupa, sans doute, à cause de son occultisme facile aux extases inscrutables, la Musique : ainsi, ai-je, au cours de cette note, ordonné comme image ou accompagnement évocatoires, le hantant fonds humain sis aux gradins.

Bravoure et tant de qualités en le plaisir précurseur frémi par une présence, tension de cols — quoique souvent repliée et déçue : car le chef-d'œuvre est funeste, il joue, après invitations, sombrement à s'esclaffer pour que du ridicule fulmine au perlage des capotes chimériques en train d'assentiment.

Une ville commence le devoir, qui, avant le temple, même les lois, rudimentaire comme l'instant, trouve, en la curiosité quand il n'y aurait que cela ou attente de ses étages divers d'habitants, motif à rendez-vous fervent : surtout qu'impartiale elle doit, à la surprise d'art, rien de moins ni de plus, une figuration.

A tel égard et de ce côté, convient — avec correction de soulever, par un salut — qu'il y ait à faire, légèrement, en faveur de quoi que ce soit — la si noire plate-forme égalitaire chue sur les calvities, qui y séjourne.

## SAUVEGARDE

La plus haute institution puisque la royauté
finie et les empires, grave, superbe, rituelle est,
n'attendez la Chambre représentative, directe, du
pays si une autre dure que tarder à nommer paraît
irrespectueux, l'Académie.

Ce dithyrambe pourquoi, en coupole —

Fondée dans le sens français, son dessein, à la
compagnie, la rend unique au monde : le lien des
Lettres change en splendeur officielle l'effort divers.
Comme civilisés quoi de mieux, le mémoire, de
l'ingénieur, du financier, ou du chimiste, du stratège,
présenté par son rouleau succinct presque l'inspira-
tion d'avant, selon la langue, à la Nation. Attitude
celle d'un bas-relief de noble époque quand offrir,
plus haut que soi, la primeur spirituelle, répond à
quelque honneur élégant. Culte, une loi — tout
s'arrête à l'écrit, y revient. Notre fondation, du vieux
sol, que les événements placèrent à la veille d'un
éclat décoratif du goût pratique et fier de la race,
eut conscience, on le dirait, jalousement : s'isola.
Même principale, la niveler aux classes de l'Institut,
montra une main politique et sacrilège : le décret
vaut inefficace soit que les sections d'art, avec celles

à y joindre d'industrie, ne confondent l'exclusive
en leur pluralité et n'en dérivent le lustre. Allons
droit à l'attentat futur — Quand même, quelque
jour inscrit au programme des constitutions, l'Ins-
titut, complété, moderne, avec toutes les activités,
s'annoncerait en tant que Sénat opposant, à la voci-
fération par le suffrage immédiat, un principe
majestueux pris dans la sécurité perpétuelle d'illus-
trations : quand même cela et avec tant de grandeur,
je me figure, occupant, comme un sanctuaire, le
centre du compréhensif hémicycle, où elle ne consent
à siéger qu'à l'occasion — durant que cette élite
fonctionne à des votes réguliers, l'Académie, qui
se retrancherait ou se garderait pour quelque acte
spécial, ou rare, on ne sait lequel. Adjointe à l'en-
semble des intelligences et chue en le réel, encore
ordonnerait-elle, envers les siens, par l'étrangeté
et leur recul, quelque religion.

Le Règne, absolu, en soi, l'Esprit — sa marque,
les livres, comme tableaux et statues honorent
la désuétude maintenant d'appartements royaux :
ainsi se comprendrait une bibliothèque, dans un
corps impénétrable de palais; à quoi tel écrit par-
ticiper, apothéose. Un texte, toute foule qu'il com-
mande, indéniablement retient un petit nombre
d'amateurs, lisons haut, vulgarisons; mais, au
pis et durant des silences, étincellera, en la docte
sépulture, l'or des titres, confrontés à eux-mêmes,
pour lumière — entre ce résumé impersonnel de

gloire et la majorité le connaissant par ouï-dire,
une secrète, honorable communication se rattache,
qui suffit au bienfait. Personne n'en ignore mais ne
heurte à l'objection d'une porte dressée comme la
tombe. Mort, sois-le, moins à la façon courante
que par ta part de rêve, toutefois diffuse chez autrui;
ou Volume, pour trôner là.

Cette Salle, or elle existe, mentalement, en la
mémoire de tous comme une richesse dont on se
doute —

Essuyer la poussière, aux chefs-d'œuvre, sauf
en se les rappelant, reste fonction oiseuse, leur
vol idéalement lui-même la secoue : il exclut jus-
qu'au plumeau hiératique de l'ibis à côté de croco-
diles et d'ichneumons momifiés dans les décors
ordinaires de tomes et de parchemins.

Que feront ici des vivants; ils le sont peu, selon
la légende empreinte de rigueur, qui les compare aux
spectres ?

Un Salon, je sais, on émit une atténuation, laquelle
séduira : où, cérémonieusement, eux causent, pour
la beauté, hors le rire lancé par une dame, de sujets
dont l'écho ne se propage pas. Cette rumeur, plutôt,
qui en fait des élus murés dans la survivance —
comme rameau la syntaxe nue d'une phrase, atten-
tifs à la dalle funèbre du dictionnaire, que jonchent
les mots épars : ou si, quant à leur métaphore, les
inquiète le trépas en double emploi et réel de l'un
d'eux, tout de suite ils gravissent un tréteau où le

successeur achève par des traits compris d'elle
seule l'ombre malséante et invite au carquois vidé
de quelque autre, pour paraître invulnérable. Le
spectacle, à l'assistance, impose un exploit mythi-
que, peut-être du Phénix recouvré de sa cendre tel
que le peuvent jouer les humains.

Tout le mal se réduisant, dans ce quiproquo : 
on les veut immortels, en place que ce soit les
ouvrages.

Y parer ne m'échoit et pourquoi je divague ou
de quoi, je le demande.. Sans résultat, une fois,
je rôdai par ici, déjà; quand, pour essayer l'in-
différence à un projet certain, j'apportai, avec
le « Fonds Littéraire », un trésor légué par les
classiques à leur postérité, lui si pur que les mem-
bres de ce bureau en étaient dispensateurs et dépo-
sitaires. La hantise émane d'eux à qui ne manque,
écolier, de les voir, selon l'éternité, abstraits, géné-
raux, vagues, hors une familiarité — content de pro-
noncer moi-même mon éloge que j'aie, à leur imi-
tation, amplifié quelques périodes jusqu'à une
longueur de plis convenable, soigné la réticence
et choyé le mystère; d'instinct, comme on trouverait
ces jeux.

Une circonstance peut, concernant le groupe
de dignitaires, se produire, qui en rehausse le pri-
vilège —

La Société, terme le plus creux, héritage des philosophes, a ceci, du moins, de propice et d'aisé que rien n'existant, à peu près, dans les faits, pareil à l'injonction qu'éveille son concept auguste, en discourir égale ne traiter aucun sujet ou se taire par délassement. Quelque chose, manquant, affronte la violence des contradictions et, dans aucun sens, on ne risque de donner trop à fond, sur une entité. Néant ou éclat dans le vide, avec peur chez la masse accourue au faux abri, tout agencement vulgaire usurpant cette invocation profitable. Les cartonnages intellectuels devraient culminer comme notoirement tels, ouverts à la gratitude aussi à la huée de quiconque se démenant, pour ou contre, c'est tout un, revêt la portée d'un acteur de théâtre lui-même vain — très bien s'il scande du pied ses tirades le temps que ne les obstrue la poudre du plancher : ainsi se dénonce l'artifice.

Voilà, mis au point : encore faut-il accord d'experts —

Imaginez un gouvernement mal instruit se confondant avec l'allégorie, d'où il vient; et que, concurremment, un Livre parût, relatif à la Société, épouvantable et délicieux, hors les sentences rendues par « ceci est beau — cela est mauvais », quelconque, inhumain, étranger, dont l'extase ou la colère que les choses simplement soient ce qu'elles sont, avec tant de stridence absolue montât : qu'on faillirait, souvent, prendre ire et joie l'une pour l'autre et les deux, incontestablement, pour de

l'ironie. L'auteur est saisi, non, MM., je parle aux
Académiciens, pas même son œuvre; il a, de près,
rejoint celle-ci, quand ce serait pour en exiger, avec
l'assentiment de la seule juridiction de lui connue
par état et par vocation, le pain probe qui ratifie,
oh! ne vous récriez, ni palmes ni prix. Loyal, il se
présente — point au tribunal courant, nulle tête
à choir effectivement, plutôt défendre une pensée,
aussi la comparution, devant ses pairs. Tout récusé
sauf vous. Il attend le jugement que, pour ma part,
j'aimerais à voir libellé —

A savoir que le rapport social et sa mesure momen-
tanée qu'on la serre ou l'allonge, en vue de gouver-
ner, étant une fiction, laquelle relève des belles-
lettres — à cause de leur principe mystérieux ou
poétique — le devoir de maintenir le livre s'impose
dans l'intégrité.

J'ajoute, en votre nom : pourvu que le livre
soit dans les règles, fidèle à ses arts complexes
et nombreux, certes, ô vous tirés de l'occupa-
tion, soudain au jour, d'étiqueter l'apologue et
la périphrase ou de fourbir jusqu'à une trans-
parence l'allusion — loisir, ni stagnant ni futile,
puisque comparant des modèles, ainsi entretenus,
à qui les emploie avec intuition, sans savoir, éper-
dument, tous, entre les inconsciences du génie,
vous décidez si le justiciable fit bien : ce qui est
mon avis, d'avance, à la condition que la brochure
existe.

Gratuité la supposition de pages telles au dehors —
pardon, pour le Poète dont, sur un point, j'assumai

l'intrusion, aussi bien que le sacre véhément des juges n'a pas été sans leur causer une gêne — lui eut l'égard de vous évoquer au lieu, inviolable, le premier en le développement souverain des forces de la patrie comme devant une haute trahison ou un coup d'état, ici, spirituels : mais, sa foi échange, contre le salut, une prérogative, affirme cette authenticité, au cas de l'écrit menacé et somme la Suprématie littéraire d'ériger en tant qu'aile, avec quarante courages groupés en un héros, votre hérissement d'épées frêles.

# BIBLIOGRAPHIE

Plusieurs études en ce volume premier de *DIVAGA-TIONS*, ont été, avec quelque intention préalable chez l'auteur, distraites de leur publication ayant cours, accrues d'autres ou rejointoyées et refondues, traitement qui déconcerte, à l'occasion, un Lecteur familier; lequel, s'il s'en trouve, a droit aux informations ci-après — différemment oiseuses — en vue d'assurer ses souvenirs.

Une ingratitude, à ne rappeler, avant tout, au sujet de ces POÈMES ET ANECDOTES, les traductions, absolues, qu'en donnèrent, principalement en anglais, MM. George Moore, Stuart Merrill et Richard Hovey — je crus, possédant la langue un peu, me relire; — en italien, M. Pica, proche de chacun ici; plusieurs, achevées également, dont je rends grâce à mes confrères de tous pays. Originellement, ces petits écrits célèbrent, aux recueils amis, des livraisons d'ouverture — de la *Revue des Lettres et des Arts* et la *République des Lettres* à la *Vogue* en passant par maints : excepté la DÉCLARATION FORAINE et le NÉNUPHAR BLANC parus dans un journal mondain *L'Art et la Mode*, la GLOIRE, au cours d'une biographie de l'auteur par Verlaine, et l'ECCLÉSIASTIQUE. CONFLIT, fut parmi les *Variations sur un Sujet* que, de temps à autre, donne la *Revue Blanche*. Le tout, moins ce dernier morceau, se groupa d'abord,

1889, avec Richard Wagner, rêverie d'un poète français et une partie de Crayonné au théâtre, pour former le volume *PAGES*.

Autrefois en marge.. plutôt sur le papier de garde d'un Baudelaire : inédit — et même inutile sinon qu'il accompagna, en le vieil *Artiste*, un paragraphe sauvé par l'Étude à la mémoire de Théodore de Banville. Le paysage emblématique ou quelque chose, aux temps, d'assez neuf, fait remonter loin un souhait, poursuivi depuis, alors entrevu, de transposition mentale.

Morceau pour résumer Vathek : extrait de la notice sur Beckford précédant la réimpression française du conte fameux.

Villiers de l'Isle-Adam est pris à une Conférence, même oraison funèbre, lue, à Bruxelles, peu de mois après le décès du grand homme ; occupe avec authenticité le seuil d'un ensemble quelques médaillons et portraits en pied : dont mainte ressemblance, votive.

Impossible que n'y trouvent place des mots brefs et, je le regrette, les seuls par moi dits concernant Verlaine — sur la tombe ; ils comportent, peut-être, une ampleur de vérité suffisant à présenter, sous un aspect, cette chère figure, écarté le crêpe momentané.

Arthur Rimbaud se trouve, en français, au *Chap Book*, un *periodic*, exquis et hardi, de Chicago — 1896.

Beckford : de la *Préface à Vathek*, imprimée conjointement à l'ouvrage et isolément.

Tennyson vu d'ici, Théodore de Banville, en français, dans l'inimitable *National Observer* que porta si haut la direction du superbe poète Henley, parurent après la mort de l'un, à l'inauguration au Luxembourg d'un monument à l'autre.

EDGARD POE, WHISTLER, ÉDOUARD MANET en vue de la publication, *Portraits du Prochain Siècle*.

BERTHE MORISOT servit de préface au Catalogue publié pour l'Exposition de l'Œuvre de ce maître — un des enchantements de l'an qui finit.

RICHARD WAGNER, RÊVERIE D'UN POÈTE FRANÇAIS : appartint à la *Revue Wagnérienne*.

CRAYONNÉ AU THÉÂTRE — La consultation ci-jointe (*Revue Blanche*, récemment) ne s'intercalerait, au cours de l'étude relative à HAMLET, sans la déformer : elle la complète, en marge. « Un impresario, dans une province mêlée à mon adolescence, épigraphiait HAMLET, qu'il représenta, du sous-titre *ou le* DISTRAIT : cet homme d'un goût français joliment, entendait, je suppose, préparer, par là, le public à la singularité qu'Hamlet, unique, compte; et de l'approcher, chacun s'efface, succombe, disparaît. La pièce, un point culminant du théâtre, est, dans l'œuvre de Shakespeare, transitoire entre la vieille action multiple et le Monologue ou drame avec Soi, futur. Le héros, — tous comparses : il se promène, pas plus, lisant au livre de lui-même, haut et vivant Signe; nie du regard les autres. Il ne se contentera pas d'exprimer la solitude, parmi les gens, de qui pense : il tue indifféremment ou, du moins, on meurt. La noire présence du douteur cause ce poison, que tous les personnages trépassent : sans même que lui prenne toujours la peine de les percer, dans la tapisserie. Alors placé, certes, comme contraste à l'hésitant, Fortinbras, en tant qu'un général; mais sans plus de valeur et si la mort, fiole, étang de nénuphars et fleuret, déchaîne son apparat varié, où porte la sobre ivrée ici quelqu'un d'exceptionnel, cela importe, comme finale et dernier mot, quand se reprend le spectateur, que cette somptueuse et stagnante exagération de meurtre, dont l'idée reste la leçon, autour de Qui se fait seul — pour ainsi dire s'écoule vulgairement par un passage d'armée vidant la scène avec ce moyen de destruction actif, à la portée de tous et ordinaire, parmi le tambour et les trompettes. »

Tous les morceaux suivants, à l'exception en CRAYONNÉ AU THÉÂTRE, de LES FONDS DANS LE BALLET retrouvable en la *Revue Franco-Américaine*, première livraison éditée par le prince André Poniatowski et du paragraphe « Le seul, il le fallait » inédit, puis de PLANCHES ET FEUILLETS au *National Observer*, exposent, selon la teneur à peu de chose près, une campagne dramatique que je fis en la *Revue Indépendante*.. et inoubliable, dans des conditions assez particulières — je n'allais que rarement au théâtre : d'où peut-être la chimérique exactitude de tels aperçus, et quand j'y indiquais quelque éloignement pour les feuilletons ou comptes rendus après ceux, professionnels et merveilleux, d'un Gautier, de Janin, de Saint-Victor, d'un Banville, non, du tout, je ne songeais pas, sérieusement, que le genre, honoré par ces grands lettrés, ressusciterait aujourd'hui et prodiguerait un éclat qui s'apparente au leur à tous, net, suprême, imposant, avec CATULLE MENDÈS capable de se produire quotidiennement magnifique envers des occasions moyennes : j'essaie, devant de tels rideaux de raison, de prestige, de loyauté et de charme sur cela, qui continue, pour moi, un manque d'intérêt ou l'usage actuel du théâtre, avec furie et magie drapés, de ne percevoir pas le vide contemporain derrière.

CRISE DE VERS, Étude au *National Observer*, reprenant quelques passages de *Variations* omises : le fragment « Un désir indéniable à mon temps » s'isola dans *PAGES*.

QUANT AU LIVRE, une *Variation*, l'ACTION RESTREINTE; un envoi au *National Observer* et le fragment conservé d'une des *Variations*.

Une *Variation*, le Livre Instrument spirituel.


La fin du volume Le Mystère dans les Lettres, Offices avec Catholicisme, une *Variation* — moins De Même (audition des Chanteurs de Saint-Gervais) au *National Observer* et, dans une suite de Grands faits divers, l'Or, Plaisir sacré insérés en des journaux, Magie au *National Observer*, puis le début d'une page de voyage en frontispice à la Conférence la *Musique et les Lettres* (page 299 * « le prosateur » est feu l'illustre Walter Pater) et Accusation, hors-d'œuvre de cette Conférence — comprend, à peu près, les *Variations sur un Sujet* qu'accueille, avec audace, malgré le désarroi, premier, causé par la disposition typographique, l'amicale, à tous prête *Revue Blanche*. Raison des intervalles, ou blancs — que le long article ordinaire de revue, ou remplissage, indique, forcément, à l'œil qui les prélève par endroits, cependant, quelques écailles d'intérêt pourquoi ne pas le restreindre à ces fragments obligatoires où miroita le sujet, puis simplement remplacer, par l'ingénuité du papier, les transitions, quelconques ? Une publication, vive, au sommaire marquant le milieu, exact, entre des articles écourtés de journal et la masse oisive où flotte maint périodique, commande la façon. Les cassures du texte, on se tranquillisera, observent de concorder, avec sens et n'inscrivent d'espace nu que jusqu'à leurs points d'illumination : une forme, peut-être, en sort, actuelle, permettant, à ce qui fut longtemps le poème en prose et notre recherche, d'aboutir, en tant, si l'on joint mieux les mots, que poème critique. Mobiliser, autour d'une idée, les lueurs diverses de l'esprit, à distance voulue, par phrases : ou comme, vraiment, ces moules de la syntaxe même élargie, un très petit nombre les résume, chaque phrase, à se détacher en paragraphe gagne d'isoler un type rare avec plus

* De la présente édition.

de liberté qu'en le charroi par un courant de volubilité. Mille exigences, très singulières, apparaissent à l'usage, dans ce traitement de l'écrit, que je perçois peu à peu : sans doute y a-t-il moyen, là, pour un poète qui par habitude ne pratique pas le vers libre, de montrer, en l'aspect de morceaux compréhensifs et brefs, par la suite, avec expérience, tels rythmes immédiats de pensée ordonnant une prosodie.

*Valvins — Novembre 1896.*

*Pages diverses*

# SYMPHONIE LITTÉRAIRE

THÉOPHILE GAUTIER.
CHARLES BAUDELAIRE.
THÉODORE DE BANVILLE

I

Muse moderne de l'Impuissance, qui m'interdis
depuis longtemps le trésor familier des Rythmes, et
me condamnes (aimable supplice) à ne faire plus que
relire, — jusqu'au jour où tu m'auras enveloppé
dans ton irrémédiable filet, l'ennui, et tout sera fini
alors, — les maîtres inaccessibles dont la beauté
me désespère; mon ennemie, et cependant mon
enchanteresse aux breuvages perfides et aux mélan-
coliques ivresses, je te dédie, comme une raillerie
ou, — le sais-je? — comme un gage d'amour, ces
quelques lignes de ma vie écrites dans les heures
clémentes où tu ne m'inspiras pas la haine de la
création et le stérile amour du néant. Tu y décou-
vriras les jouissances d'une âme purement passive
qui n'est que femme encore, et qui demain peut-être
sera bête.

C'est une de ces matinées exceptionnelles où mon
esprit, miraculeusement lavé des pâles crépuscules
de la vie quotidienne, s'éveille dans le Paradis, trop
imprégné d'immortalité pour chercher une jouis-

sance, mais regardant autour de soi avec une candeur
qui semble n'avoir jamais connu l'exil. Tout ce qui
m'environne a désiré revêtir ma pureté; le ciel lui-
même ne me contredit pas, et son azur, sans un
nuage depuis longtemps, a encore perdu l'ironie
de sa beauté, qui s'étend au loin adorablement bleue.
Heure précieuse, et dont je dois prolonger l'état
de grâce avec d'autant moins de négligence que je
sombre chaque jour en un plus cruel ennui. Dans
ce but, âme trop puissamment liée à la Bêtise terres-
tre, pour me maintenir par une rêverie personnelle
à la hauteur d'un charme que je payerais volontiers
de toutes les années de ma vie, j'ai recours à l'Art,
et je lis les vers de Théophile Gautier aux pieds de
la Vénus éternelle.

Bientôt une insensible transfiguration s'opère
en moi, et la sensation de légèreté se fond peu à peu
en une de perfection. Tout mon être spirituel, — le
trésor profond des correspondances, l'accord intime
des couleurs, le souvenir du rythme antérieur, et la
science mystérieuse du Verbe, — est requis, et
tout entier s'émeut, sous l'action de la rare poésie
que j'invoque, avec un ensemble d'une si merveil-
leuse justesse que de ses jeux combinés résulte la
seule lucidité.

Maintenant qu'écrire? Qu'écrire, puisque je n'ai
pas voulu l'ivresse, qui m'apparaît grossière et
comme une injure à ma béatitude? (Qu'on s'en
souvienne, je ne jouis pas, mais je vis dans la
beauté.) Je ne saurais même louer ma lecture salva-
trice, bien qu'à la vérité un grand hymne sorte de
cet aveu, que sans elle j'eusse été incapable de garder
un instant l'harmonie surnaturelle où je m'attarde :
et quel autre adjuvant terrestre, violemment, par le

choc du contraste ou par une excitation étrangère, ne détruirait pas un ineffable équilibre par lequel je me perds en la divinité ? Donc je n'ai plus qu'à me taire, — non que je me plaise dans une extase voisine de la passivité, mais parce que la voix humaine est ici une erreur, — comme le lac, sous l'immobile azur que ne tache pas même la blanche lune des matins d'été, se contente de la refléter avec une muette admiration que troublerait brutalement un murmure de ravissement. Toutefois, — au bord de mes yeux calmes s'amasse une larme dont les diamants primitifs n'atteignent pas la noblesse ; — est-ce un pleur d'exquise volupté ? Ou, peut-être, tout ce qu'il y avait de divin et d'extra-terrestre en moi a-t-il été appelé comme un parfum par cette lecture trop sublime ? De quelle source qu'elle naisse, je laisse cette larme, transparente comme mon rêve lucide, raconter qu'à la faveur de cette poésie, née d'elle même et qui exista dans le répertoire éternel de l'Idéal de tout temps, avant sa moderne émersion du cerveau de l'impeccable artiste, une âme dédaigneuse du banal coup d'aile d'un enthousiasme humain peut atteindre *la plus haute cime de sérénité* où nous ravisse la beauté.

II

L'hiver, quand ma torpeur me lasse, je me plonge avec délices dans les chères pages des *Fleurs du mal*. Mon Baudelaire à peine ouvert, je suis attiré dans un paysage surprenant qui vit au regard avec l'intensité de ceux que crée le profond opium. Là-haut, et à l'horizon, un ciel livide d'ennui, avec les déchirures bleues qu'a faites la Prière proscrite. Sur la route, seule végétation, souffrent de rares arbres dont l'écorce douloureuse est un enchevêtrement de nerfs dénudés : leur croissance *visible* est accompagnée sans fin, malgré l'étrange immobilité de l'air, d'une plainte déchirante comme celle des violons, qui, parvenue à l'extrémité des branches, frissonne en feuilles musicales. Arrivé, je vois de mornes bassins disposés comme les plates-bandes d'un éternel jardin : dans le granit noir de leurs bords, enchâssant les pierres précieuses de l'Inde, dort une eau morte et métallique, avec de lourdes fontaines en cuivre où tombe tristement un rayon bizarre et plein de la grâce des choses fanées. Nulles fleurs, à terre, alentour, — seulement, de loin en loin, quelques plumes d'aile d'âmes déchues. Le ciel, qu'éclaire enfin un second rayon, puis d'autres, perd lentement sa lividité, et verse la pâleur bleue des beaux jours d'octobre, et, bientôt, l'eau, le granit ébénéen et les pierres précieuses flamboient comme aux soirs les carreaux des villes : c'est le couchant. O prodige, une singulière rougeur, autour de laquelle se répand une odeur énervante de chevelures secouées, tombe en cascade du ciel obscurci! Est-ce une avalanche de roses mauvaises ayant le péché pour parfum? — Est-ce du fard? — Est-ce du sang? — Étrange coucher de soleil! Ou ce torrent n'est-il qu'un fleuve de larmes empourprées par le feu de bengale du saltimbanque Satan qui se meut par derrière? Écoutez comme cela tombe avec un bruit lascif de baisers.. Enfin, des ténèbres d'encre ont tout envahi où l'on n'entend voleter que le crime, le remords et la Mort. Alors je me voile la face, et des sanglots, arrachés à mon âme moins par ce cauchemar que par une amère sensation d'exil, traversent le noir silence. Qu'est-ce donc que la patrie ?

J'ai fermé le livre et les yeux, et je cherche la patrie. Devant moi se dresse l'apparition du poète savant qui me l'indique en un hymne élancé mystiquement comme un lis. Le rythme de ce chant ressemble à la rosace d'une ancienne église : parmi l'ornementation de vieille pierre, souriant dans un séraphique outremer qui semble être la prière sortant de leurs yeux bleus plutôt que notre vulgaire azur, des anges blancs comme des hosties chantent leur extase en s'accompagnant de harpes imitant leurs ailes, de cymbales d'or natif, de rayons purs contournés en trompettes, et de tambourins où résonne la virginité des jeunes tonnerres : les saintes ont des palmes, — et je ne puis regarder plus haut que les vertus théologales, tant la sainteté est ineffable; mais j'entends éclater cette parole d'une façon éternelle : *Alleluia!*

### III

Mais quand mon esprit n'est pas gratifié d'une ascension dans les cieux spirituels; quand je suis las de regarder l'ennui dans le métal cruel d'un miroir, et, cependant, aux heures où l'âme rythmique veut des vers et aspire à l'antique délire du chant, mon poète, c'est le divin Théodore de Banville, qui n'est pas un homme, mais la voix même de la lyre. Avec lui, je sens la poésie m'enivrer, — ce que tous les

peuples ont appelé la poésie, — et, souriant, je
bois le nectar dans l'Olympe du lyrisme.

Et quand je ferme le livre, ce n'est plus serein ou
hagard, mais fou d'amour, et débordant, et les yeux
pleins de grandes larmes de tendresse, avec un nouvel
orgueil d'être homme. Tout ce qu'il y a d'enthou-
siasme ambrosien en moi et de bonté musicale, de
noble et de pareil aux dieux, chante, et j'ai l'extase
radieuse de la Muse! J'aime les roses, j'aime l'or
du soleil, j'aime les harmonieux sanglots des femmes
aux longs cheveux, *et je voudrais tout confondre dans
un poétique baiser!*

C'est que cet homme représente en nos temps le
poète, l'éternel et le classique poète, fidèle à la
déesse, et vivant parmi la gloire oubliée des héros et
des dieux. Sa parole est, sans fin, un chant d'enthou-
siasme, d'où s'élance la musique, et le cri de l'âme
ivre de toute la gloire. Les vents sinistres qui parlent
dans l'effarement de la nuit, les abîmes pittoresques
de la nature, il ne les veut entendre ni ne doit les
voir : il marche en roi à travers l'enchantement
édenéen de l'âge d'or, célébrant à jamais la noblesse
des rayons et la rougeur des roses, les cygnes et les
colombes, et l'éclatante blancheur du lis enfant, — la
terre heureuse! Ainsi dut être celui qui le premier
reçut des dieux la lyre et dit l'ode éblouie avant notre
aïeul Orphée. Ainsi lui-même, Apollon.

Aussi j'ai institué dans mon rêve la cérémonie
d'un triomphe que j'aime à évoquer aux heures de
splendeur et de féerie, et je l'appelle la fête du poète :
l'élu est cet homme au nom prédestiné, harmonieux
comme un poème et charmant comme un décor.
Dans une apothéose, il siège sur un trône d'ivoire,
couvert de la pourpre que lui seul a le droit de porter,

et le front couronné des feuilles géantes du laurier
de la Turbie. Ronsard chante des odes, et Vénus,
vêtue de l'azur qui sort de sa chevelure, lui verse
l'ambroisie — cependant qu'à ses pieds roulent les
sanglots d'un peuple reconnaissant. La grande lyre
s'extasie dans ses mains augustes.

## LA MUSIQUE ET LES LETTRES

*A Oxford le 1ᵉʳ mars, le 2 à Cambridge, j'eus occa-
sion de prononcer cette page, différemment.*

*La* TAYLORIAN ASSOCIATION *inaugurait une suite
étrangère d'auditions, qui désigne nos littérateurs. Je
n'oublie.. Quel honneur avivé de bonne grâce me fit mon
ami, de trois jours et toujours, l'historien York Powel,
de* Christ Church. *La veille il voulut lire, en mon lieu,
à cause de ma terreur devant la clause locale, sa tra-
duction admirable d'un jet conduite en plusieurs heures
de nuit. Le charme, et la certitude, de l'entreprise,
étaient répandus, dès cet instant : aussi, attribué-je,
à un égard rétrospectif pour ce maître, l'intérêt saluant
la démarche que, le lendemain, je devais en personne.
J'ai pu me figurer l'heure d'une fin de jour d'hiver, aux
vastes fenêtres, pas l'ennui, qui frappa latéralement une
compagnie avec goût composée.*

*Quant au* PEMBROKE COLLEGE — *Poe eût lecturé,
devant Whistler. Soir. L'immense, celle du* bow-

window, *draperie, au dos de l'orateur debout contre un siège et à une table qui porte l'argent d'une paire puissante de candélabres, seuls, sous leurs feux. Le mystère : inquiétude que, peut-être, on le déversa ; et l'élite rendant, en l'ombre, un bruit d'attention respiré comme, autour de visages, leur voile. Décor, du coup dorénavant trouvé, Charles Whibley, par votre frère le cher Dun, à ce jeu qui reste transmission de rêveries entre un et quelques-uns.*

## MESDAMES, MESSIEURS

Jusqu'ici et depuis longtemps, deux nations, l'Angleterre, la France, les seules, parallèlement ont montré la superstition d'une Littérature. L'une à l'autre tendant avec magnanimité le flambeau, ou le retirant et tour à tour éclaire l'influence ; mais c'est l'objet de ma constatation, moins cette alternative (expliquant un peu une présence, parmi vous, jusqu'à y parler ma langue) que, d'abord, la visée si spéciale d'une continuité dans les chefs-d'œuvre. A nul égard, le génie ne peut cesser d'être exceptionnel, altitude de fronton inopinée dont dépasse l'angle ; cependant, il ne projette, comme partout ailleurs, d'espaces vagues ou à l'abandon, entretenant au contraire une ordonnance et presque un remplissage admirable d'édicules moindres, colonnades, fontaines, statues — spirituels — pour produire, dans un ensemble, quelque palais ininterrompu et ouvert à la royauté de chacun, d'où naît le goût des patries : lequel en le double cas, hésitera, avec délice, devant une rivalité d'architectures comparables et sublimes.

Un intérêt de votre part, me conviant à des renseignements sur quelques circonstances de notre état littéraire, ne le fait pas à une date oiseuse.

J'apporte en effet des nouvelles. Les plus surprenantes. Même cas ne se vit encore.

— On a touché au vers.

Les gouvernements changent; toujours la prosodie reste intacte : soit que, dans les révolutions, elle passe inaperçue ou que l'attentat ne s'impose pas avec l'opinion que ce dogme dernier puisse varier.

Il convient d'en parler déjà, ainsi qu'un invité voyageur tout de suite se décharge par traits haletants du témoignage d'un accident su et le poursuivant : en raison que le vers est tout, dès qu'on écrit. Style, versification s'il y a cadence et c'est pourquoi toute prose d'écrivain fastueux, soustraite à ce laisser-aller en usage, ornementale, vaut en tant qu'un vers rompu, jouant avec ses timbres et encore les rimes dissimulées; selon un thyrse plus complexe. Bien l'épanouissement de ce qui naguères obtint le titre de *poème en prose*.

Très strict, numérique, direct, à jeux conjoints, le mètre, antérieur, subsiste; auprès.

Sûr, nous en sommes là, présentement. La séparation.

Au lieu qu'au début de ce siècle, l'ouïe puissante romantique combina l'élément jumeau en ses ondoyants alexandrins, ceux à coupe ponctuée et

enjambements; la fusion se défait vers l'intégrité.
Une heureuse trouvaille avec quoi paraît à peu près
close la recherche d'hier, aura été le *vers libre*,
modulation (dis-je, souvent) individuelle, parce que
toute âme est un nœud rythmique.

Après, les dissensions. Quelques initiateurs, il le
fallait, sont partis loin, pensant en avoir fini avec un
canon (que je nomme, pour sa garantie) officiel : il
restera, aux grandes cérémonies. Audace, cette
désaffectation, l'unique; dont rabattre..

Ceux qui virent tout de mauvais œil estiment que
du temps probablement vient d'être perdu.

Pas.

A cause que de vraies œuvres ont jailli, indépen-
damment d'un débat de forme et, ne les reconnût-on,
la qualité du silence, qui les remplacerait, à l'entour
d'un instrument surmené, est précieuse. Le vers,
aux occasions, fulmine, rareté (quoiqu'ait été à
l'instant vu que tout, mesuré, l'est) : comme la Litté-
rature, malgré le besoin, propre à vous et à nous, de
la perpétuer dans chaque âge, représente un produit
singulier. Surtout la métrique française, délicate,
serait d'emploi intermittent : maintenant, grâce à
des repos balbutiants, voici que de nouveau peut
s'élever, d'après une intonation parfaite, le vers de
toujours, fluide, restauré, avec des compléments
peut-être suprêmes.


Orage, lustral; et, dans des bouleversements,
tout à l'acquit de la génération récente, l'acte d'écrire
se scruta jusqu'en l'origine. Très avant, au moins,
quant à un point, je le formule : — A savoir s'il y
a lieu d'écrire. Les monuments, la mer, la face

humaine, dans leur plénitude, natifs, conservant une vertu autrement attrayante que ne les voilera une description, évocation dites, allusion je sais, suggestion : cette terminologie quelque peu de hasard atteste la tendance, une très décisive, peut-être, qu'ait subie l'art littéraire, elle le borne et l'exempte. Son sortilège, à lui, si ce n'est libérer, hors d'une poignée de poussière ou réalité sans l'enclore, au livre, même comme texte, la dispersion volatile soit l'esprit, qui n'a que faire de rien outre la musicalité de tout.

Ainsi, quant au malaise ayant tantôt sévi, ses accès prompts et de nobles hésitations ; déjà vous en savez autant qu'aucun.

Faut-il s'arrêter là et d'où ai-je le sentiment que je suis venu relativement à un sujet beaucoup plus vaste peut-être à moi-même inconnu, que telle réno-vation de rites et de rimes ; pour y atteindre, sinon le traiter. Tant de bienveillance comme une invite à parler sur ce que j'aime ; aussi la considérable appréhension d'une attente étrangère, me ramènent on ne sait quel ancien souhait maintes fois dénié par la solitude, quelque soir prodigieusement de me rendre compte à fond et haut de la crise idéale qui, autant qu'une autre, sociale, éprouve certains : ou, tout de suite, malgré ce qu'une telle question devant un auditoire voué aux élégances scripturales a de soudain, poursuivre : — Quelque chose comme les Lettres existe-t-il ; autre (une convention fut, aux époques classiques, cela) que l'affinement, vers leur expression burinée, des notions, en tout domaine.

L'observance qu'un architecte, un légiste, un médecin pour parfaire la construction ou la découverte, les élève au discours : bref, que tout ce qui émane de l'esprit, se réintègre. Généralement, n'importe les matières.

Très peu se sont dressé cette énigme, qui assombrit, ainsi que je le fais, sur le tard, pris par un brusque doute concernant ce dont je voudrais parler avec élan. Ce genre d'investigation peut-être a été éludé, en paix, comme dangereux, par ceux-là qui, sommés d'une faculté, se ruèrent à son injonction ; craignant de la diminuer au clair de la réponse. Tout dessein dure ; à quoi on impose d'être par une foi ou des facilités, qui font que c'est, selon soi. Admirez le berger, dont la voix, heurtée à des rochers malins jamais ne lui revient selon le trouble d'un ricanement. Tant mieux : il y a d'autre part aise, et maturité, à demander un soleil, même couchant, sur les causes d'une vocation.

Or, voici qu'à cette mise en demeure extraordinaire, tout à l'heure, révoquant les titres d'une fonction notoire, quand s'agissait, plutôt, d'enguirlander l'autel ; à ce subit envahissement, comme d'une sorte indéfinissable de défiance (pas même devant mes forces), je réponds par une exagération, certes, et vous en prévenant. — Oui, que la Littérature existe et, si l'on veut, seule, à l'exclusion de tout. Accomplissement, du moins, à qui ne va nom mieux donné.

Un homme peut advenir, en tout oubli — jamais ne sied d'ignorer qu'exprès — de l'encombrement intellectuel chez les contemporains ; afin de savoir, selon quelque recours très simple et primitif, par

exemple la symphonique équation propre aux
saisons, habitude de rayon et de nuée ; deux remar-
ques ou trois d'ordre analogue à ces ardeurs, à
ces intempéries par où notre passion relève des divers
ciels : s'il a, recréé par lui-même, pris soin de conser-
ver de son débarras strictement une piété aux
vingt-quatre lettres comme elles se sont, par le
miracle de l'infinité, fixées en quelque langue la
sienne, puis un sens pour leurs symétries, action,
reflet, jusqu'à une transfiguration en le terme
surnaturel, qu'est le vers ; il possède, ce civilisé
édennique, au-dessus d'autre bien, l'élément de
félicités, une doctrine en même temps qu'une
contrée. Quand son initiative, ou la force virtuelle
des caractères divins lui enseigne de les mettre
en œuvre.

Avec l'ingénuité de notre fonds, ce legs, l'ortho-
graphe, des antiques grimoires, isole, en tant que
Littérature, spontanément elle, une façon de noter.
Moyen, que plus ! principe. Le tour de telle phrase
ou le lac d'un distique, copiés sur notre conformation,
aident l'éclosion, en nous, d'aperçus et de corres-
pondances.


Strictement j'envisage, écartés vos folios d'études,
rubriques, parchemin, la lecture comme une pra-
tique désespérée. Ainsi toute industrie a-t-elle
failli à la fabrication du bonheur, que l'agencement
ne s'en trouve à portée : je connais des instants où
quoi que ce soit, au nom d'une disposition secrète,
ne doit satisfaire.

*Autre chose..* ce semble que l'épars frémissement

d'une page ne veuille sinon surseoir ou palpite
d'impatience, à la possibilité d'autre chose.

Nous savons, captifs d'une formule absolue, que,
certes, n'est que ce qui est. Incontinent écarter
cependant, sous un prétexte, le leurre, accuserait
notre inconséquence, niant le plaisir que nous voulons
prendre : car cet *au-delà* en est l'agent, et le moteur
dirais-je si je ne répugnais à opérer, en public, le
démontage impie de la fiction et conséquemment
du mécanisme littéraire, pour étaler la pièce prin-
cipale ou rien. Mais, je vénère comment, par une
supercherie, on projette, à quelque élévation défen-
due et de foudre! le conscient manque chez nous
de ce qui là-haut éclate.

A quoi sert cela —

A un jeu.

En vue qu'une attirance supérieure comme d'un
vide, nous avons droit, le tirant de nous par de
l'ennui à l'égard des choses si elles s'établissaient
solides et prépondérantes — éperdument les détache
jusqu'à s'en remplir et aussi les douer de resplendis-
sement, à travers l'espace vacant, en des fêtes à
volonté et solitaires.

Quant à moi, je ne demande pas moins à l'écriture
et vais prouver ce postulat.

La Nature a lieu, on n'y ajoutera pas; que des
cités, les voies ferrées et plusieurs inventions for-
mant notre matériel.

Tout l'acte disponible, à jamais et seulement,
reste de saisir les rapports, entre temps, rares ou
multipliés; d'après quelque état intérieur et que

l'on veuille à son gré étendre, simplifier le monde.

A l'égal de créer : la notion d'un objet, échappant, qui fait défaut.

Semblable occupation suffit, comparer les aspects et leur nombre tel qu'il frôle notre négligence : y éveillant, pour décor, l'ambiguïté de quelques figures belles, aux intersections. La totale arabesque, qui les relie, a de vertigineuses sautes en un effroi que reconnue; et d'anxieux accords. Avertissant par tel écart, au lieu de déconcerter, ou que sa similitude avec elle-même, la soustraie en la confondant. Chiffration mélodique tue, de ces motifs qui composent une logique, avec nos fibres. Quelle agonie, aussi, qu'agite la Chimère versant par ses blessures d'or l'évidence de tout l'être pareil, nulle torsion vaincue ne fausse ni ne transgresse l'omniprésente Ligne espacée de tout point à tout autre pour instituer l'Idée; sinon sous le visage humain, mystérieuse, en tant qu'une Harmonie est pure.

Surprendre habituellement cela, le marquer, me frappe comme une obligation de qui déchaîna l'Infini; dont le rythme, parmi les touches du clavier verbal, se rend, comme sous l'interrogation d'un doigté, à l'emploi des mots, aptes, quotidiens.

Avec véracité, qu'est-ce, les Lettres, que cette mentale poursuite, menée, en tant que le discours, afin de définir ou de faire, à l'égard de soi-même, preuve que le spectacle répond à une imaginative compréhension, il est vrai, dans l'espoir de s'y mirer.

Je sais que la Musique ou ce qu'on est convenu de nommer ainsi, dans l'acception ordinaire, la limitant aux exécutions concertantes avec le secours,

des cordes, des cuivres et des bois et cette licence,
en outre, qu'elle s'adjoigne la parole, cache une
ambition, la même; sauf à n'en rien dire, parce
qu'elle ne se confie pas volontiers. Par contre, à ce
tracé, il y a une minute, des sinueuses et mobiles
variations de l'Idée, que l'écrit revendique de fixer,
y eut-il, peut-être, chez quelques-uns de vous, lieu
de confronter à telles phrases une réminiscence de
l'orchestre; où succède à des rentrées en l'ombre,
après un remous soucieux, tout à coup l'éruptif
multiple sursautement de la clarté, comme les pro-
ches irradiations d'un lever de jour : vain, si le
langage, par la retrempe et l'essor purifiants du chant,
n'y confère un sens.

Considérez, notre investigation aboutit : un
échange peut, ou plutôt il doit survenir, en retour
du triomphal appoint, le verbe, que coûte que coûte
ou plaintivement à un moment même bref accepte
l'instrumentation, afin de ne demeurer les forces
de la vie aveugles à leur splendeur, latentes ou sans
issue. Je réclame la restitution, au silence impartial,
pour que l'esprit essaie à se rapatrier, de tout —
chocs, glissements, les trajectoires illimitées et
sûres, tel état opulent aussitôt évasif, une inaptitude
délicieuse à finir, ce raccourci, ce trait — l'appareil;
moins le tumulte des sonorités, transfusibles, encore,
en du songe.

Les grands, de magiques écrivains, apportent une
persuasion de cette conformité.

Alors, on possède, avec justesse, les moyens
réciproques du Mystère — oublions la vieille

distinction, entre la Musique et les Lettres, n'étant
que le partage, voulu, pour sa rencontre ultérieure,
du cas premier : l'une évocatoire de prestiges situés
à ce point de l'ouïe et presque de la vision abstrait,
devenu l'entendement ; qui, spacieux, accorde au
feuillet d'imprimerie une portée égale.

Je pose, à mes risques esthétiquement, cette
conclusion (si par quelque grâce, absente, toujours,
d'un exposé, je vous amenai à la ratifier, ce serait
pour moi l'honneur cherché ce soir) : que la Musique
et les Lettres sont la face alternative ici élargie
vers l'obscur ; scintillante là, avec certitude, d'un
phénomène, le seul, je l'appelai l'Idée.

L'un des modes incline à l'autre et y disparaissant,
ressort avec emprunts : deux fois, se parachève,
oscillant, un genre entier. Théâtralement, pour la
foule qui assiste, sans conscience, à l'audition de sa
grandeur : ou, l'individu requiert la lucidité, du livre
explicatif et familier.

Maintenant que je respire dégagé de l'inquiétude,
moindre que mon remords pour vous y avoir initiés,
celle, en commençant un entretien, de ne pas se
trouver certain si le sujet, dont on veut discourir,
implique une authenticité, nécessaire à l'accepta-
tion ; et que, ce fondement, du moins, vous l'accor-
dates, par la solennité de votre sympathie pendant
que se hâtaient, avec un cours fatal et quasi imper-
sonnel des divulgations, neuves pour moi ou durables
si on y acquiesce : il me paraît qu'inespérément
je vous aperçois en plus d'intimité, selon le vague

dissipé. Alors causer comme entre gens, pour qui
le charme fut de se réunir, notre dessein, me sédui-
rait; pardon d'un retard à m'y complaire : j'accuse
l'ombre sérieuse qui fond, des nuits de votre ville
où règne la désuétude de tout excepté de penser,
vers cette salle particulièrement sonore au rêve.
Ai-je, quand s'offrait une causerie, disserté, ajoutant
cette suite à vos cours des matinées; enfin, fait
une leçon ? La spécieuse appellation de chef d'école
vite décernée par la rumeur à qui s'exerce seul
et de ce fait groupe les juvéniles et chers désinté-
ressements, a pu, précédant votre « *lecturer* », ne
sonner faux. Rien pourtant; certes, du tout. Si
reclus que médite dans le laboratoire de sa dilection,
en mystagogue, j'accepte, un, qui joue sa part
sur quelques rêveries à déterminer; la démarche
capable de l'en tirer, loyauté, presque devoir,
s'impose d'épancher à l'adolescence une ferveur
tenue d'aînés; j'affectionne cette habitude : il ne
faut, dans mon pays ni au vôtre, convînmes-nous,
qu'une lacune se déclare dans la succession du fait
littéraire, même un désaccord. Renouer la tradition à
des souhaits précurseurs, comme une hantise m'aura
valu de me retrouver peu dépaysé, ici; devant cette
assemblée de maîtres illustres et d'une jeune élite.

A bon escient, que prendre, pour notre distraction
si ce n'est la comédie, amusante jusqu'au quiproquo,
des malentendus ?

Le pire, sans sortir d'ici-même, celui-là fâcheux,
je l'indique pour le rejeter, serait que flottât, dans
cette atmosphère, quelque déception née de vous,
Mesdames et mes vaillantes auditrices. Si vous avez
attendu un commentaire murmuré et brillant à

votre piano; ou encore me vîtes-vous, peut-être, incompétent sur le cas de volumes, romans, feuilletés par vos loisirs. A quoi bon : toutes, employant le don d'écrire, à sa source? Je pensais, en chemin de fer, dans ce déplacement, à des chefs-d'œuvre inédits, la correspondance de chaque nuit, emportée par les sacs de poste, comme un chargement de prix, par excellence, derrière la locomotive. Vous en êtes les auteurs privilégiés; et je me disais que, pour devenir songeuses, éloquentes ou bonnes aussi selon la plume et y susciter avec tous ses feux une beauté tournée au-dedans, ce vous est superflu de recourir à des considérations abstruses : vous détachez une blancheur de papier, comme luit votre sourire, écrivez, voilà.

La situation, celle du poète, rêvé-je d'énoncer, ne laisse pas de découvrir quelque difficulté, ou du comique.

Un lamentable seigneur exilant son spectre de ruines lentes à l'ensevelir, en la légende et le mélodrame, c'est lui, dans l'ordre journalier : lui, ce l'est, tout de même, à qui on fait remonter la présentation, en tant qu'explosif, d'un concept trop vierge, à la Société.

Des coupures d'articles un peu chuchotent ma part, oh! pas assez modeste, au scandale que propage un tome, paraît-il, le premier d'un libelle obstiné à l'abattage des fronts principaux d'aujourd'hui presque partout; et la fréquence des termes d'idiot et de fou rarement tempérés en imbécile ou dément, comme autant de pierres lancées à

l'importunité hautaine d'une féodalité d'esprit qui
menace apparemment l'Europe, ne serait pas de tout
point pour déplaire ; eu égard à trop de bonne volonté,
je n'ose la railler, chez les gens, à s'enthousiasmer
en faveur de vacants symptômes, tant n'importe
quoi veut se construire. Le malheur, dans l'espèce,
que la science s'en mêle ; ou qu'on l'y mêle. *Dégé-
nérescence*, le titre, *Entartung*, cela vient d'Alle-
magne, est l'ouvrage, soyons explicite, de M. Nor-
dau : je m'étais interdit, pour garder à des dires une
généralité, de nommer personne et ne crois pas avoir,
présentement, enfreint mon souci. Ce vulgarisateur
a observé un fait. La nature n'engendre le génie
immédiat et complet, il répondrait au type de
l'homme et ne serait aucun ; mais pratiquement,
occultement touche d'un pouce indemne, et presque
l'abolit, telle faculté, chez celui, à qui elle propose
une munificence contraire : ce sont là des arts pieux
ou de maternelles perpétrations conjurant une
clairvoyance de critique et de juge exempte non
de tendresse. Suivez, que se passe-t-il ? Tirant
une force de sa privation, croît, vers des intentions
plénières, l'infirme élu, qui laisse, certes, après lui,
comme un innombrable déchet, ses frères, cas
étiquetés par la médecine ou les bulletins d'un
suffrage le vote fini. L'erreur du pamphlétaire en
question est d'avoir traité tout comme un déchet.
Ainsi il ne faut pas que des arcanes subtils de la
physiologie, et de la destinée, s'égarent à des mains,
grosses pour les manier, de contremaître excellent
ou de probe ajusteur. Lequel s'arrête à mi-but
et voyez ! pour de la divination en sus, il aurait
compris, sur un point, de pauvres et sacrés procédés
naturels et n'eût pas fait son livre.

L'injure, opposée, bégaie en des journaux, faute de hardiesse : un soupçon prêt à poindre, pourquoi la réticence ? Les engins, dont le bris illumine les parlements d'une lueur sommaire, mais estropient, aussi à faire grand'pitié, des badauds, je m'y intéresserais, en raison de la lueur — sans la brièveté de son enseignement qui permet au législateur d'alléguer une définitive incompréhension ; mais j'y récuse l'adjonction de balles à tir et de clous. Tel un avis ; et, incriminer de tout dommage ceci uniquement qu'il y ait des écrivains à l'écart tenant, ou pas, pour le vers libre, me captive, surtout par de l'ingéniosité. Près, eux, se réservent, au loin, comme pour une occasion, ils offensent le fait divers : que dérobent-ils, toujours jettent-ils ainsi du discrédit, moins qu'une bombe, sur ce que de mieux, indisputablement et à grands frais, fournit une capitale comme rédaction courante de ses apothéoses : à condition qu'elle ne le décrète pas dernier mot, ni le premier, relativement à certains éblouissements, aussi, que peut d'elle-même tirer la parole. Je souhaiterais qu'on poussât un avis jusqu'à délaisser l'insinuation ; proclamant, salutaire, la retraite chaste de plusieurs. Il importe que dans tout concours de la multitude quelque part vers l'intérêt, l'amusement, ou la commodité, de rares amateurs, respectueux du motif commun en tant que façon d'y montrer de l'indifférence, instituent par cet air à côté, une minorité ; attendu, quelle divergence que creuse le conflit furieux des citoyens, tous, sous l'œil souverain, font une unanimité — d'accord, au moins, que ce à propos de quoi on s'entre-dévore, compte : or, posé le besoin d'exception, comme de

sel! la vraie qui, indéfectiblement, fonctionne, gît
dans ce séjour de quelques esprits, je ne sais, à leur
éloge, comment les désigner, gratuits, étrangers,
peut-être vains — ou littéraires.

Nulle — la tentative d'égayer un ton, plutôt
sévère, que prit l'entretien et sa pointe de dogma-
tisme, par quelque badinage envers l'incohérence
dont la rue assaille quiconque, à part le profit,
thésaurise les richesses extrêmes, ne les gâche :
est-ce miasme ou que, certains sujets touchés, en
persiste la vibration grave ? mais il semble que ma
pièce d'artifice, allumée par une concession ici
inutile, a fait long feu.

Préférablement.

Sans feinte, il me devient loisible de terminer,
avec impénitence; gardant un étonnement que leur
cas, à tels poètes, ait été considéré, seulement,
sous une équivoque pour y opposer inintelligence
double.

Tandis que le regard intuitif se plaît à discerner
la justice, dans une contradiction enjoignant parmi
l'ébat, à maîtriser, des gloires en leur recul — que
l'interprète, par gageure, ni même en virtuose,
mais charitablement, aille comme matériaux pour
rendre l'illusion, choisir les mots, les aptes mots,
de l'école, du logis et du marché. Le vers va s'émou-
voir de quelque balancement, terrible et suave,
comme l'orchestre, aile tendue; mais avec des serres
enracinées à vous. Là-bas, où que ce soit, nier l'indi-
cible, qui ment.

Un humble, mon semblable, dont le verbe occupe les lèvres, peut, selon ce moyen médiocre, pas! si consent à se joindre, en accompagnement, un écho inentendu, communiquer, dans le vocabulaire, à toute pompe et à toute lumière; car, pour chaque, sied que la vérité se révèle, comme elle est, magnifique. Contribuable soumis, ensuite, il paie de son assentiment l'impôt conforme au trésor d'une patrie envers ses enfants.

*Parce que*, péremptoirement — je l'infère de cette célébration de la Poésie, dont nous avons parlé, sans l'invoquer presqu'une heure en les attributs de Musique et de Lettres : appelez-la Mystère ou n'est-ce pas? le contexte évolutif de l'Idée — je disais *parce que*..

*Un grand dommage a été causé* à l'association terrestre, séculairement, de lui indiquer le mirage brutal, la cité, ses gouvernements, le code, autrement que comme emblèmes ou, quant à notre état, ce que des nécropoles sont au paradis qu'elles évaporent : un terre-plein, presque pas vil. Péage, élections, ce n'est ici-bas, où semble s'en résumer l'application, que se passent, augustement, les formalités édictant un culte populaire, comme représentatives — de la Loi, sise en toute transparence, nudité et merveille.

Minez ces substructions, quand l'obscurité en offense la perspective, non — alignez-y des lampions, pour voir : il s'agit que vos pensées exigent du sol un simulacre.

Si, dans l'avenir, en France, ressurgit une religion, ce sera l'amplification à mille joies de l'instinct de ciel en chacun; plutôt qu'une autre menace, réduire ce jet au niveau élémentaire de la politique. Voter, même pour soi, ne contente pas, en tant qu'expansion d'hymne avec trompettes intimant l'allégresse de n'émettre aucun nom; ni l'émeute, suffisamment, n'enveloppe de la tourmente nécessaire à ruisseler, se confondre, et renaître, héros.

Je m'interromps, d'abord en vue de n'élargir, outre mesure pour une fois, ce sujet où tout se rattache, l'art littéraire : et moi-même inhabile à la plaisanterie, voulant éviter, du moins, le ridicule à votre sens comme au mien (permettez-moi de dire cela tout un) qu'il y aurait, Messieurs, à vaticiner.

La transparence de pensée s'unifie, entre public et causeur, comme une glace, qui se fend, la voix tue : on me pardonnera si je collectionne, pour la lucidité, ici tels débris au coupant vif, omissions, conséquences, ou les regards inexprimés. Ce sera ces Notes.

## PAGE 350 § 2

.. Comme partout ailleurs, d'espaces vagues.

Discontinuité en l'Italie, l'Espagne, du moins pour l'œil de dehors, ébloui d'un Dante, un Cervantes; l'Allemagne même accepte des intervalles entre ses éclats.
Je maintiens le dire.

## PAGE 351 § 7

.. La séparation.

Le vers par flèches jeté moins avec succession que pres-
que simultanément pour l'idée, réduit la durée à une divi-
sion spirituelle propre au sujet : diffère de la phrase ou
développement temporaire, dont la prose joue, le dissi-
mulant, selon mille tours.

A l'un, sa pieuse majuscule ou clé allitérative, et la
rime, pour le régler : l'autre genre, d'un élan précipité
et sensitif tournoie et se case, au gré d'une ponctuation
qui disposée sur papier blanc, déjà y signifie.

Avec le vers libre (envers lui je ne me répéterai) ou
prose à coupe méditée, je ne sais pas d'autre emploi du
langage que ceux-ci redevenus parallèles : excepté l'affiche,
lapidaire, envahissant le journal — souvent elle me fit
songer comme devant un parler nouveau et l'originalité
de la Presse.

Les articles, dits premier-Paris, admirables et la seule
forme contemporaine parce que de toute éternité, sont des
poèmes, voilà, plus ou moins bien simplement; riches,
nuls, en cloisonné ou sur fond à la colle.

On a le tort critique, selon moi, dans les salles de rédac-
tion, d'y voir un genre à part.

## PAGE 352 § 5

.. A l'entour d'un instrument surmené, est pré-
cieuse.

Tout à coup se clôt par la liberté, en dedans, de l'alexan-
drin, césure à volonté y compris l'hémistiche, la visée, où
resta le Parnasse, si décrié : il instaura le vers énoncé seul

sans participation d'un souffle préalable chez le lecteur ou mû par la vertu de la place et de la dimension des mots. Son retard, avec un mécanisme à peu près définitif, de n'en avoir précisé l'opération ou la poétique. Que, l'agencement évoluât à vide depuis, selon des bruits perçus de volant et de courroie, trop immédiats, n'est pas le pis ; mais, à mon sens, la prétention d'enfermer, en l'expression, la matière des objets. Le temps a parfait l'œuvre : et qui parle, entre nous, de scission ? Au vers impersonnel ou pur s'adaptera l'instinct qui dégage, du monde, un chant, pour en illuminer le rythme fondamental et rejette, vain, le résidu.

### PAGE 352 § 5

.. Serait d'emploi intermittent.

Je ne blâme, ne dédaigne les périodes d'éclipse où l'art, instructif, a ceci que l'usure divulgue les pieuses manies de sa trame.

### PAGE 356 § 5

.. En vue qu'une attirance supérieure..

Pyrotechnique non moins que métaphysique, ce point de vue ; mais un feu d'artifice, à la hauteur et à l'exemple de la pensée, épanouit la réjouissance idéale.

### PAGE 359 § 3

.. Requiert la lucidité, du livre explicatif et familier.

La vérité si on s'ingénie aux tracés, ordonne Industrie aboutissant à Finance, comme Musique à Lettres, pour circonscrire un domaine de Fiction, parfait terme compréhensif.

La Musique sans les Lettres se présente comme très subtil nuage : seules, elles, une monnaie si courante.

Il convenait de ne pas disjoindre davantage. Le titre, proposé à l'issue d'une causerie, jadis, devant le messager oxonien, indiqua *Music and Letters*, moitié de sujet, intacte : sa contrepartie sociale omise. Nœud de la harangue, me voici fournir ce morceau, tout d'une pièce, aux auditeurs, sur fond de mise en scène ou de dramatisation spéculatives : entre les préliminaires cursifs et la détente de commérages ramenée au souci du jour précisément en vue de combler le mánque d'intérêt extra-esthétique. — Tout se résume dans l'Esthétique et l'Économie politique.

Le motif traité d'ensemble (au lieu de scinder et offrir sciemment une fraction), j'eusse évité, encore, de gréciser avec le nom très haut de Platon; sans intention, moi, que d'un modèrne venu directement exprimer comme l'arcane léger, dont le vêt, en public, son habit noir.

### PAGE 365 § 1

.. Un humble, mon semblable.

Mythe, l'éternel : la communion, par le livre. A chacun part totale.

.. Exigent du sol un simulacre.

Un gouvernement mirera, pour valoir, celui de l'univers; lequel, est-il monarchique, anarchique.. Aux conjectures.

La Cité, si je ne m'abuse en mon sens de citoyen, reconstruit un lieu abstrait, supérieur, nulle part situé, ici séjour pour l'homme. — Simple épure d'une grandiose aquarelle, ceci ne se lave, marginalement, en renvoi ou bas de page.

*Quel goût pour démontrer (personne, irrésistiblement, n'a tant à dire à autrui!) j'y succombai une dernière fois ou couronne, avec les Universités Anglaises, un passé que le destin fit professoral. Aussi ce langage un peu d'aplomb.. je m'énonçais, en notre langue, pas ici.*

*La Conférence, cette fois lecture, mieux Discours, me paraît un genre à déployer hors frontières. — Toi que voici chez nous, parle, est-il indiqué par hommage, on accède.*

*La littérature, d'accord avec la faim, consiste à supprimer le Monsieur qui reste en l'écrivant, celui-ci que vient-il faire, au vu des siens, quotidiennement?*

*Une somnolence reposant la cuiller en la soucoupe à thé, lu un article jusqu'à la fin dans quelque revue, vaut mieux, avec le coup d'œil clos que mitre la présence aux chenêts de pantoufles pour la journée ou le minuit. Mon avis, comme public; et, explorateur revenu d'aucuns sables, pas curieux à regarder, si je cédais à parader dans mon milieu, le soin s'imposerait de prendre, en route, chez un fourreur, un tapis de jaguar ou de lion, pour l'étrangler, au début et ne me présenter qu'avec ce recul, dans un motif d'action, aux yeux de connaissance ou du monde.*

## « AUTOBIOGRAPHIE »

Paris lundi 16 novembre 1885

Mon cher Verlaine,

Je suis en retard avec vous, parce que j'ai recherché ce que j'avais prêté, un peu de côté et d'autre, au diable, de l'œuvre inédite de Villiers. Ci-joint le presque rien que je possède.

Mais des renseignements précis sur ce cher et vieux fugace, je n'en ai pas : son adresse même, je l'ignore; nos deux mains se retrouvent l'une dans l'autre, comme desserrées de la veille, au détour d'une rue, tous les ans, parce qu'il existe un Dieu. A part cela, il serait exact aux rendez-vous et, le jour où, pour les *Hommes d'Aujourd'hui*, aussi bien que pour les *Poètes Maudits*, vous voudrez, allant mieux, le rencontrer chez Vanier avec qui il va être en affaires pour la publication d'*Axël*, nul doute, je le connais, aucun doute, qu'il ne soit là à l'heure dite. Littérairement, personne de plus ponctuel que lui : c'est donc à Vanier à obtenir d'abord son adresse, de M. Darzens qui l'a jusqu'ici représenté près de cet éditeur gracieux.

Si rien de tout cela n'aboutissait, un jour, un mercredi notamment, j'irais vous trouver à la tombée de la nuit; et, en causant, il nous viendrait à l'un comme à l'autre, des détails biographiques qui m'échappent aujourd'hui ; pas l'état civil, par exemple, dates, etc., que seul connaît l'homme en cause.

Je passe à moi.

Oui, né à Paris, le 18 mars 1842, dans la rue appelée aujourd'hui passage Laferrière. Mes familles paternelle et maternelle présentaient, depuis la Révolution, une suite ininterrompue de fonctionnaires dans l'Administration de l'Enregistrement ; et bien qu'ils y eussent occupé presque toujours de hauts emplois, j'ai esquivé cette carrière à laquelle on me destina dès les langes. Je retrouve trace du goût de tenir une plume, pour autre chose qu'enregistrer des actes, chez plusieurs de mes ascendants : l'un, avant la création de l'Enregistrement sans doute, fut syndic des Libraires sous Louis XVI, et son nom m'est apparu au bas du Privilège du roi placé en tête de l'édition originale française du *Vathek* de Beckford que j'ai réimprimé. Un autre écrivait des vers badins dans les Almanachs des Muses et les Étrennes aux Dames. J'ai connu enfant, dans le vieil intérieur de bourgeoisie parisienne familial, M. Magnien, un arrière-petit-cousin, qui avait publié un volume romantique à toute crinière appelé *Ange ou Démon*, lequel reparaît quelquefois coté cher dans les catalogues de bouquinistes que je reçois.

Je disais famille parisienne, tout à l'heure, parce qu'on a toujours habité Paris ; mais les origines sont bourguignonnes, lorraines aussi et même hollandaises.

J'ai perdu tout enfant, à sept ans, ma mère, adoré d'une grand'mère qui m'éleva d'abord ; puis j'ai traversé bien des pensions et lycées, d'âme lamartinienne avec un secret désir de remplacer, un jour, Béranger, parce que je l'avais rencontré dans une maison amie. Il paraît que c'était trop compliqué pour être mis à exécution, mais j'ai longtemps essayé dans cent petits cahiers de vers qui m'ont toujours été confisqués, si j'ai bonne mémoire.

Il n'y avait pas, vous le savez, pour un poète à vivre de son art, même en l'abaissant de plusieurs crans, quand je suis entré dans la vie; et je ne l'ai jamais regretté. Ayant appris l'anglais simplement pour mieux lire Poe, je suis parti à vingt ans en Angleterre, afin de fuir, principalement; mais aussi pour parler la langue, et l'enseigner dans un coin, tranquille et sans autre gagne-pain obligé : je m'étais marié et cela pressait.

Aujourd'hui, voilà plus de vingt ans et malgré la perte de tant d'heures, je crois, avec tristesse, que j'ai bien fait. C'est que, à part les morceaux de prose et les vers de ma jeunesse et la suite, qui y faisait écho, publiée un peu partout, chaque fois que paraissaient les premiers numéros d'une Revue Littéraire, j'ai toujours rêvé et tenté autre chose, avec une patience d'alchimiste, prêt à y sacrifier toute vanité et toute satisfaction, comme on brûlait jadis son mobilier et les poutres de son toit, pour alimenter le fourneau du Grand Œuvre. Quoi ? c'est difficile à dire : un livre, tout bonnement, en maints tomes, un livre qui soit un livre, architectural et prémédité, et non un recueil des inspirations de hasard, fussent-elles merveilleuses.. J'irai plus loin, je dirai : le Livre, persuadé qu'au fond il n'y en a qu'un, tenté à son insu par quiconque a écrit, même les Génies. L'explication orphique de la Terre,

qui est le seul devoir du poète et le jeu littéraire
par excellence : car le rythme même du livre, alors
impersonnel et vivant, jusque dans sa pagination,
se juxtapose aux équations de ce rêve, ou Ode.

Voilà l'aveu de mon vice, mis à nu, cher ami, que
mille fois j'ai rejeté, l'esprit meurtri ou las, mais cela
me possède et je réussirai peut-être; non pas à faire
cet ouvrage dans son ensemble (il faudrait être je ne
sais qui pour cela!) mais à en môntrer un fragment
d'exécuté, à en faire scintiller par une place l'authen-
ticité glorieuse, en indiquant le reste tout entier
auquel ne suffit pas une vie. Prouver par les portions
faites que ce livre existe, et que j'ai connu ce que je
n'aurai pu accomplir.

Rien de si simple alors que je n'aie pas eu hâte
de recueillir les mille bribes connues, qui m'ont,
de temps à autre, attiré la bienveillance de charmants
et excellents esprits, vous le premier! Tout cela
n'avait d'autre valeur momentanée pour moi que
de m'entretenir la main : et quelque réussi que
puisse être quelquefois un des [morceaux,] à eux tous
c'est bien juste s'ils composent un album, mais pas
un livre. Il est possible cependant que l'Éditeur
Vanier m'arrache ces lambeaux mais je ne les collerai
sur des pages que comme on fait une collection de
chiffons d'étoffes séculaires ou précieuses. Avec ce
mot condamnatoire d'*Album*, dans le titre, *Album
de vers et de prose*, je ne sais pas; et cela contiendra
plusieurs séries, pourra même aller indéfiniment,
(à côté de mon travail personnel qui je crois, sera
anonyme, le Texte y parlant de lui-même et sans voix
d'auteur).

Ces vers, ces poèmes en prose, outre les Revues
Littéraires, on peut les trouver, ou pas, dans les

Publications de Luxe, épuisées, comme le *Vathek*,
le *Corbeau*, le *Faune*.

J'ai dû faire, dans des moments de gêne ou pour
acheter de ruineux canots, des besognes propres et
voilà tout *(Dieux Antiques, Mots Anglais)* dont il
sied de ne pas parler : mais à part cela, les concessions
aux nécessités comme aux plaisirs n'ont pas été
fréquentes. Si à un moment, pourtant, désespérant
du despotique bouquin lâché de Moi-même, j'ai après
quelques articles colportés d'ici et de là, tenté de
rédiger tout seul, toilettes, bijou, mobilier, et jus-
qu'aux théâtres et aux menus de dîner, un journal, *La
Dernière Mode*, dont les huit ou dix numéros parus
servent encore quand je les dévêts de leur poussière
à me faire longtemps rêver.

Au fond je considère l'époque contemporaine
comme un interrègne pour le poète, qui n'a point
à s'y mêler : elle est trop en désuétude et en effer-
vescence préparatoire, pour qu'il ait autre chose à
faire qu'à travailler avec mystère en vue de plus
tard ou de jamais et de temps en temps à envoyer
aux vivants sa carte de visite, stances ou sonnet, pour
n'être point lapidé d'eux, s'ils le soupçonnaient de
savoir qu'ils n'ont pas lieu.

La solitude accompagne nécessairement cette
espèce d'attitude ; et, à part mon chemin de la maison
(c'est 89, maintenant, rue de Rome) aux divers
endroits où j'ai dû la dîme de mes minutes, lycées
Condorcet, Janson de Sailly enfin Collège Rollin, je
vague peu, préférant à tout, dans un appartement
défendu par la famille, le séjour parmi quelques
meubles anciens et chers, et la feuille de papier
souvent blanche. Mes grandes amitiés ont été celles
de Villiers, de Mendès et j'ai, dix ans, vu tous les

jours mon cher Manet, dont l'absence aujourd'hui me paraît invraisemblable! Vos *Poètes Maudits*, cher Verlaine, *A Rebours* d'Huysmans, ont intéressé à mes Mardis longtemps vacants les jeunes poètes qui nous aiment (mallarmistes à part) et on a cru à quelque influence tentée par moi, là où il n'y a eu que des rencontres. Très affiné, j'ai été dix ans d'avance du côté où de jeunes esprits pareils devaient tourner aujourd'hui.

Voilà toute ma vie dénuée d'anecdotes, à l'envers de ce qu'ont depuis si longtemps ressassé les grands journaux, où j'ai toujours passé pour très étrange : je scrute et ne vois rien d'autre, les ennuis quotidiens, les joies, les deuils d'intérieur exceptés. Quelques apparitions partout où l'on monte un ballet, où l'on joue de l'orgue, mes deux passions d'art presque contradictoires, mais dont le sens éclatera et c'est tout. J'oubliais mes fugues, aussitôt que pris de trop de fatigue d'esprit, sur le bord de la Seine et de la forêt de Fontainebleau, en un lieu le même depuis des années : là je m'apparais tout différent, épris de la seule navigation fluviale. J'honore la rivière, qui laisse s'engouffrer dans son eau des journées entières sans qu'on ait l'impression de les avoir perdues, ni une ombre de remords. Simple promeneur en yoles d'acajou, mais voilier avec furie, très fier de sa flottille.

Au revoir, cher ami. Vous lirez tout ceci, noté au crayon pour laisser l'air d'une de ces bonnes conversations d'amis à l'écart et sans éclat de voix, vous le parcourrez du bout des regards et y trouverez, disséminés, les quelques détails biographiques à choisir qu'on a besoin d'avoir quelque part vus véridiques. Que je suis peiné de vous savoir malade, et de rhumatismes! Je connais cela. N'usez que rarement du salicylate, et pris des mains d'un bon médecin, la question dose étant très importante. J'ai eu autrefois une fatigue et comme une lacune d'esprit, après cette drogue; et je lui attribue mes insomnies. Mais j'irai vous voir un jour et vous dire cela, en vous apportant un sonnet et une page de prose que je vais confectionner ces temps, à votre intention, quelque chose qui aille là où vous le mettrez. Vous pouvez commencer sans ces deux bibelots. Au revoir, cher Verlaine. Votre main

# FRAGMENTS ET NOTES

## D'UNE MÉTHODE

### PLAN

Quiconque promène un regard de curieux sur les investigations actuelles ne peut s'empêcher de l'arrêter un moment sur la tendance qui, servie par des savants d'un incontestable mérite, arrive seulement à se formuler par cette accointance de mots : la Science du Langage, tandis que toutes les autres sciences ont trouvé leur dénominateur, qui les classe, dans la technologie intellectuelle. Cette jonction de termes qui nous arrête, ne nous apporte-t-elle pas l'impression, par le vocable de science d'acheminement à la connaissance de recherches sur un objet destinées à parvenir à l'état de Notion et à former un

des termes de l'ensemble des notions humaines, dont
la conscience seule est reconnue par notre époque
pour l'Esprit; et, par celui du Langage, leur objet,
employé seul, l'impression la plus générale d'un
moyen d'expression, je ne dirai pas de l'homme
absolument, car, modifié par un terme adjacent, tel
que le *langage du cœur*, celui *des yeux, langages muets*,
il convient à certaines portions isolées de son âme, et
nous assimilons ces variations au *langage des choses*,
— mais, l'appliquant momentanément aux données
que peut atteindre une science, lesquelles sont des
notions — d'expression générale de notre esprit.

### FRAGMENT D'UN PROJET D'ARTICLE INTITULÉ :

### LA LITTÉRATURE, DOCTRINE

Banalité! et c'est vous, la masse et la majorité,
ô confrères, autrement que de pauvres kabbalistes
tantôt bafoués par une anecdote maligne : et je me
félicite du coup de vent si c'est de votre côté qu'il
décharge en dernier lieu mon haussement d'épaules.
Non, vous ne vous contentez pas, comme eux par
inattention et malentendu, de détacher d'un Art des
opérations qui lui sont intégrales et fondamentales
pour les accomplir à tort, isolément, c'est encore une
vénération, maladroite. Vous en effacez jusqu'au
sens initial sacré.

  Si! avec ses vingt-quatre signes, cette Littérature
exactement dénommée les Lettres, ainsi que par de
multiples fusions en la figure de phrases puis le
vers, système agencé comme un spirituel zodiaque,

implique sa doctrine propre, abstraite, ésotérique
comme quelque théologie : cela, du fait, uniment,
que des notions sont telles, ou à un degré de raréfac-
tion au-delà de l'ordinaire atteinte, que de ne pouvoir
s'exprimer sinon avec des moyens, typiques et
suprêmes, dont le nombre n'est, pas plus que le leur,
à elles, illimité.

*<br>* *

Un étrange petit livre, très mystérieux, un peu
déjà à la façon des Pères, très distillé et concis — ceci
aux endroits qui pourraient prêter à l'enthou-
siasme (étudier Montesquieu).

Aux autres, la grande et longue période de
Descartes.

Puis, en général : du La Bruyère et du Fénelon,
avec un parfum de Baudelaire.

Enfin du moi — et du langage mathématique.


Toute méthode est une fiction, et bonne pour la
démonstration.

Le langage lui est apparu l'instrument de la fiction :
il suivra la méthode du Langage (la déterminer) —
Le langage se réfléchissant.

Enfin la fiction lui semble être le procédé même de
l'esprit humain — c'est elle qui met en jeu toute
méthode, et l'homme est réduit à la volonté.

Page du Discours sur la Méthode : (en soulignant).

Nous n'avons pas compris Descartes, l'étranger s'est emparé de lui : mais il a suscité les mathématiciens français.

Il faut reprendre son mouvement, étudier nos mathématiciens — et ne nous servir de l'étranger, l'Allemagne ou l'Angleterre, que comme d'une contre-épreuve : nous aidant ainsi de ce qu'il nous a pris.

Du reste le mouvement hyper-scientifique ne vient que d'Allemagne, l'Angleterre ne peut à cause de Dieu, que Bacon, son législateur, respecte, adopter la science pure.

### MÉTHODE

CONVERSATION. — Sens des mots diffère, d'abord, puis le *ton :* on trouve du nouveau dans le ton dont une personne dit telle et telle chose.

Nous prendrons le ton de la conversation, comme limite suprême, et où nous devons nous arrêter pour ne pas toucher à la science — comme arrêt des cercles vibratoires de notre pensée.

Enfin — les mots ont plusieurs sens, sinon on s'entendrait toujours — nous en profiterons — et pour leur sens principal, nous chercherons quel effet ils nous produiraient prononcés par la voix intérieure de notre esprit, déposée par la fréquentation des livres du passé (Science, Pascal), si cet effet s'éloigne de celui qu'il nous fait de nos jours.

... la Conversation; non dans une conversation, ce qu'elle est au moment (c'est fini) ni dans la partie de son Abstraction que nous voulons connaître, mais dans sa Fiction, ici, telle qu'elle est exprimée par rapport à ces deux phases qu'elle réfléchit.

Arriver de la *phrase* à la *lettre* par le mot ; en nous servant du *Signe* ou de l'écriture, qui relie le mot à son sens.

La Science n'est donc pas autre chose que la Grammaire, historique et comparée, afin de devenir générale, et la Rhétorique.

DE LA SCIENCE. — *La Science ayant dans le Langage trouvé une confirmation d'elle-même, doit maintenant devenir une* CONFIRMATION *du Langage.*

Cette idée de la Science appliquée au Langage, maintenant que le Langage a eu conscience de lui et de ses moyens, reste féconde, en ce qu'elle nous fournit *a priori* les données suivantes que la Science doit s'appliquer à développer :

1º Tournée sur elle-même et voyant que d'un côté elle est un acte momentané de l'esprit répondant au besoin de notion, et que de l'autre les termes qui servent à l'appréciation des manifestations du Verbe et qui sont tirés de son répertoire s'équivalent, et s'équivalent donc chez elle également, elle en conclut que tous sont des actes momentanés situés entre ses objets, la matière et l'esprit, et peut hardiment élucider ce problème : maintenant qu'elle a la valeur de son moyen d'expression.

2º C'est en l'homme ou son humanité que tout cela s'équivaut — étudier par la physiologie ce qu'est l'homme par rapport aux choses de l'esprit et de la matière, et pour cela appliquer la physiologie à l'histoire. La physiologie historique.

3º L'esprit. Ce qu'est l'esprit par rapport à sa

double expression de la matière et de l'humanité, et comment notre monde peut se rattacher à l'Absolu.

Choses qu'elle trouvera, mais que nous nous proposerons de résoudre par des moyens complètement différents, pareils à ceux qui nous ont fait trouver l'idée du Langage et *leur idée* dans le Langage.


C'est donc puisque la Conversation nous permet une abstraction de notre objet, le Langage, en même temps que, site du Langage, elle nous permet d'offrir son moment à la Science, dans la conversation que nous étudierons le Langage.

Ainsi nos deux termes ne se tiennent dans l'adhésion momentanée de notre esprit que grâce au procédé de la Conversation.


Le moment de la Notion d'un objet est donc le moment de la réflexion de son présent pur en lui-même ou sa pureté présente.

— En tirer une époque de réflexion du langage.

La pensée vient de sortir de la conversation : nous nous servirons de cela pour *y rentrer*.


M'arrêter dans ces trois écrits aux conclusions générales, qui doivent se trouver dans le Traité; étudier les choses en elles.

Dans le « Langage » expliquer le Langage, dans son jeu par rapport à l'Esprit, le *démontrer*, sans tirer de conclusions absolues (de l'Esprit).

Dans le Langage poétique — ne montrer que la

visée du Langage à devenir beau, et non à exprimer mieux que tout, le Beau — et non du Verbe à exprimer le Beau ce qui est réservé au Traité.

Ne jamais confondre le *Langage* avec le *Verbe*.

*Résultats de l'accointance
de l'Idée de Science et de l'Idée de Langage,
et essai sur la tentative actuelle.*

Résultats pour l'Esprit. Fiction. Moyen.
Résultats pour les Sciences.
Enfin, avenir ouvert à l'étude de l'Homme.
Fin, après avoir démontré quel était son aboutissement, de cette tentative.

### Notes.

Il a été démontré par la lettre — l'équivalent de la Fiction, et l'inanité de l'adaptation à l'Absolu de la Fiction d'un objet qui en ferait une Convention absolue.

Le Verbe, à travers l'Idée et le Temps qui sont « la négation identique à l'essence » du Devenir devient le *Langage*.

Le Langage est le développement du Verbe, son idée, dans l'Être, le Temps devenu son mode : cela à travers les phases de l'Idée et du Temps en l'Être, c'est-à-dire selon la Vie et l'Esprit. D'où les deux manifestations du Langage, la Parole et l'Écriture, destinées (en nous arrêtant à la donnée du Langage)

à se réunir toutes deux en l'Idée du Verbe : la
Parole, en créant les analogies des choses par les
analogies des sons — l'Écriture en marquant les
gestes de l'Idée se manifestant par la parole, et leur
offrant leur réflexion, de façon à les parfaire, dans
le présent (par la lecture) et à les conserver à l'avenir
comme annales de l'effort successif de la parole et
de sa filiation : et à en donner la parenté de façon
à ce qu'un jour, leurs analogies constatées, le Verbe
apparaisse derrière son moyen du langage, rendu à la
physique et à la physiologie, comme un Principe,
dégagé, adéquat au Temps et à l'Idée.

Le Verbe est un principe qui se développe à travers
la négation de tout principe, le hasard, comme l'Idée,
et se retrouve formant, (comme elle la Pensée, sus-
citée par l'Anachronisme), lui, la Parole, à l'aide du
Temps qui permet à ses éléments épars de se
retrouver et de se raccorder suivant ses lois suscitées
par ces diversions.

\*\*\*

Un vocabulaire appartient en commun, cela seul!
au poète et à tous, de qui l'œuvre, je m'incline, est de
le ramener perpétuellement à la signification cou-
rante, comme se conserve un sol national; dites, le
dictionnaire me suffirait : soit, trempez-le de vie,
que je devrai en exprimer pour employer les termes
en leur sens virtuel.

Le vers et tout écrit au fond par cela qu'issu de la parole doit se montrer à même de subir l'épreuve orale ou d'affronter la diction comme un mode de présentation extérieur et pour trouver haut et dans la foule son écho plausible, au lieu qu'effectivement il a lieu au-delà du silence que traversent se raréfiant en musiques mentales ses éléments, et affecte notre sens subtil ou de rêve.

Ce n'est pas à dire, ainsi qu'une louable atrophie de cette visée mentale longtemps le persuada, qu'il soit fait exclusivement pour les yeux : il résout le fait naturel qu'il contient dans un éclat de vision suprême et pur, affectant jusqu'à son propre moyen scriptural et verbal, et à la rigueur pour parler d'emblée . . . . : pourrait-on sacrifier à plus de . . . . . le plaisir de l'œil s'attardant parmi la parité des signes éteints (je suppose l's du pluriel) et lui opposer une rime nette sur un son le même au singulier; mais et j'infère de cet exemple spécial la qualité exacte du sentiment qui doit présider à l'ensemble de pareilles libérations, il n'y a lieu de le faire que si on secoue véritablement une importunité, en vue de procéder nettement ou pleinement, en y perdant peut-être quelque chose. Aucune juvénile simplification en effet ne me persuadera à moi, tenant des vieilles subtilités dont on meurt mais en extrayant le métal de leur chimérique, que n'existe, je reprends le cas précité, et ceci philosophiquement en dehors de toute grammaire, à moins que celle-ci ne soit une philosophie latente et particulière en même temps que l'armature de la langue, un rapport, oui, mystérieux, on entend bien, par exemple entre cet *s*

du pluriel et celui qui s'ajoute à la seconde personne
du singulier, dans les verbes, exprimant lui aussi,
non moins que celui causé par le nombre une
altération . . . . . quant à qui parle . . . . .

*S*, dis-je, est la lettre analytique; dissolvante et
disséminante, par excellence : je demande pardon
de mettre à nu les vieux ressorts sacrés qui . . . .
ou de me montrer pédant. jusqu'aux fibres, j'y
trouve l'occasion d'affirmer l'existence, en dehors
de la valeur verbale autant que celle purement
hiéroglyphique, de la parole ou du grimoire, d'une
secrète direction confusément indiquée par l'ortho-
graphe et qui concourt mystérieusement au signe
pur général qui doit marquer le vers.

Je crois donc qu'à part certaines piétés que nous
eûmes parnassiens, — sang s'accouplait à flanc
plutôt qu'à la généralité des participes présents —
et qui peuvent sentir leur séminariste, clerc — que la
rime ne subira que peu de modification, quand on
ne cherche pas à lui communiquer par l'emploi
de l'assonance un charme mouvant et de lointain,
encore peut-être faudra-t-il avoir précédemment
posé les rimes fermes, dont elles opèrent la dégra-
dation.


Mais plus à ce sujet l'évidence me frappe l'esprit,
avec plus de réticence suis-je tenté de m'exprimer,
à cause de l'ébahissement contemporain peu au fait
de ce qui s'appellerait bien la théologie des Lettres.
Je détonne par solitude comme tout à l'heure
je dénonçais un pédantisme, qu'il y a toujours,
pour l'écrivain, à discourir au public, même réduit
à des confrères, encore que cela se fasse couramment,

sur la technique. A peine si ces dissertations sont
de mise, un instant, de vive voix, entre camarades :
et il faut ce besoin qui vous prend quelquefois
par trop de solitude et de ciel morose de se rendre
présent justement l'interlocuteur oublié qu'on a
en soi et d'éveiller son attention, en vue qu'il témoi-
gne de notre continuité, pour aborder ces sujets
brouillés et limpides à la fois comme la crinière
de pluie qui essuie interminablement les carreaux.
Je voulus dire, je suppose, et si je ressaisis les fils
de cette songerie désœuvrée, par exemple qu'une
des illuminations littéraires principales entre les
âges a frappé d'aplomb et intensément les quinze
ou vingt dernières années qui forment à cet égard
une période; non que cet éclair se soit promulgué
simplement pour la broderie de son feu et par
dandysme sauf à se retirer en soi : car il a suscité,
particulièrement dans la jeunesse, mainte œuvre
qui en garde l'indéniable reflet, ou un de l'avenir
qui n'est jamais que l'éclat de ce qui eût dû se pro-
duire antérieurement ou près de l'origine.

## RÉPONSES A DES ENQUÊTES

### SUR L'ÉVOLUTION LITTÉRAIRE

#### (ENQUÊTE DE JULES HURET)

M. Stéphane mallarmé. — *L'un des littérateurs
les plus généralement aimés du monde des lettres,*

*avec Catulle Mendès. Taille moyenne, barbe grison-*
*nante, taillée en pointe, un grand nez droit, des oreilles*
*longues et pointues de satyre, des yeux largement*
*fendus brillant d'un éclat extraordinaire, une singulière*
*expression de finesse tempérée par un grand air de*
*bonté. Quand il parle, le geste accompagne toujours*
*la parole, un geste nombreux, plein de grâce, de pré-*
*cision, d'éloquence ; la voix traîne un peu sur les fins*
*de mots en s'adoucissant graduellement : un charme*
*puissant se dégage de l'homme, en qui l'on devine un*
*immarcescible orgueil, planant au-dessus de tout,*
*un orgueil de dieu ou d'illuminé devant lequel il faut*
*tout de suite intérieurement s'incliner, — quand on*
*l'a compris.*

— Nous assistons, en ce moment, *m'a-t-il dit*, à
un spectacle vraiment extraordinaire, unique, dans
toute l'histoire de la poésie : chaque poète allant,
dans son coin, jouer sur une flûte, bien à lui, les airs
qu'il lui plaît ; pour la première fois, depuis le
commencement, les poètes ne chantent plus au
lutrin. Jusqu'ici, n'est-ce pas, il fallait, pour s'accom-
pagner, les grandes orgues du mètre officiel. Eh bien!
on en a trop joué, et on s'en est lassé. En mourant,
le grand Hugo, j'en suis bien sûr, était persuadé
qu'il avait enterré toute poésie pour un siècle ;
et, pourtant, Paul Verlaine avait déjà écrit *Sagesse ;*
on peut pardonner cette illusion à celui qui a tant
accompli de miracles, mais il comptait sans l'éternel
instinct, la perpétuelle et inéluctable poussée lyrique.
Surtout manqua cette notion indubitable : que,
dans une société sans stabilité, sans unité, il ne peut
se créer d'art stable, d'art définitif. De cette organi-
sation sociale inachevée, qui explique en même temps

l'inquiétude des esprits, naît l'inexpliqué besoin d'individualité dont les manifestations littéraires présentes sont le reflet direct.

Plus immédiatement, ce qui explique les récentes innovations, c'est qu'on a compris que l'ancienne forme du vers était non pas la forme absolue, unique et immuable, mais un moyen de faire à coup sûr de bons vers. On dit aux enfants : « Ne volez pas, vous serez honnêtes! » C'est vrai, mais ce n'est pas tout; en dehors des préceptes consacrés, est-il possible de faire de la poésie? On a pensé que oui et je crois qu'on a eu raison. Le vers est partout dans la langue où il y a rythme, partout, excepté dans les affiches et à la quatrième page des journaux. Dans le genre appelé prose, il y a des vers, quelquefois admirables, de tous rythmes. Mais, en vérité, il n'y a pas de prose : il y a l'alphabet, et puis des vers plus ou moins serrés, plus ou moins diffus. Toutes les fois qu'il y a effort au style, il y a versification.

Je vous ai dit tout à l'heure que, si on en est arrivé au vers actuel, c'est surtout qu'on est las du vers officiel; ses partisans mêmes partagent cette lassitude. N'est-ce pas quelque chose de très anormal qu'en ouvrant n'importe quel livre de poésie on soit sûr de trouver d'un bout à l'autre des rythmes uniformes et convenus là où l'on prétend, au contraire, nous intéresser à l'essentielle variété des sentiments humains! Où est l'inspiration, où est l'imprévu, et quelle fatigue! Le vers officiel ne doit servir que dans des moments de crise de l'âme; les poètes actuels l'ont bien compris; avec un sentiment de réserve très délicat ils ont erré autour, en ont approché avec une singulière timidité, on dirait quelque effroi, et, au lieu d'en faire leur principe

et leur point de départ, tout à coup l'ont fait surgir
comme le couronnement du poème ou de la période!

D'ailleurs, en musique, la même transformation
s'est produite : aux mélodies d'autrefois très dessi-
nées succède une infinité de mélodies brisées qui
enrichissent le tissu sans qu'on sente la cadence
aussi fortement marquée.

— *C'est bien de là,* — *demandai-je,* — *qu'est
venue la scission?*

— Mais oui. Les Parnassiens, amoureux du vers
très strict, beau par lui-même, n'ont pas vu qu'il n'y
avait là qu'un effort complétant le leur; effort qui
avait en même temps cet avantage de créer une sorte
d'interrègne du grand vers harassé et qui demandait
grâce. Car il faut qu'on sache que les essais des
derniers venus ne tendent pas à supprimer le grand
vers; ils tendent à mettre plus d'air dans le poème,
à créer une sorte de fluidité, de mobilité entre les
vers de grand jet, qui leur manquait un peu jusqu'ici.
On entend tout d'un coup dans les orchestres de
très beaux éclats de cuivre; mais on sent très bien
que s'il n'y avait que cela, on s'en fatiguerait vite.
Les jeunes espacent ces grands traits pour ne les
faire apparaître qu'au moment où ils doivent pro-
duire l'effet total : c'est ainsi que l'alexandrin, que
personne n'a inventé et qui a jailli tout seul de l'ins-
trument de la langue, au lieu de demeurer maniaque
et sédentaire comme à présent, sera désormais
plus libre, plus imprévu, plus aéré : il prendra la
valeur de n'être employé que dans les mouvements
graves de l'âme. Et le volume de la poésie future
sera celui à travers lequel courra le grand vers initial
avec une infinité de motifs empruntés à l'ouïe
individuelle.

Il y a donc scission par inconscience de part et d'autre que les efforts peuvent se rejoindre plutôt qu'ils ne se détruisent. Car, si, d'un côté, les Parnassiens ont été, en effet, les absolus serviteurs du vers, y sacrifiant jusqu'à leur personnalité, les jeunes gens ont tiré directement leur instinct des musiques, comme s'il n'y avait rien eu auparavant; mais ils ne font qu'espacer le raidissement, la constriction parnassienne, et, selon moi, les deux efforts peuvent se compléter.

Ces opinions ne m'empêchent pas de croire, personnellement, qu'avec la merveilleuse science du vers, l'art suprême des coupes, que possèdent des maîtres comme Banville, l'alexandrin peut arriver à une variété infinie, suivre tous les mouvements de passion possible : le *Forgeron* de Banville, par exemple, a des alexandrins interminables, et d'autres, au contraire, d'une invraisemblable concision.

Seulement, notre instrument si parfait, et dont on a peut-être trop usé, il n'était pas mauvais qu'il se reposât un peu.

— *Voilà pour la forme, dis-je à M. Stéphane Mallarmé. Et le fond?*

— Je crois, *me répondit-il*, que, quant au fond, les jeunes sont plus près de l'idéal poétique que les Parnassiens qui traitent encore leurs sujets à la façon des vieux philosophes et des vieux rhéteurs, en présentant les objets directement. Je pense qu'il faut, au contraire, qu'il n'y ait qu'allusion. La contemplation des objets, l'image s'envolant des rêveries suscitées par eux, sont le chant : les Parnassiens, eux, prennent la chose entièrement et la montrent; par là ils manquent de mystère; ils retirent aux esprits cette joie délicieuse de croire qu'ils créent. *Nommer* un objet, c'est supprimer les trois quarts de la jouissance du poème qui est faite du bonheur de deviner peu à peu; le *suggérer*, voilà le rêve. C'est le parfait usage de ce mystère qui constitue le symbole : évoquer petit à petit un objet pour montrer un état d'âme, ou, inversement, choisir un objet et en dégager un état d'âme, par une série de déchiffrements.

— *Nous approchons ici, dis-je au maître, d'une grosse objection que j'avais à vous faire.. L'obscurité !*

— C'est, en effet, également dangereux, *me répond-il*, soit que l'obscurité vienne de l'insuffisance du lecteur, ou de celle du poète.. mais c'est tricher que d'éluder ce travail. Que si un être d'une intelligence moyenne, et d'une préparation littéraire insuffisante, ouvre par hasard un livre ainsi fait et prétend en jouir, il y a malentendu, il faut remettre les choses à leur place. Il doit y avoir toujours énigme en poésie, et c'est le but de la littérature, — il n'y en a pas d'autres, — d'*évoquer* les objets.

— *C'est vous, maître, demandai-je, — qui avez créé le mouvement nouveau?*

— J'abomine les écoles, *dit-il*, et tout ce qui y ressemble; je répugne à tout ce qui est professoral appliqué à la littérature qui, elle, au contraire, est tout à fait individuelle. Pour moi, le cas d'un poète, en cette société qui ne lui permet pas de vivre, c'est le cas d'un homme qui s'isole pour sculpter son propre tombeau. Ce qui m'a donné l'attitude de chef d'école, c'est, d'abord, que je me suis toujours intéressé aux idées des jeunes gens; c'est ensuite, sans doute, ma sincérité à reconnaître ce qu'il y avait de nouveau dans l'apport des derniers venus. Car moi, au fond, je suis un solitaire, je crois que la poésie est faite pour le faste et les pompes suprêmes d'une société constituée où aurait sa place la gloire dont les gens semblent avoir perdu la notion. L'attitude du poète dans une époque comme celle-ci, où il est en grève devant la société, est de mettre de côté tous les moyens viciés qui peuvent s'offrir à lui. Tout ce qu'on peut lui proposer est inférieur à sa conception et à son travail secret.

*Je demande à M. Mallarmé quelle place revient à Verlaine dans l'histoire du mouvement poétique.*

— C'est lui le premier qui a réagi contre l'impeccabilité et l'impassibilité parnassiennes ; il a apporté, dans *Sagesse*, son vers fluide, avec, déjà, des dissonances voulues. Plus tard, vers 1875, mon *Après-midi d'un faune*, à part quelques amis, comme Mendès, Dierx et Cladel, fit hurler le Parnasse tout entier, et le morceau fut refusé avec un grand ensemble. J'y essayais, en effet, de mettre, à côté de l'alexandrin dans toute sa tenue, une sorte de jeu courant pianoté autour, comme qui dirait d'un accompagnement musical fait par le poète lui-même et ne permettant au vers officiel de sortir que dans les grandes occasions. Mais le père, le vrai père de tous les Jeunes, c'est Verlaine, le magnifique Verlaine dont je trouve l'attitude comme homme aussi belle vraiment que comme écrivain, parce que c'est la seule, dans une époque où le poète est hors la loi : que de faire accepter toutes les douleurs avec une telle hauteur et une aussi superbe crânerie.

— *Que pensez-vous de la fin du naturalisme ?*

— L'enfantillage de la littérature jusqu'ici a été de croire, par exemple, que choisir un certain nombre de pierres précieuses et en mettre les noms sur le papier, même très bien, c'était *faire* des pierres précieuses. Eh bien, non! La poésie consistant à *créer*, il faut prendre dans l'âme humaine des états, des lueurs d'une pureté si absolue que, bien chantés et bien mis en lumière, cela constitue en effet les joyaux de l'homme : là, il y a symbole, il y a création, et le mot poésie a ici son sens : c'est, en somme, la seule création humaine possible. Et si, véritablement, les pierres précieuses dont on se pare ne manifestent pas un état d'âme, c'est indûment qu'on s'en pare.. La femme, par exemple, cette éternelle voleuse..

Et tenez, *ajoute mon interlocuteur en riant à moitié*, ce qu'il y a d'admirable dans les magasins de nouveautés, c'est, quelquefois, de nous avoir révélé, par le commissaire de police, que la femme se parait indûment de ce dont elle ne savait pas le sens caché, et qui ne lui appartient par conséquent pas..

Pour en revenir au naturalisme, il me paraît qu'il faut entendre par là la littérature d'Émile Zola, et que le mot mourra en effet, quand Zola aura achevé son œuvre. J'ai une grande admiration pour Zola. Il a fait moins, à vrai dire, de véritable littérature que de l'art évocatoire, en se servant, le moins qu'il est possible, des éléments littéraires; il a pris les mots, c'est vrai, mais c'est tout; le reste provient de sa merveilleuse organisation et se répercute tout de suite dans l'esprit de la foule. Il a vraiment des qualités puissantes; son sens inouï de la vie, ses mouvements de foule, la peau de Nana, dont nous avons tous caressé le grain, tout cela peint en de prodigieux lavis, c'est l'œuvre d'une organisation vraiment admirable! Mais la littérature a quelque chose de plus intellectuel que cela :

les choses existent, nous n'avons pas à les créer;
nous n'avons qu'à en saisir les rapports; et ce sont
les fils de ces rapports qui forment les vers et les
orchestres.

— *Connaissez-vous les psychologues?*

— Un peu. Il me semble qu'après les grandes
œuvres de Flaubert, des Goncourt, et de Zola, qui
sont des sortes de poèmes, on en est revenu aujour-
d'hui au vieux goût français du siècle dernier,
beaucoup plus humble et modeste, qui consiste non
à prendre à la peinture ses moyens pour montrer la
forme extérieure des choses, mais à disséquer les
motifs de l'âme humaine. Mais il y a, entre cela
et la poésie, la même différence qu'il y a entre un
corset et une belle gorge..

*Je demandai, avant de partir, à M. Mallarmé, les
noms de ceux qui représentent, selon lui, l'évolution
poétique actuelle.*

— Les jeunes gens, *me répondit-il*, qui me sem-
blent avoir fait œuvre de maîtrise, c'est-à-dire œuvre
originale, ne se rattachant à rien d'antérieur, c'est
Morice, Moréas, un délicieux chanteur, et, surtout,
celui qui a donné jusqu'ici le plus fort coup d'épaule,
Henri de Régnier, qui, comme de Vigny, vit là-bas,
un peu loin, dans la retraite et le silence, et devant
qui je m'incline avec admiration. Son dernier
livre : *Poèmes anciens et romanesques*, est un pur chef-
d'œuvre.

— Au fond, voyez-vous, *me dit le maître en me
serrant la main,* le monde est fait pour aboutir à un
beau livre.

### SUR POE

Je révère l'opinion de Poe, nul vestige d'une philo-
sophie, l'éthique ou la métaphysique, ne transpa-
raîtra ; j'ajoute qu'il la faut, incluse et latente. Éviter
quelque réalité d'échafaudage demeuré autour de
cette architecture spontanée et magique, n'y implique
pas le manque de puissants calculs et subtils, mais
on les ignore, eux-mêmes se font, mystérieux exprès.
Le chant jaillit de source innée, antérieure à un
concept, si purement que refléter, au dehors, mille
rythmes d'images. Quel génie pour être un poète ;
quelle foudre d'instinct renfermer, simplement
la vie, vierge, en sa synthèse et loin illuminant tout.
L'armature intellectuelle du poème se dissimule
et tient — a lieu — dans l'espace qui isole les strophes
et parmi le blanc du papier : significatif silence
qu'il n'est pas moins beau de composer, que les vers.

### ENQUÊTE SUR VERLAINE

Si je supprimais, avec plaisir, l'une des ques-
tions, — *à qui attribuer la succession* — de Verlaine
(il n'en laisse et n'en prit aucune). Voilà qui est bien
royal, convenez, d'avoir lieu par lignée. On dit mieux,
quelquefois, en ajoutant à une citation les mots
« comme parle LE POÈTE », hommage au type perma-
nent impersonnel dont se réclame quiconque fit de
beaux vers. Les individus mélodieux, rien n'exige
qu'un décédé en soit un autre, avec hâte ; d'autant
que tel, en mourant, inaugure sa gloire. La vacance

sied. Au cas présent, du reste, je me trouverais incapable de décider entre trois aînés ou quatre mes contemporains ou, leur éclat n'acceptant d'héritage, par exemple lequel, dans le nombre égal de maîtres jeunes, aujourd'hui, l'emporte. Tant à attendre et d'imprévu!

Intéresse — *quelles sont les meilleures parties de l'Œuvre?* Tout, de loin ou de près, ce qui s'affilie à SAGESSE, en dépend et pourrait y retourner, pour grossir l'unique livre : là, en un instant principal, ayant écho par tout Verlaine, le doigt a été mis sur la touche inouïe qui résonnera solitairement, séculairement.

— *et quel est son rôle dans l'évolution littéraire?*

L'antérieur Parnassien eût suffi à une carrière et une renommée; et, même, peut s'isoler, depuis qu'avec sa survivance ont joué, subitement comme seules, des orgues complexes et pures. Quant à la nouveauté de ces quinze ans, ceci l'annonce, seulement. L'essentiel et malin artiste surprit la joie, à temps, de dominer, au conflit de deux époques, l'une dont il s'extrait avec ingénuité; réticent devant l'autre qu'il suggère; sans être que lui, éperdument — ni d'un moment littéraire indiqué.

SUR VERLAINE

Paris, 7 avril 1897.

Vous requérez, cher Monsieur Clerget, pour des instituteurs — plusieurs, des poètes — ici mon

témoignage que Verlaine, ce Maître, effectivement
professa : certes, la langue anglaise. Je l'appelais
— comme de mes heures, aussi, restent aux vitres
dépolies des classes d'un lycée — en souriant, mon
confrère et collègue, attendu qu'il me conta les succès
notoires de son enseignement, je crois, à Rethel, et
clignait de l'œil, dans nos rencontres, en connais-
seur interrogeant si le mien prospérait : lui, évadé
depuis longtemps, et j'attribuais à l'intervalle d'oubli
cette sérénité, volontiers, de s'entretenir d'un sujet
pour moi, dont tarda l'épreuve, sans attrait. L'aven-
ture que je démêlai son fils, à Rollin, dans un cours
et l'en informai même, contribua, peut-être, à cet
intérêt, de sa part, aux technicités de mon passe-
temps obligatoire : ainsi, affectionnait-il mainte
citation, doctoralement, de l'anglais, comme un
qui posséderait quelque langage exceptionnel ou
à la portée de peu de gens, mettons, c'est vrai,
d'un nombre restreint de poètes. Confidences péda-
gogiques, avis; il montrait, particulièrement —
d'un moyen de son invention, auquel il m'initia, une
fierté. Il avait (je l'entends) envisagé, avec justesse,
la persistance de l'intonation gutturale ou de la
stridence, les dents contre, ceci invétéré chez les
Anglais essayant notre langue, comme une marque
indéniable d'aptitude à prononcer excellemment
et sans effort, plutôt, la leur propre : cette perfor-
mance, suprême, qu'exige de ses disciples un maître
français consciencieux, pourquoi n'y atteindre tout
de suite, en inculquant à ceux-ci, même lisant Boi-
leau, la prononciation défectueuse ordinaire aux
compatriotes du D$^r$ Johnson, — pas comme un
vernis grossier pour tromper personne ou procéder,
du coup, par renversement facile et arguer que

si les élèves altéraient le français à l'imitation de
bar-men ou de jockeys, d'autant plus pouvaient-ils
émettre un pur anglais; mais, selon tel mystère
convenant en matière de linguistique, parce que
des organes, faussés en une grimace authentique,
doivent mieux se prêter, peut-être, au miracle de
l'élocution étrangère, laquelle, sait-on, s'installera
de soi, intérieurement, par une vertu. Verlaine donc
avait pris des mesures en sorte de n'entrer dans sa
classe, jamais, que les enfants debout ne le saluassent
(comment transcrire, sauf par un emprunt d'ortho-
graphe aux scènes et chansons bouffes) de ce chœur :
« *Baonn-jaur, Maossiun Vœu-laine!* » la minute,
pour l'éducateur, de se rendre à sa chaire.


SUR LE THÉÂTRE


Je crois que la Littérature, reprise à sa source
qui est l'Art et la Science, nous fournira un Théâtre,
dont les représentations seront le vrai culte moderne;
un Livre, explication de l'homme, suffisante à nos
plus beaux rêves. Je crois tout cela écrit dans la
nature de façon à ne laisser fermer les yeux qu'aux
intéressés à ne rien voir. Cette œuvre existe, tout le
monde l'a tentée sans le savoir; il n'est pas un génie
ou un pitre, qui n'en ait retrouvé un trait sans le
savoir. Montrer cela et soulever un coin du voile
de ce que peut être pareil poème, est dans un isole-
ment mon plaisir et ma torture.

### SUR LE BEAU ET L'UTILE

Le Beau et l'Utile, ayez ce terme moyen, le Vrai. Le Beau, gratuit, tourne à l'ornement, répudié : l'Utile, seul ou qui l'est, alors, à des besoins médiocres, exprime une inélégance. Façonner, exactement, veut, chez l'artisan, une espèce d'oubli quant à l'usage, autant que du bibelot — seulement la mise en œuvre directe de l'idée, comme l'objet se présente, pour plaire et servir, causant une impression, toute moderne, de vérité. Cette transformation du sens créateur ne s'accomplit pas, actuellement, sans inconscience et bavures; mais, telle merveille, dans la réussite, qu'un parapluie, un habit noir, un coupé. Une bicyclette n'est pas vulgaire, menée à la main hors du garage, étincelante bientôt de sa rapidité. Qui, toutefois, la montera, homme ou femme affronte une disgrâce, celle de la personne humaine devenue mécanique, avec un jeu des jambes caricatural. Tant pis! cela ne saurait pas ne pas être : souvent il y a erreur momentanée. Exemple, les voitures automobiles où l'ingénieur exulte brutalement, qui s'y croit le maître, par un raisonnement aussi élémentaire que : — Le cheval dynamique, vapeur, électricité, vaut l'autre et ne mange (pas plus que tu ne penses, ingénieur) : donc supprimons le *trotter* et coupons les brancards. Je réponds : — Ta conclusion, mon ami, est fausse; il s'agit non de dénaturer, mais d'inventer. La voiture, avec attelage, complète requiert l'inconvénient du cocher, masquant l'espace; ou le lui laisse, modifié en cuisinier à son fourneau. Autre chose, du tout au tout, devra surgir. Une galerie, vitrée, en arc (*bow-window*), s'ouvrant

sur le site, qu'on parcourt, sans rien devant, magi-
quement : le mécanicien se place derrière, dépassant
du buste le toit ou tendelet, il tient la barre, en pilote.
Ainsi, le monstre avance, avec nouveauté. Vision
de passant homme de goût, laquelle remet à point
les choses. Oui, en conséquence, un jury d'artistes,
et de quelques littérateurs, fonctionnerait précieu-
sement, à des concours : outre que son intervention
ne détruirait jamais le laid tout à fait (car il importe
de le conserver, à titre d'exception, pour marquer
un décor à des âmes qui sont, elles-mêmes, camelote).

*Un coup de dés*
*jamais n'abolira le hasard*

POÈME

# PRÉFACE

J'aimerais qu'on ne lût pas cette Note ou que parcourue, même on l'oubliât; elle apprend, au Lecteur habile, peu de chose situé outre sa pénétration : mais, peut troubler l'ingénu devant appliquer un regard aux premiers mots du Poème pour que de suivants, disposés comme ils sont, l'amènent aux derniers, le tout sans nouveauté qu'un espacement de la lecture. Les « blancs », en effet, assument l'importance, frappent d'abord; la versification en exigea, comme silence alentour, ordinairement, au point qu'un morceau, lyrique ou de peu de pieds, occupe, au milieu, le tiers environ du feuillet : je ne transgresse cette mesure, seulement la disperse. Le papier intervient chaque fois qu'une image, d'elle-même, cesse ou rentre, acceptant la succession d'autres et, comme il ne s'agit pas, ainsi que toujours, de traits sonores réguliers ou vers — plutôt, de subdivisions prismatiques de l'Idée, l'instant de paraître et que dure leur concours, dans quelque mise en scène spirituelle exacte, c'est à des places variables, près ou loin du fil conducteur latent, en raison de la vraisemblance, que s'impose le texte. L'avantage, si j'ai droit à le dire, littéraire, de cette distance copiée qui mentalement sépare des groupes de mots ou les mots entre eux, semble d'accélérer tantôt et de ralentir le mouvement, le scandant, l'intimant même selon une vision simultanée de la Page : celle-ci prise pour unité comme l'est autre part le Vers ou ligne parfaite. La fiction affleurera et se dissipera, vite, d'après la mobilité de l'écrit, autour des arrêts fragmentaires d'une phrase capitale dès le titre introduite et continuée. Tout se passe, par raccourci, en hypothèse; on évite le récit. Ajouter que de cet emploi à nu de la pensée avec retraits, prolongements, fuites, ou son dessin même, résulte, pour qui veut lire à haute voix, une partition. La différence des caractères d'imprimerie entre le motif prépondérant, un secondaire et d'adjacents, dicte son importance à l'émission orale et la portée, moyenne, en haut, en bas de page, notera que monte ou descend l'intonation. Seules certaines directions très hardies, des empiétements, etc., formant le contre-point de cette prosodie, demeurent dans une œuvre, qui manque de précédents, à l'état élémentaire : non que j'estime l'opportunité d'essais timides; mais il ne m'appartient pas, hormis une pagination spéciale ou de volume à moi, dans un Périodique, même valeureux, gracieux et invitant qu'il se montre aux belles libertés, d'agir par trop contrairement à l'usage. J'aurai, toutefois, indiqué du Poème ci-joint, mieux que l'esquisse, un « état » qui ne rompe pas de tous points avec la tradition; poussé sa présentation en maint sens aussi avant qu'elle n'offusque personne : suffisamment, pour ouvrir des yeux. Aujourd'hui ou sans présumer de l'avenir qui sortira d'ici, rien ou presque un art, reconnaissons aisément que la tentative participe, avec imprévu, de poursuites particulières et chères à notre temps, le vers libre et le poème en prose. Leur réunion s'accomplit sous une influence, je sais, étrangère, celle de la Musique entendue au concert; on en retrouve plusieurs moyens m'ayant semblé appartenir aux Lettres, je les reprends. Le genre, que c'en devienne un comme la symphonie, peu à peu, à côté du chant personnel, laisse intact l'antique vers, auquel je garde un culte et attribue l'empire de la passion et des rêveries; tandis que ce serait le cas de traiter, de préférence (ainsi qu'il suit) tels sujets d'imagination pure et complexe ou intellect : que ne reste aucune raison d'exclure de la Poésie — unique source.

# UN COUP DE DÉS

# JAMAIS

QUAND BIEN MÊME LANCÉ DANS DES CIRCONSTANCES

ÉTERNELLES

DU FOND D'UN NAUFRAGE

411

SOIT
    que

        l'Abîme

blanchi
    étale
        furieux

              sous une inclinaison
                plane désespérément

                        d'aile

                    la sienne

                        par

avance retombée d'un mal à dresser le vol
                    et couvrant les jaillissements
                        coupant au ras les bonds


très à l'intérieur résume

l'ombre enfouie dans la profondeur par cette voile alternative

jusqu'adapter
                à l'envergure

sa béante profondeur en tant que la coque

d'un bâtiment

penché de l'un ou l'autre bord

# LE MAÎTRE

surgi
    inférant

de cette conflagration

que se

comme on menace

l'unique Nombre qui ne peut pas

hésite
cadavre par le bras
plutôt
que de jouer
en maniaque chenu
la partie
au nom des flots

un

naufrage cela

hors d'anciens calculs
où la manœuvre avec l'âge oubliée


jadis il empoignait la barre


à ses pieds
de l'horizon unanime

prépare
s'agite et mêle
au poing qui l'étreindrait
un destin et les vents

être un autre


Esprit
pour le jeter
dans la tempête
en reployer la division et passer fier



écarté du secret qu'il détient




envahit le chef
coule en barbe soumise

direct de l'homme

sans nef
n'importe
où vaine

ancestralement à n'ouvrir pas la main

                        crispée
                par delà l'inutile tête

        legs en la disparition

                        à quelqu'un

                                ambigu

                l'ultérieur démon immémorial

ayant
        de contrées nulles ·
                        induit
le vieillard vers cette conjonction suprême avec la probabilité

                        celui

                                son ombre puérile
caressée et polie et rendue et lavée
                        assouplie par la vague et soustraite
                aux durs os perdus entre les ais

                        né
                        d'un ébat
la mer par l'aïeul tentant ou l'aïeul contre la mer
                une chance oiseuse

                                        Fiançailles
dont
        le voile d'illusion rejailli leur hantise
        ainsi que le fantôme d'un geste

                        chancellera
                        s'affalera

                        folie

# N'ABOLIRA

## COMME SI

Une insinuation

au silence


dans quelque proche

voltige

*simple*

*enroulée avec ironie*
                    *ou*
                        *le mystère*
                                *précipité*
                                        *hurlé*

*tourbillon d'hilarité et d'horreur*

*autour du gouffre*
                    *sans le joncher*
                                *ni fuir*

            *et en berce le vierge indice*

                            *COMME  SI*

*plume solitaire éperdue*

*sauf*

que la rencontre ou l'effleure une toque de minuit
et immobilise
au velours chiffonné par un esclaffement sombre


cette blancheur rigide


dérisoire
en opposition au ciel
trop
pour ne pas marquer
exigüment
quiconque


prince amer de l'écueil


s'en coiffe comme de l'héroïque
irrésistible mais contenu
par sa petite raison virile
en foudre

*soucieux*

      *expiatoire et pubère*

                         *muet*

*La lucide et seigneuriale aigrette*
*au front invisible*
*scintille*
*puis ombrage*
*une stature mignonne ténébreuse*
*en sa torsion de sirène*

*par d'impatientes squames ultimes*

rire

que

## SI

de vertige

debout

le temps
de souffleter
bifurquées

un roc

faux manoir
tout de suite
évaporé en brumes

qui imposa
une borne à l'infini

## C'ÉTAIT
*issu stellaire*


## CE SERAIT

pire

non

davantage ni moins

indifféremment mais autant

## *LE NOMBRE*

**EXISTÂT-IL**
autrement qu'hallucination éparse d'agonie

**COMMENÇÂT-IL ET CESSÂT-IL**
sourdant que nié et clos quand apparu
enfin
par quelque profusion répandue en rareté
**SE CHIFFRÂT-IL**

évidence de la somme pour peu qu'une
**ILLUMINÂT-IL**

# LE HASARD

*Choit*
*la plume*
*rythmique suspens du sinistre*
*s'ensevelir*
*aux écumes originelles*
*naguères d'où sursauta son délire jusqu'à une cime*
*flétrie*
*par la neutralité identique du gouffre*

**RIEN**

de la mémorable crise
ou se fût
l'événement

accompli en vue de tout résultat nul

                              humain

### N'AURA EU LIEU
une élévation ordinaire verse l'absence

### QUE LE LIEU
inférieur clapotis quelconque comme pour disperser l'acte vide
abruptement qui sinon
par son mensonge
eût fondé
la perdition

dans ces parages
                du vague
                        en quoi toute réalité se dissout

**EXCEPTÉ**

     à l'altitude

          **PEUT-ÊTRE**

               aussi loin qu'un endroit

fusionne avec au delà

hors l'intérêt
quant à lui signalé
en général
selon telle obliquité par telle déclivité
de feux

vers
ce doit être
le Septentrion aussi Nord

UNE CONSTELLATION

froide d'oubli et de désuétude
pas tant
qu'elle n'énumère
sur quelque surface vacante et supérieure
le heurt successif
sidéralement
d'un compte total en formation

veillant
doutant
roulant
brillant et méditant

avant de s'arrêter
à quelque point dernier qui le sacre

Toute Pensée émet un Coup de Dés

# L'ÉTABLISSEMENT DU TEXTE

Sans prétendre à donner à ce volume le caractère d'une édition critique, nous avons pourtant voulu profiter de l'occasion pour corriger le plus grand nombre possible des fautes qui altèrent présentement ses diverses parties dans les éditions auxquelles on se réfère. Et il nous a paru utile de signaler ici les plus importantes des erreurs que nous avons pu déceler, car elles modifient parfois le sens d'un passage, et risquent donc de nuire aux travaux en cours.

*Divagations* a paru en 1897 chez Fasquelle, dans la Bibliothèque Charpentier. C'est un texte que Mallarmé a pu lire, c'est le dernier qu'il ait lu, et l'édition originale a par conséquent autorité, par opposition aux réimpressions chez Fasquelle, où des erreurs apparaissent, ou au texte des *Œuvres Complètes* — établies par Henri Mondor et G. Jean-Aubry en 1945 — où on en trouve aussi (par exemple, dans *Bucolique*, O. C., p. 404, notre p. 309, il faut lire : « leur mirage, ordinaire, demeure », et non : « murmure »; p. 528, notre p. 148, « comparer » et non « compter ») et qui ne reprend pas les espacements, parfois importants, prévus par Mallarmé à divers endroits. Nous avons donc reproduit cette première édition, y apportant toutefois un bon nombre de corrections. Un premier groupe en est exigé, en effet, par l'*Erratum* du volume de 1897, dont d'ailleurs les O. C. ont tenu compte. Un second a pour origine deux *errata* manuscrits, préparés, au moins pour l'un d'eux, par le Dr Bonniot, le gendre de Mallarmé, qui nous ont été communiqués très obligeamment par Mme Paysant, son héritière. Ces relevés sont le fruit d'une lecture attentive, qui a su repérer plusieurs fautes de pure typographie, mais aussi des erreurs plus graves, dont certaines, qui nous ont paru manifestes, n'ont pas encore été corrigées. Ainsi *O. C.*, p. 316 (notre p. 210, ligne 5), il faut lire « aux » au lieu de « les » (avant « ameublements »). P. 318 (notre p. 213, l. 19), « vous implanterez » au lieu de « vous vous implanterez ». P. 320 (notre p. 216, l. 4), « impersonnalité » au lieu de « impersonnabilité ». P. 333 (notre p. 234, l. 20), « moule n'ayant » au lieu de « moule qui n'ayant ». P. 392 (notre p. 287, l. 11), « omettait » au lieu de « omettant ». P. 637 (notre p. 301, l. 25), « des états de rareté » au lieu de « des états de raretés ». P. 403 (notre p. 308, l. 6), « en rapport » au lieu de « en rapports ». — Par contre, on a hésité à lire, comme Bonniot le voulait, p. 320 (notre p. 215, l. 8), « musculature de fantômes » au lieu de « musculature des fantômes »; p. 333 (notre p. 234, l. 29), « un n'usurpe » au lieu de « um usurpe »; p. 403 (notre p. 307, l. 28) « un concert aussi d'instruments » au lieu de « un concert aussi d'instrument », et on n'a pu que lui donner tort quand il propose de lire, p. 320 (notre p. 215, l. 14), le « drame en soi » au lieu du « drame sur soi ». Enfin, et malgré l'*Erratum* de 1897, nous avons rétabli l'orthographe usuelle « point » au lieu de « poind » en divers passages. Ne restaient alors que quelques corrections, surtout d'orthographe, à apporter à ce texte de départ : les seules importantes étant, dans *Le genre ou des modernes*, notre p. 215, l. 7, *O.C.*, p. 320, « instinctif jet » au lieu de « instinctif et »; et, dans *Le démon de l'analogie*, « en manière d'oraison » au lieu de « matière », correction cette fois qui est déjà faite par les *O. C.*, p. 273 (notre p. 76, l. 7). « Au delà », « par dessus », etc., ont été laissés sans trait d'union quand Mallarmé, souvent, le plus souvent, l'a voulu ainsi, ou le semble. « Naguère », une fois sur deux avec *s*, a été laissé à cette contradiction assumée peut-être. *Le Bateau ivre* et les phrases de Villiers de l'Isle-Adam ont été corrigés d'après leurs éditions dernières en date, encore que Mallarmé n'ait pas lu Rimbaud avec cette ponctuation...

\*

*Symphonie littéraire* a paru dans le numéro du 1<sup>er</sup> février 1865 de *L'Artiste*. Mallarmé corrigea ces pages plus tard, sur une coupure du journal, et leur adjoignit vers 1880-1890 semble-t-il le titre, ou projet de titre : « Trois livres de vers sur mon divan. — Invocation puis soliloque ». H. Mondor et G. Jean-Aubry ont repris les corrections indiquées là (et nous avons fait de même), mais leur texte présente des erreurs, que nous avons pu rectifier à partir de l'original. Outre des erreurs de ponctuation, on remarquera surtout : p. 261 « heure précieuse » et non « heure précise » (notre p. 344, l. 7); p. 263 « odeur énervante » et non « odeur enivrante » (notre p. 346, l. 24). Nous avons modernisé l'orthographe de « rythme », « rythmique » et « siège ». Signalons aussi que les premières lignes du paragraphe I et le premier alinéa du paragraphe II figurent, avec de très nombreuses variantes, dans « Volumes sur le divan » : « Autrefois, en marge d'un Baudelaire » (nos p. 109-110), et que le paragraphe III a été repris, entre guillemets mais avec aussi beaucoup de variantes, dans « Quelques médaillons et portraits en pied » : « Théodore de Banville » (nos p. 153-154).

*La Musique et les Lettres* fut publié en 1895 en volume à la Librairie Académique Perrin. Cette édition comportait deux parties précédées du sur-titre « Oxford, Cambridge » : 1) « Déplacement avantageux »; 2) « La Musique et les Lettres ». — Trois passages de ce petit livre ont été repris dans *Divagations*. Le début constitue « Cloîtres » (dans « Grands faits divers », nos p. 298-301) avec quelques variantes du texte ou des alinéas. Une dizaine de lignes (nos p. 352-353) figurent entre guillemets dans « Crise de vers » (notre p. 248). Et enfin l'alinéa « L'injure, opposée, bégaie... » (nos p. 363-364) devient, avec toujours des variantes, « Accusation » de « Grands faits divers » (nos p. 296-297). — Nous ne reproduisons dans ce présent volume que la seconde partie de l'édition originale, qui est la conférence de mars 1894 proprement dite, et cela en nous conformant rigoureusement à ce texte qui nous

permet d'amender sur plusieurs points les O. C. Pour
l'essentiel : p. 642 (notre p. 349, l. 13) lire « et toujours »
au lieu de : « et de toujours »; p. 643 (notre p. 350, l. 6)
« respiré » au lieu de « respira »; p. 645 (notre p. 352, l. 31)
« quant à un point » au lieu de « quant au point »; p. 645
(notre p. 353, l. 16) « un sujet beaucoup plus vaste » au
lieu de « un sujet plus vaste »; p. 646 (notre p. 354, l. 27)
« à l'exclusion de tout » au lieu de « à l'exception de tout »;
p. 646 (notre p. 355, l. 17) « l'ingénuité » au lieu de « l'ingé-
niosité »; p. 646 (notre p. 355, l. 21) « conformation » au
lieu de « confirmation »; p. 650 (notre p. 361, l. 7) « les
sacs » au lieu de « des sacs »; p. 651 (notre p. 362, l. 1)
« féodalité d'esprit » au lieu de « féodalité d'esprits »; p. 652
(notre p. 363, l. 16) « ce que de mieux » au lieu de « ce qui de
mieux ». En outre, p. 655 (notre p. 367, l. 12-13), là où l'édi-
tion première dit « on prose », et les O. C. « en prose »,
il me paraît qu'il faut lire « ou prose ».

« *Autobiographie* » (nous préférons donner ce titre entre
guillemets), publié d'abord en fac-similé par E. Bonniot
en 1924, est maintenant repris dans la *Correspondance*,
publiée par Henri Mondor puis Lloyd James Austin,
tome II, 1965. Revenant au texte original, nous avons
pu amender quelques passages des O. C. (p. 661, notre
p. 372, l. 9) : lire « l'Administration de l'Enregistrement »
au lieu de « l'Administration et l'Enregistrement »;
p. 662, notre p. 372, l. 18 : « du *Vathek* » au lieu de « de
*Vathek* »; p. 664, notre p. 375, l. 30 : « je vague peu » au
lieu de « je vague peu »; p. 665, notre p. 377, l. 1-2 : « que
rarement » au lieu de « que très rarement ») et dans la
*Correspondance* (p. 299, notre p. 371, l. 15) rectifier « aux
rendez-vous » au lieu de « au rendez-vous », outre quelques
détails de ponctuation. — Autre correction : *Ange ou Démon*
(p. 372, l. 25) que Mallarmé a voulu sans doute (le titre
de Magnien est *Mortel, ange ou démon*). Les crochets
p. 374, l. 21 indiquent que le mot manque dans le manuscrit.

*Fragments et notes* reprend quatre textes publiés jadis
par E. Bonniot sous des titres qui ne sont pas de Mallarmé.
Ainsi *Diptyque*, paru dans la NRF de janvier 1929, rassem-
blait *D'une méthode (plan)* et *La Littérature, doctrine*. Ces

deux derniers titres sont fondés (cf. J. Scherer, *Le « Livre » de Mallarmé*, Paris, 1957, feuillet 7 A, qui reproduit un brouillon, 8 A à 11 A) et nous les gardons, mais sans reprendre les dates qui les accompagnent dans les *O. C.* et qui ne sont que des hypothèses (1865-1870? pour le premier; 1893 pour le second). Par rapport au texte des *O. C.* : p. 850 (notre p. 378, l. 13) il faut lire « projet » et non « objet »; p. 850 (notre p. 378, l. 29) « comme un spirituel zodiaque » au lieu de « comme spirituel zodiaque ».

Ensuite, dans *Latinité*, n° 6, en juin 1929, Bonniot publia, sous le titre *Diptyque II*, ce qui s'intitulera dans les *O. C. Notes* (I. — 1869; II. — 1895). Pour les mêmes raisons, nous éliminons ce titre et ces dates (nos p. 379 et 384), ainsi que les indications I et II, en remarquant que Bonniot avait ajouté en note un « III. — Conclusions : Vieil esprit [*et il aboutira encore en autre chose dans la thèse latine, en* divinité *de l'Intelligence (ou spiritualité de l'âme)*] *devenant* Intelligence *(qui sans son germe final se fût égarée) — et avant tout cette intelligence doit se tourner vers le Présent.* », qui ne peut être que d'avant 1870, quand Mallarmé songeait à soutenir une thèse. Outre quelques fautes de ponctuation, les erreurs des *O. C.* par rapport à l'original en revue sont les suivantes : p. 851 (notre p. 380, l. 16) lire « telle et telle chose » au lieu de « telle ou telle chose »; p. 852 (notre p. 381, l. 22) « qui sont tirés » au lieu de « qui sont tirées »; p. 855 (notre p. 385, l. 18) « rime nette sur un son » au lieu de « rime sur un son »; p. 856 (notre p. 386, l. 31) « discourir au public » au lieu de « discourir en public ». Nous rétablissons enfin les blancs prévus par Bonniot entre les divers fragments et maintenons les points de suspension en nombre variable qu'il a placés dans certaines phrases, faute de savoir s'ils appartiennent ou non au manuscrit.

*Sur l'évolution littéraire* a paru le 14 mars 1891 dans *L'Écho de Paris* et fut repris la même année avec quelques variantes dans le livre de Jules Huret, *Enquête sur l'évolution littéraire*, Bibliothèque Charpentier. Nous sommes revenus au texte de ce volume, ce qui permet les corrections suivantes. — *O. C.*, p. 868 (notre p. 391, l. 8) lire

« constriction » au lieu de « construction »; p. 869 (notre
p. 392, l. 3) « faite du bonheur de deviner » au lieu de
« faite de deviner »; p. 870 (notre p. 393, l. 33) « que choi-
sir » au lieu de « que de choisir » (plus quelques fautes dans
les espacements et dans la ponctuation). Il vaut de signa-
ler qu'en fin de volume, au moins dans le tirage de 1894
que nous avons consulté, — le 2e mille —, Jules Huret
ajoutait, en un « appendice » : « *J'ai rencontré M. Stéphane
Mallarmé, qui s'est étonné de n'avoir pas vu figurer les noms
de MM. Vielé-Griffin, Gustave Kahn et Jules Laforgue
dans le compte rendu de mon entretien avec lui :*

« Ce sont, *m'a-t-il dit*, trois des principaux poètes qui
ont contribué au mouvement symbolique et que je vous
avais désignés à dessein. »

Ce qui étonne un peu, puisque Mallarmé avait pu faire
ajouter le nom de Cladel entre la publication dans le
journal et la publication en volume.


*Sur Poe* a été corrigé sur le manuscrit, MNR ms 652, au
fonds Doucet, où il est sans titre, au revers d'une feuille
adressée à Charles Morice. J. Scherer, *op. cit.*, feuillet 2,
a publié le brouillon. Il faudra peut-être abandonner cet
intitulé, qui cache la véritable occasion.


*Enquête sur Verlaine* a paru dans *La Plume* du 1er février
1896, mais le fonds Doucet en conserve le manuscrit,
MNR ms 1240, qui laisse penser que les variantes des
O. C. sont des fautes de transcription plutôt que la
lecture d'une autre source. On peut donc proposer, p. 873
(notre p. 397, l. 5) « aujourd'hui, l'emporte » et non
« l'emporte » et p. 874 (notre p. 397, l. 24) « ni d'un mo-
ment » et non « né d'un moment ». Différences de ponc-
tuation, dans ce cas encore, corrigées. — Deux petites
variantes (« l'Œuvre », et « l'une dont ») du ms. par rapport
au texte de *La Plume*.


*Sur Verlaine* a paru dans *La France scolaire*, janvier-
avril 1897, 4e année, n° 27, sous le titre *Lettre de M. Sté-
phane Mallarmé*. L'original concorde avec le texte des
O. C., sauf qu'il faut lire « Paris, le 7 avril 1897 » et non
le 6.

*Sur le Théâtre* provient d'un journal « vraisemblablement italien » (*O. C.*, p. 1640). Nous n'avons pas eu accès à la coupure.

*Sur le Beau et l'Utile*. Nous sommes repartis du manuscrit, maintenant au fonds Doucet, MNR ms 35. Les corrections portent sur la ponctuation, un mot manquant (« pour marquer un décor à des âmes » au lieu de « pour un décor, à des âmes », *O. C.* p. 881), un mot maintenant souligné. Reste un passage douteux. Là où les *O. C.* lisent : « on le lui laisse, modifié en cuisinier », on peut, le premier mot étant raturé, le décider supprimé; et on peut (et à mon sens on doit même) reconnaître sous la rature « ou » plutôt que « on ».

Enfin, qui voudrait retrouver l'*Avant-dire* au *Traité du Verbe* de René Ghil, doit savoir qu'il est reproduit dans *Divagations*, « Crise de vers », nos p. 251-252, à la réserve de quelques lignes d'introduction et de conclusion et de quelques variantes ou corrections contrôlées par Mallarmé.

\*

*Un coup de dés jamais n'abolira le hasard* a été publié par E. Bonniot en 1914, d'après les épreuves corrigées par Mallarmé pour la grande édition qu'il préparait à sa mort à l'Imprimerie Didot avec les illustrations de Redon. Cette édition de 1914 est fidèle et soignée, et « la lucide et seigneuriale aigrette » y est « de vertige » sans les décalages d'une ligne vers le haut ou vers le bas qui affectent d'autres présentations.

\*

Reste le problème d'*Igitur*, qui est le plus complexe. C'est en effet la seule partie de notre volume dont Mallarmé n'ait pas établi un texte pour l'impression ou tout au moins la lecture, et il aurait fallu cette fois vérifier sur le manuscrit la copie faite en 1925 par Bonniot, qui en fut le premier éditeur. Désireux d'autre part d'en rendre publique la teneur exacte (et pour une part inédite) le propriétaire du manuscrit d'*Igitur* a bien voulu me le confier pour une édition nouvelle. Mais en bien des endroits on ne peut proposer une lecture qu'accompagnée de divers mots raturés entre lesquels E. Bonniot dut choisir pour une phrase complète, et de façon parfois (très rarement, en fait) contestable ou réfutable. Faute de cette présentation impossible dans la typographie du présent volume, et le travail n'étant d'ailleurs qu'à peine ébauché, nous nous en tenons pour l'instant au texte de l'édition de 1925 (altéré aux réimpressions) où nous supprimons toutefois les indications [Introduction], [Argument] et [Schème] qui ne sont pas de Stéphane Mallarmé.

\*

Un dernier mot. L'usage ayant changé, nous n'aurions pu laisser à Mallarmé le tréma de « poëte » et de « poëme » que si nous étions sûrs qu'il y ait tenu de façon spécifique. Mais cet esprit rigoureux n'a pas toujours empêché la nouvelle graphie de se mêler à son texte.

En revanche, nous réduisons nos trois points traditionnels à deux, comme il l'a toujours voulu, non sans de bonnes raisons, j'en suis bien sûr.

Y. B.

# IGITUR OU LA FOLIE D'ELBEHNON

# DIVAGATIONS

*Table* 441

## PAGES DIVERSES

*Table* 443

# UN COUP DE DÉS JAMAIS N'ABOLIRA LE HASARD